全国革命老区县发展史丛书·广东卷

仁化县革命老区发展史

仁化县革命老区发展史编委会 编

SPM 南方出版传媒 广东人民出版社

·广州·

图书在版编目（CIP）数据

仁化县革命老区发展史/仁化县革命老区发展史编委会编.—广州：广东人民出版社，2020.4

（全国革命老区县发展史丛书·广东卷）

ISBN 978-7-218-13992-0

Ⅰ.①仁… Ⅱ.①仁… Ⅲ.①仁化县—地方史 Ⅳ.①K296.54

中国版本图书馆CIP数据核字（2019）第247821号

RENHUAXIAN GEMING LAOQU FAZHANSHI
仁化县革命老区发展史
仁化县革命老区发展史编委会 编　　　　版权所有　翻印必究

出 版 人：肖风华

责任编辑：廖智聪
装帧设计：张力平
责任技编：周　杰　周星奎

出版发行：广东人民出版社
地　　址：广州市海珠区新港西路204号2号楼（邮政编码：510300）
电　　话：（020）85716809（总编室）
传　　真：（020）85716872
网　　址：http://www.gdpph.com
印　　刷：广州市浩诚印刷有限公司
开　　本：715mm×995mm　1/16
印　　张：21.75　　插页：16　　字　数：260千
版　　次：2020年4月第1版
印　　次：2020年4月第1次印刷
定　　价：75.00元

如发现印装质量问题，影响阅读，请与出版社（020-85716849）联系调换。
售书热线：（020）85716826

广东省编纂《革命老区县发展史》丛书指导小组

组　长：陈开枝（广东省老区建设促进会会长）
副组长：林华景（广东省老区建设促进会常务副会长）
　　　　宋宗约（广东省农业农村厅副巡视员、广东省老区建设促进会副会长）
　　　　刘文炎（广东省老区建设促进会副会长）
　　　　郑木胜（广东省老区建设促进会副会长）
　　　　姚泽源（广东省老区建设促进会副会长兼秘书长）
　　　　谭世勋（广东省老区建设促进会副会长）

办公室

主　任：姚泽源（兼）
副主任：廖纪坤（广东省农业农村厅扶贫协作与老区建设处处长）
　　　　何绍华（广东省老区建设促进会副秘书长）
　　　　伍依丽（广东省老区建设促进会副秘书长）

《韶关市革命老区县发展史》编纂指导小组

组　长：梁　聪（韶关市老区建设促进会第一副会长）
副组长：李国华（韶关市老区建设促进会副会长）
成　员：黄志才（韶关市老区建设促进会副会长）
　　　　张定均（韶关市老区建设促进会副会长）
　　　　梁观福（中共韶关市委党史研究室原副主任）

《仁化县革命老区发展史》编委会

主　　任：林国华（县委书记）
第一副主任：周小明（县委副书记、县长）
常务副主任：邱志坚（县委副书记）
副 主 任：丘光强（县委常委、县委办主任）
　　　　　张　军（县委常委、县人武部政委）
　　　　　邓田庭（县人大副主任）
　　　　　包伟红（县政府副县长）
　　　　　陈喜年（县政协副主席）
　　　　　彭良武（县老促会会长）
成　　员：肖春波　刘炳鸿　周任康　李子初
　　　　　李庆云　徐诚林　曾韶基　连辉标
　　　　　万志明　江艳芬　邹汉明　祝向恩
　　　　　刘普新　李汉辉　王剑斌　冯奋德
　　　　　谭家琪　黄银泰　邓诗常　梁家宁
　　　　　温天才　谭卫东　章　俊　许关平
　　　　　梁伟军　肖振东　邬立雄　马甲娣
　　　　　梁　炜　刘贤琴　刘向群

《仁化县革命老区发展史》编辑部

主　编：徐诚林

副主编：刘向群　彭丽云　涂丽玲

执行主编：徐诚林

执行副主编：谢嘉文　徐宝来　陈　琳

编　辑（按姓氏笔画）：

　　马清荣　邓金梅　冯旭胜　朱志勇
　　刘小东　刘志强　刘俊文　刘雪亮
　　刘耀东　苏世龙　李杰英　肖慧姬
　　陈　琳　易　佳　饶家晟　徐宝来
　　徐诚林　涂丽玲　黄文彪　黄明风
　　彭丽云　谢嘉文　蒙丽萍　谭玉玲
　　谭丽珍　潘小明

总序

在举国欢庆新中国成立 70 周年前夕，中国老区建设促进会王健会长请我为《全国革命老区县发展史》丛书作序，作为一名在老区战斗过并得到老区人民生死相助的老兵，回首往事，心潮澎湃，感慨万千，深感义不容辞，欣然应允。

中国革命老区，是以毛泽东为代表的中国共产党人在领导人民推翻帝国主义、封建主义和官僚资本主义三座大山，争取民族独立和人民解放伟大斗争中建立的革命根据地，在这片红色的土地上，诞生了无数可歌可泣的革命英雄儿女，为后人树起了一座不朽的丰碑，她是新中国的摇篮，是党和军队的根。

在艰苦卓绝的战争年代，老区人民把自己的命运与中华民族的命运紧紧地联系在一起，与中国共产党和人民军队的命运紧紧地联系在一起，他们生死相依，患难与共。我曾亲历过战争年代，并得到过老区红哥红嫂的救助，切身感受到发生在身边的一幕幕撼天动地的革命故事，在那极其艰难的条件下，老区人民倾其所有、破家支前，不怕艰难困苦，不怕流血牺牲。"最后一碗米送去做军粮，最后一尺布送去做军装，最后一件老棉袄盖在担架上，最后一个亲骨肉送去上战场"，这是当时伟大的老区人民为建立新中国做出巨大牺牲的真实写照，它将永远镌刻在中国共产党、中国人民解放军、中华人民共和国的历史丰碑上。他们的光辉业绩永载史册，他们的革命精神必将影响一代又一代的革命新人，

编写说明

2017年6月,中国老区建设促进会组织全国各地老促会启动编纂《全国革命老区县发展史》丛书,按照"建立中国共产党、成立中华人民共和国、推进改革开放和中国特色社会主义事业"三大里程碑的历史脉络,系统书写革命老区百年历史,深入挖掘革命老区红色文化资源,这对于充实丰富中国革命史籍宝库、在新时代传承红色基因、弘扬革命精神、强固根本,对于激励人们在新的历史条件下夺取中国特色社会主义伟大胜利,实现中华民族伟大复兴的中国梦具有重要意义。

丛书编纂以习近平新时代中国特色社会主义思想为指导,以《中国共产党历史》《中国共产党的九十年》等重要文献为基本依据,以党的领导为核心,以老区人民为主体,以老区发展为主线,体现历史进程特征,突出时代发展特色,坚持辩证唯物主义和历史唯物主义相统一、历史真实性与内容可读性相统一的原则,书写革命老区从站起来、富起来到强起来的光辉革命史、不懈奋斗史、辉煌成就史,把老区人民的伟大贡献、伟大创造、伟大成就、伟大精神充分展示出来,形成一部具有厚重历史特征和鲜明时代特色的精品力作。这是一部培根铸魂、守正创新,既为历史立言,又为时代服务,字里行间流淌着红色血脉、催生着革命激情的传世之作。丛书的编纂出版将成为讴歌党讴歌人民讴歌时代、传播红色文化、为革命老区和老区人民树碑立传的重要载体。

丛书按照编年体与纪事本末体相结合、以编年体为主的编写体例确定框架结构；运用时经事纬、点面结合的方式记述史实；坚持人事结合、以事带人的原则处理人与事的关系；采取夹叙夹议、叙论结合以叙为主的方法展开内容。做到了史料与史论、历史与现实、政治与学术统一，文献性、学术性、知识性相兼容。

为编纂好《全国革命老区县发展史》丛书，打造红色文化品牌，中国老区建设促进会认真组织积极协调，提出政治立场鲜明、史料真实准确、思想论述深刻、历史维度厚重、时代特色突出、编写体例规范、篇目布局合理、审读把关严格、出版制作精良的编纂出版总要求，力求达到革命史籍精品的精神高度、思想深度、知识广度、语言力度，增强丛书的权威性和社会影响力。各省（区、市）、市（州、盟）、县（市、区、旗）老促会的同志，以强烈的使命感、责任感和紧迫感，勇于担当，积极作为，认真实施，组织由老促会成员、专家学者等参加的十余万人编纂队伍。编纂工作主体责任在县，省、市组织协调、有力指导、审读把关。各方面人员以高度负责的精神和科学严谨的态度，满腔热情地投入工作，为丛书编纂出版做出了重要贡献。丛书编纂工作还得到了党和国家有关部委、地方各级党委政府及有关部门的大力支持和积极参与，社会各界也给予了热情帮助。中共中央政治局原委员、中央军委原副主席、原国务委员兼国防部长迟浩田上将，对老区人民怀有深厚感情，对革命老区建设发展十分关注，欣然为《全国革命老区县发展史》丛书作总序。

丛书由总册和1599部分册（每个革命老区县编纂1部分册）组成，共1600册。鉴于丛书所记述的史实内容多、时间跨度长和编纂时间紧，不妥之处，敬请批评指正。

中国老区建设促进会

双峰寨远景

1964年8月18日，仁化县人民委员会在寨内题写的双峰寨保卫战简介

广州辛亥革命烈士墓园内仁化籍辛亥革命烈士谭沛腾之墓

仁化县农民协会会员证章

中共仁化县委、仁化县第一个乡苏维埃政府所在地旧址——安岗村思堂

朱德指挥部、打响粤北湘南暴动第一枪的仁化暴动指挥部旧址——董劝书院

朱德旧居——董塘米行街泰丰店

1928年1月初,朱德、陈毅率南昌起义军余部第二次到仁化时经过的亚婆岩古茶亭遗址

仁化暴动遗址——仁化县老县城城墙

华阳寨保卫战遗址——董塘安岗村华阳寨

20世纪30年代意大利发行的明信片上的石塘双峰寨（明信片背面文字说明"un antico castello che servì di difesa ai bolscevichi"意思是"一座保卫布尔什维克的古老城堡"）

溪山游击根据地指挥部——溪庙

位于县城城南公园的仁化暴动纪念碑

红五军指挥部旧址——腊口炮楼

红七军宿营地旧址——石塘娘娘庙

邓小平、李明瑞率红七军过境仁化时的指挥部——长江中山公园（高岗庙）

1932年,红三军团转战仁化时在长江广州会馆设立指挥部及被服加工厂,召集缝纫工人赶制了5000多套被服。图为长江广州会馆旧址

1932年,红三军团转战仁化时派出100余人的工作团帮助当地恢复和整顿农会与党组织。图为红三军团工作团指导、帮助过的仁化苏区沟通中央苏区的秘密交通联络站胜一理发店旧址

1934年，红军长征突破第二道封锁线主战场——仁化城口（遵义博物馆馆藏照片）

红一军团指挥部、红军长征宿营地旧址——城口古秦城

红军长征在城口休整期间宿营地之一——城口正龙街

毛泽东旧居——广兴栈

红军长征主力临时指挥部旧址——红山新田村李氏宗

红山红军桥

谭甫仁将军旧居

城口红军长征纪念广场

图为中国邮政发行的纪念"中国工农红军长征胜利80周年"系列明信片中的仁化县铜鼓岭战役红军烈士纪念碑邮资明信片

红军长征粤北纪念馆效果图

铜鼓岭红军烈士纪念园

抗日战争时期，仁化抗战补给点及疗伤处——朝阳岩

1947年3月，根据中共中央、中央军委指示精神，中共五岭地区委员会在长江镇凌溪村云影成立，领导五岭地区28个县的革命武装斗争。图为中共五岭地委成立地旧址——长江凌溪云影

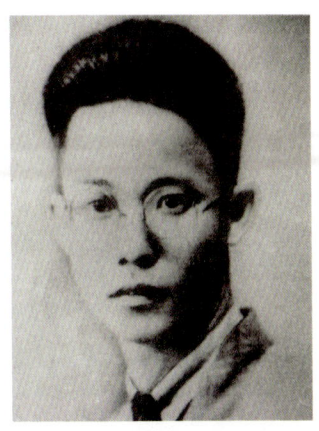

中共仁化县委第一任书记阮啸仙

中共仁化县委书记、县革命委员会主席蔡卓文

仁化农运骨干、开国中将谭甫仁

仁化农运骨干、双峰寨保卫战指挥者之一李载基

仁化农民运动组织者、双峰寨保卫战指挥者之一黄梅林

粤赣湘边人民解放总队、北江第二支队副司令员兼主力团团长叶昌

仁化县是广东省的产煤县之一，1961年建成铁路曲仁专用线。图为格顶火车站

1971年冬动工，1973年竣工的红旗引水渠。图为赤石　水库西渠

1975年12月14日，仁化县出现了罕见的普降大雪。图为银装素裹的仁化县城雪景

1976年6月动工，历时7年建成的高坪水库，是当时仁化县最大型的水利工程。图为建成后的高坪水库大坝

1983年初，中共仁化县委、县人民政府用专车到1982年度的万元户家庭进行恭贺

1993年投产发电的锦江电站（后称"锦江电厂"），是仁化县锦江电力开发总公司梯级电站第一级

"丹霞地貌"命名地、世界自然遗产、世界地质公园、国家 AAAAA 级风景名胜区——丹霞山

2004 年 2 月 13 日，丹霞山经联合国教科文组织批准为首批世界地质公园。图为丹霞山世界地质公园石碑

图为 2004 年 5 月 1 日，中国邮政发行 1 套 4 枚的"丹霞山"特种邮票

1988年1月被列为全国重点文物保护单位的云龙寺塔,建于唐昭宗乾宁至光化年间(894—901年),是广东省乃至华南地区唯一保存完好的唐代砖塔

丹霞山摩崖石刻于2013年5月被列为第七批全国重点文物保护单位。图为位于丹霞山别传寺山门下岩壁上的摩崖石刻"丹霞"

2012年,仁化石塘堆花米酒酿造技艺被列入广东省非物质文化遗产名录。图为仁化石塘堆花米酒酿造环节之窖藏

2016年7月10日,2016南粤古驿道定向大赛第一站在韶关市仁化县石塘古村隆重举行。图为大赛开幕式现场

凡口铅锌矿是中国最大的铅锌基地,现隶属于深圳市中金岭南有色金属股份有限公司。图为中金岭南公司凡口铅锌矿全貌

2007年3月成立的丹霞冶炼厂,现隶属于深圳市中金岭南有色金属股份有限公司。图为中金岭南公司丹霞冶炼厂全貌

仁化县产业集聚地基地原名为仁化县有色金属循环经济产业基地,筹建于2009年8月,是为充分发挥仁化县铅锌及稀贵金属资源优势而投建的。图为仁化县产业集聚地基地全貌

2014年9月30日通车运营的丹霞山火车站

2017年12月30日,武深高速仁化段正式建成通车。图为位于仁化县周田镇的武深高速与韶赣高速互通枢纽

2014年10月20—21日，由中共中央党史研究室、中共广东省委党史研究室、中共韶关市委、广东中共党史学会、广东中共党史人物研究会主办，中共仁化县委、仁化县人民政府承办的"弘扬苏区精神，促进改革发展——纪念仁化暴动87周年　红军长征过境粤北80周年学术研讨会"在仁化县锦城宾馆召开。图为与会人员合影

2014年10月20日，参加"纪念仁化暴动87周年暨红军长征过境粤北80周年学术研讨会"的革命后代代表阮啸仙之孙阮欣彤（左）、陈毅之子陈昊苏（中）、朱德外孙刘建（右）在会前合影

2015年"丹霞彩虹"省级新农村建设示范村——仁化县丹霞街道瑶塘村

2005年全国生态家园建设先进村、第三批全国文明村——仁化县董塘镇高莲村

2017年首批省级"红色村"党建示范点——仁化县董塘镇安岗村新牌坊

2018年10月,城口镇入选广东省第二批省级特色小镇创建对象名单。图为红色特色小镇——城口镇

2018年,仁化县积极探索精准扶贫精准脱贫帮扶工作举措。图为董塘镇100兆瓦集中式光伏扶贫与土壤改良综合利用示范项目

2018年11月,长江镇获"中国毛竹之乡"称号。图为长江镇竹海

图为仁化县人民医院门诊大楼

图为仁化中学

图为新落成的仁化县城北小学校园

长坝沙田 于2010年获评为国家地理标志保护产品、2017年入选2017年度全国名特优新农产品目录。图为长坝沙田种植基地

仁化白毛茶于2014年获评为国家地理标志保护产品。图为仁化白毛茶种植基地

丹霞贡柑于2018年获评为国家地理标志保护产品。图为丹霞贡柑种植基地

1979年初，仁化县获1978年全国小煤矿月月红竞赛优胜县锦旗

1985年12月，仁化县获中共中央血吸虫病防治领导小组颁发的"消灭血吸虫病特等奖"奖杯

1986年3月，仁化县获"中国式农村电气化试点县"称号

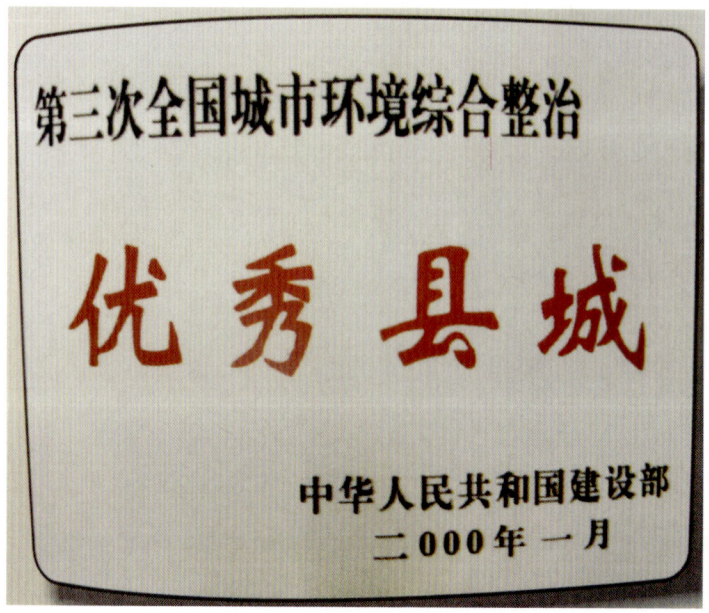

2000年1月,仁化县获"第三次全国城市环境综合整治优秀县城"称号

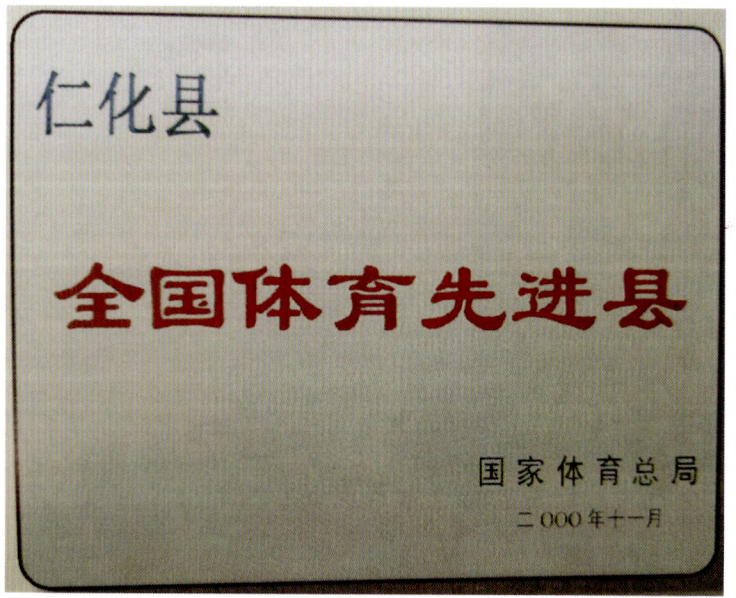

2000年11月,仁化县获"全国体育先进县"称号

2004年3月,仁化县获"全国绿化模范县"称号

2005年12月,仁化县获"国家卫生县城"称号

丹霞新城一角

仁化县城

目录

前　言 / 001

第一章　老区概况 / 001

第一节　自然地理 / 002

　　一、县情概况 / 002

　　二、资源优势 / 002

第二节　历史沿革 / 005

第三节　经济社会 / 008

　　一、"九大任务"攻坚行动成效明显 / 009

　　二、财税金融稳健运行 / 014

　　三、生态环境更加优化 / 014

　　四、社会事业全面进步 / 015

　　五、政府建设持续加强 / 016

第二章　红旗漫卷 / 019

第一节　仁化暴动 / 020

　　一、薪火传播 / 020

　　二、攻取仁城 / 033

三、据寨坚守 / 040

　　四、声东击西 / 046

第二节　红星闪闪 / 051

　　一、红四军支持仁化 / 051

　　二、红五军游击仁化 / 056

　　三、红七军穿越仁化 / 059

　　四、红三军团转战仁化 / 061

　　五、中央红军突破仁化 / 063

　　六、留守红军开辟仁化 / 071

第三章　抗日烽火 / 073

第一节　难民逃往仁化 / 074

第二节　韶师迁移仁化 / 077

第三节　黄涛驻军仁化 / 083

　　一、驰援衡阳 / 083

　　二、救济儿童 / 083

　　三、支援地方 / 084

第四节　战火映河富 / 086

　　一、捍卫主权 / 086

　　二、神出鬼没 / 087

　　三、除奸灭害 / 091

　　四、烽火连天 / 092

第四章　解放大业 / 097

第一节　光荣凌溪 / 098

　　　　一、中央决策 / 098
　　　　二、凌溪曙光 / 101
　　　　三、长江雄狮 / 103
　第二节　新生仁化 / 120
　　　　一、部署解放仁化 / 120
　　　　二、支援解放大军 / 121
　　　　三、建立人民政权 / 122

第五章　建设宏图 / 125
　第一节　开天辟地 / 126
　　　　一、接管政权 / 126
　　　　二、抗美援朝 / 132
　　　　三、分田分地 / 133
　　　　四、发展生产 / 136
　第二节　曲折探索 / 141
　　　　一、建设社会主义的艰辛探索 / 141
　　　　二、在内乱中坚持发展 / 147

第六章　改革开放 / 153
　第一节　改革大业 / 154
　　　　一、实行家庭联产承包责任制 / 154
　　　　二、习仲勋到仁化调研 / 157
　　　　三、推行经济体制改革 / 160
　　　　四、完善市场体系 / 171
　第二节　"生态、活力、幸福"新仁化 / 176

一、诚信仁化，连获中国最具投资潜力特色魅力
示范县 / 176

二、全景仁化，誉为中国最美县域 / 180

三、立德树人，荣获广东省推进教育现代化先进县 / 185

四、仁爱仁化，喜获全国县级文明城市提名城市 / 193

第七章　走进新时代 / 201

第一节　大力发展生态经济 / 202

一、大丹霞经济圈建设持续推进 / 202

二、全域旅游健康发展 / 204

三、城镇提升效果明显 / 206

四、产业共建稳步推进 / 207

第二节　全力打造幸福民生 / 210

一、大力实施教育"推现" / 210

二、扎实推进卫生创强 / 211

三、全力实施脱贫攻坚 / 212

四、建立完善便民服务 / 214

五、共建共享平安仁化 / 215

六、全力打造和谐仁化 / 217

第三节　全面建设美丽乡村 / 220

一、全域推进生态宜居美丽乡村建设 / 220

二、扎实推进环丹生态宜居美丽乡村连片创建工程
/ 221

三、有序开展农村综合改革 / 223

四、稳步推进国家现代农业示范区建设 / 224

目 录

第四节　推动乡村振兴发展 / 226

　　一、推动乡村组织振兴 / 226

　　二、推动乡村产业振兴 / 228

　　三、推动乡村生态振兴 / 229

　　四、推动乡村文化振兴 / 230

　　五、推动乡村人才振兴 / 231

第五节　唱响红色主旋律 / 233

　　一、大力传承红色基因与弘扬红色文化 / 233

　　二、加快推进城口红色特色小镇项目建设 / 235

　　三、抓实红色党建，提升红色文化影响力 / 236

第六节　持续推进党的建设 / 238

　　一、旗帜鲜明讲政治 / 238

　　二、狠抓思想宣传意识形态建设 / 239

　　三、大力加强干部队伍建设 / 240

　　四、扎实推进基层组织建设 / 241

　　五、坚定不移正风肃纪反腐 / 242

附　录 / 247

附录一　遗址遗迹 / 248

附录二　纪念设施 / 255

附录三　珍贵遗存 / 261

附录四　大事记（1924 年—1949 年）/ 309

后　记 / 327

前言

仁化是广东省重点革命老区。

新民主主义革命时期，仁化人民在中国共产党的领导下，为推翻帝国主义、封建主义和官僚资本主义三座大山，为建立新中国作出了巨大牺牲和贡献；在社会主义革命和建设、改革开放时期，特别是党的十八大以来，党领导仁化老区人民自力更生、艰苦奋斗，改变贫困落后面貌，深化各领域改革，人民安家乐业、团结奋进、和谐发展，安全感、幸福感不断提升。老区各项建设发展大业取得了世人瞩目的成就。

编撰《仁化县革命老区发展史》，得益于中国老区建设促进会的指导，受到省、市老区建设促进会的厚爱，这是仁化24万多老区人民的夙愿！她忠实记载老区辉煌历史，她热情讴歌英雄壮烈气节，她倾心呼唤人们不忘初心、传承红色基因，她心底期盼老区人民大踏步走进新时代、学习新思想、迎来新发展，她衷心祝愿在高水平生态保护中实现高质量发展，在实现"四个走在全国前列"、加快振兴发展中作出仁化贡献！

《仁化县革命老区发展史》编委会

2019年3月

第一章

老区概况

第一节 自然地理

一、县情概况

仁化县地处南岭山脉南麓，罗霄山脉南端，位于广东省北部，是粤、湘、赣三省交接地，东接江西省崇义县、大余县，北邻湖南省汝城县，南面紧邻韶关市区。县境东西长47.3千米，南北宽44千米，总面积2223平方千米，其中，山地约占70%，丘陵约占20%，平原约占10%。辖10个镇和1个街道办事处，125个村（居）民委员会（社区），总人口24.47万人。属中亚热带季风气候，四季宜人，年平均气温20.2℃，年平均降雨量1656毫米，无霜期299天。

2005年后，仁化县先后获得国家卫生县城、中国最具投资潜力特色示范县200强、中国最佳生态休闲旅游名县、全国最美生态旅游示范县、中国摄影创作基地、2017中国最具投资特色潜力魅力示范县、2018中国最美县域、全国文明城市提名城市、中国特色农产品优势区（丹霞贡柑）、广东省文明县城、广东省旅游强县、广东省县域旅游经济竞争力十强县等荣誉称号。

二、资源优势

仁化县地处南岭山脉南麓，以山地丘陵地貌为主，其中，山地约占70%，丘陵约占20%，平原约占10%。属中亚热带季风气候,冬春冷、夏秋热,年平均气温20.2℃,年平均降雨量1656毫米,无霜期299天。县境内土地、森林、矿产、水力、旅游资源极为丰富。全县拥有大量耕地面积、宜林面积、有林面积,森林覆盖率达78.92%,活立木蓄积量1135.4万多立方米;毛竹面积2.3万多公顷,毛竹蓄积量3100多万株,年产毛竹400多万根。水力资源蕴藏量约16万千瓦,水电总装机容量约14万千瓦。矿产资源主要有煤、铅、锌、钨、铁、铜、铀、锰、锡、硅石、磷、水晶、花岗岩等50余种,境内有全国最大的铅锌矿生产企业凡口铅锌矿和中央企业核工业部七四五矿,煤炭蕴藏量列全省第二位。

仁化人文底蕴深厚、民风淳朴,文化资源丰富。秦末汉初,南越王赵佗就在仁化北端隘口筑有"秦城"。至南朝齐年间(479—502),始建仁化县,距今1500多年。仁化人杰地灵,历代杰出人物层出不穷,古代有唐朝著名政治家、文学家、诗人、名相张九龄,当代有开国中将谭甫仁等。仁化文化风情独特,民间舞龙舞狮、唱山歌、唱"月姐歌"等群众文化活跃,其中"月姐歌"被列为省级非物质文化遗产。

仁化山清水秀、风光旖旎,旅游资源丰富。境内有"丹霞地貌"命名地、世界自然遗产、世界地质公园、国家风景名胜区、国家AAAAA级旅游景区、国家自然保护区——丹霞山,仁化县丹霞源国家水利风景区,中国历史文化名村、中国传统村落、国家AAA级旅游景区、中国最美古村落——石塘古村,全国重点文物保护单位、广东省中共党史教育基地——双峰寨,省内唯一的唐代古塔、全国重点文物保护单位——云龙寺塔,中国乡村旅游模范村黄屋村等;有唐、宋、明、清历代不同风格的宝塔14座,是中国"古塔之乡";全省唯一的红军长征主题纪念馆——红军长征粤北纪念馆落户仁化县城口镇。

仁化林茂竹丰、矿产富集,自然资源丰富。仁化生态环境优美,森林覆盖率达78.92%,是广东省重点林业生态县,素有广东省"毛竹之乡""白毛茶之乡"的美称。水力资源丰富,是全国首批初级电气化达标县。铅、锌等矿产资源蕴藏量大,是中国"有色金属之乡",境内有中国最大的铅锌矿生产基地(单一矿山)——凡口铅锌矿、世界领先生产设备技术的锌冶炼企业——丹霞冶炼厂。

仁化交通便利、四通八达,区位优势明显。随着武(汉)深(圳)高速(仁化段)建成通车,形成一铁(赣韶铁路)、两高(韶赣高速、武深高速)、三国(G323、G106、G535)、四省(S246、S342、S244、S517)的四通八达、纵横交错的交通网络,锦江河与浈江河交汇后流入北江,再汇入珠江,是连接珠三角和内地的桥头堡。

第二节 历史沿革

仁化县历史悠久。秦末汉初,南越王赵佗就在仁化北端隘口筑有"秦城";至南朝齐年间(479—502),始建仁化县,距今1500多年。

2000—2002年,仁化县辖9个镇:仁化镇、丹霞镇、长江镇、石塘镇、红山镇、扶溪镇、城口镇、闻韶镇、董塘镇,88个村民委员会、13个居民委员会,总人口16.3万人。2004年5月29日,国务院批准调整韶关市部分行政区划:将原曲江县的黄坑镇、周田镇、大桥镇划归仁化县管辖。全县辖丹霞、仁化、董塘、石塘、扶溪、闻韶、长江、城口、红山、周田、黄坑、大桥等12个镇,136个村(居)民委员会,总人口22.72万人,总面积2223平方千米,县人民政府驻仁化镇。2006年6月7日,广东省民政厅批准:撤销韶关市仁化县丹霞镇、仁化镇,设立丹霞街道办事处。截至2017年12月,全县辖10个镇和1个街道,125个村(居)民委员会。

仁化县是革命老区,是开展革命斗争较早的县之一。在长期的革命斗争中,仁化人民在中国共产党的领导下,不惧敌人的残酷镇压,为革命进行了艰苦卓绝的斗争,无私无畏,用鲜血和生命捍卫了红色政权和革命武装,提供了大量的人力、财力和物力,为夺取民主革命的胜利作出了巨大贡献。革命斗争期间,仁化许多村庄遭到烧杀抢掠,许多革命志士献出了宝贵的生命。老区人民的英雄壮举，在仁化革命史上谱写了壮丽的诗篇。

仁化县10个镇和1个街道全属革命老区。中华人民共和国成立后，特别是改革开放以来，在各级党委、政府和有关部门的支持下，广大老区人民发扬光荣传统，艰苦奋斗建设家园，许多老区村庄发生了翻天覆地的变化，大部分已步入小康行列。但有少部分村庄由于受各种条件的制约，经济发展较缓慢，如长江镇凌溪村是中国共产党五岭地区委员会（简称"中共五岭地委"）成立地，与广东省南雄县（1996年撤县改市）、江西省大余县相邻，这里崇山峻岭，林茂竹盛，人民生活较贫困，许多村庄尚未铺设水泥公路，这里的学生通常要走十多千米、甚至几十千米的山路去上学。解放战争时期，凌溪村民为游击队员筹米筹粮、提供情报，掩护游击队员的行踪，为革命作出了巨大的牺牲。1948年8月，国民党南雄县参议员兼百顺区区长邬锡金带领六十九师属下部分兵力和南雄县地方武装共300多人到凌溪，要求群众提供游击队的行踪，群众不配合，他就对群众大肆镇压，强行解散农民协会（简称"农会"），杀害凌溪农会会长刘新权，活埋革命领导人刘冠英（即叶昌）年仅8个月大的女儿叶小雅。他们还强奸妇女多名，烧毁民宅30多间，抢走耕牛40多头及衣物一批；还强迫群众迁村，把湖洋洞、曾洞的群众赶到高坪、刘屋等村庄，不许群众回去，致使村庄农田荒芜，群众失去生计。

仁化人民为革命事业付出了生命，作出了重要贡献。仁化是一块红色土地，在大革命时期，打响了粤北湘南暴动的第一枪，是红军长征突破国民党第二道封锁线的主战场。留下了毛泽东、周恩来、朱德、邓小平、彭德怀、陈毅、聂荣臻等无产阶级革命家的光辉足迹。养育了开国中将谭甫仁和100位为中华人民共和国成立作出贡献的英雄模范人物之一阮啸仙。据不完全统计，新民主主义革命时期，人口不足5万人的仁化县就先后牺牲了1.2

万多人，可考的革命烈士700多人。全县被敌人焚毁民房2000多间，老董塘、高宅等村庄曾被反动派烧光。仁化县城、董塘、石塘、城口、红山、长江、扶溪、闻韶、周田、大桥等地，均成立了党组织、农会、苏维埃政权和革命武装，广泛开展打土豪、分田地、分粮食等农民运动（简称"农运"）；全县老区区乡、人口、面积，分别占仁化全县总数的94%、95%、94.8%以上。中华人民共和国成立后，仁化被广东省人民政府确定为革命老区。

没有老区人民的贡献，就没有中国革命的胜利。中华人民共和国已经成立70周年了，由于各种原因，仁化老区的部分人民的生活还很贫困，需要继续引起高度重视。

第三节 经济社会

仁化县认真贯彻党的十九大精神以及习近平总书记对广东工作的重要批示精神①，积极落实市委、市政府"主动融入珠三角"总体部署和县委"一三九"发展战略②，以推进供给侧结构性改革为主线，以"九大任务"③三年攻坚行动为抓手，解放思想，攻坚克难，狠抓各项工作落实，力促仁化县经济社会保持平稳发展。2017年，全县完成地区生产总值113.9亿元（初步统计数据，下同），增长3%。完成固定资产投资66.9亿元，增长5%；

---

① 习近平总书记对广东工作的重要批示精神：2017年4月4日，习近平总书记对广东工作作出重要批示，希望广东坚持党的领导、坚持中国特色社会主义、坚持新发展理念、坚持改革开放，为全国推进供给侧结构性改革、实施创新驱动发展战略、构建开放型经济新体制提供支撑，努力在全面建成小康社会、加快建设社会主义现代化新征程上走在前列。

② "一三九"发展战略：紧紧围绕建设"生态、活力、幸福"新仁化这一目标，主攻"生态经济、幸福民生、美丽乡村"三大领域，大力开展"全域旅游、产业共建、城镇提升、教育现代化、卫生创强、精准扶贫、农村人居环境综合整治、农村综合改革、国家现代农业示范区建设"九大任务三年攻坚行动，着力打造美丽环境、发展美丽经济、创造美丽生活，加快建设生态更美、产业更优、机制更活、百姓更富、社会文明程度更高的美丽幸福新仁化。

③ 九大任务：全域旅游、产业共建、城镇提升、教育现代化、卫生创强、精准扶贫、农村人居环境综合整治、农村综合改革、国家现代农业示范区建设。

完成社会消费品零售总额32.94亿元，增长8%；城镇和农村居民人均可支配收入分别为25478元和15450元，分别增长9%和11%。全面小康实现程度为74.6%，比2016年提高3.5个百分点。

一、"九大任务"攻坚行动成效明显

全县认真按照"九大任务"三年攻坚行动方案和县人民政府2017年工作要点的具体要求，健全工作机制，突出项目建设，狠抓工作落实，"九大任务"攻坚行动实现平稳开局。

（一）全域旅游开局良好

《仁化县全域旅游发展规划》通过了专家评审，制定了《关于加快推进大丹霞旅游经济圈发展建设工作实施方案》。成功举办了"丹霞杯"围棋城市邀请赛、南粤古驿道定向大赛（仁化站）、"绚美大丹霞、活力新仁化"2017广东仁化文化旅游节等活动。仁化县游客集散中心建成使用，灵溪森林旅游度假区建成开园。城口红色特色小镇建设全面启动，完成了城口铜鼓岭红军烈士纪念园修缮工程，红军长征粤北纪念馆和丹霞丰源温泉度假村项目一期开工建设。推进"厕所革命"[①]，新建和改造提升旅游厕所29座。启动长江至万时山、灵溪河大桥至新凉亭2条旅游公路建设。

（二）产业共建扎实推进

建立健全了招商引资项目综合评选机制，组建了中山、东莞、

[①] 厕所革命：指对发展中国家的厕所进行改造的一项举措，最早由联合国儿童基金会提出。习近平总书记指出，厕所问题是城乡文明建设的重要方面，不但景区、城市要抓，农村也要抓，要把这项工作作为乡村振兴战略的一项具体工作来推进，努力补齐这块影响群众生活品质的短板。

珠海、广州、佛山（仁化）商会和8个镇级商会。成功引进亿航丹霞旅游无人机、江西宜春邦华新材料等一批优质项目。2017年累计引进招商项目20个，合同利用资金超100亿元。实际吸收外资485万美元，货物进出口总额1000万美元。创新实施"一线双联"制度[①]，实行一企一策、上门服务、跟踪落实，服务企业效率明显提高。丹霞冶炼厂扩产增效、凡口铅锌矿尾矿综合提升项目稳步实施。阳光电源股份有限公司15万千瓦光伏发电综合利用示范项目建成投产，二期项目开始实施。新增金泽新能源、升隆电源等4家规模以上企业。化解钢铁过剩产能50余万吨，占全市总量的21.74%。仁化县产业集聚地建设步伐加快，合泰铝制品、森辉节能、基亿通用电气、能易储能等4个项目开工建设，富鑫有色、中弘金属、凯鸿纳米等3个增资扩产或技改项目启动；县城滨江路3.4千米、新庄大道北延段1.62千米实现通车，公共绿化一期、工业二路等工程加快推进，产业集聚地服务中心已建成。全县完成规模以上工业增加值33.84亿元，增长0.2%。

（三）现代农业提质增效

完成了国家现代农业示范区核心区现代农业生产技术升级改造二期项目，润华农业、众力农业、新农人等设施农业项目建成并投入生产。建成了黄坑贡柑、长坝沙田柚、红山茶叶等0.2万公顷农业生态观光园。粮食种植面积1.66万公顷，总产量超10万吨。黄坑镇互联网农业小镇试点项目加快建设。仁化白毛茶等5个产品被评为广东省第二届名特优新农产品区域公用品牌，丹霞谢柚等7个农产品被评为广东省第二届名特优新农产品经营专

---

① "一线双联"制度：县领导班子、县直机关单位和镇（街道）干部大抓基层一线，实行干部联村联户。之后将联村联户拓展到联系企业和企业党组织。

用品牌。红山镇鱼皇村被列入全国"一村一品"①示范村,是韶关市唯一上榜村。红山镇富农茶叶专业合作社被认定为国家级农民合作社示范社,鸿伟木业(仁化)有限公司被认定为广东省重点农业龙头企业。全县"三品一标"②认证农产品达46个,农业观光采摘园147家,休闲农庄136家,新增农民专业合作社25家、家庭农场33家。2017年,投入1600多万元实施中小河流治理重点县综合整治及水系连通试点项目4个,分别完成河道清淤、岸坡整治十余千米。投入6000多万元实施广东省山区五市③中小河流治理项目,完成河流治理36千米。投入3963万元实施村村通自来水工程5宗。完善"三防"④信息平台建设,"三防"工作稳步推进。实现耕地保有量21419.36公顷,基本农田面积16773.33公顷。

(四)城镇品质稳步提升

丹霞新城、盛世铭庭等房地产开发工程扎实推进。碧桂园商贸城落地开工。仁化县北门片区市政道路一期工程、丹霞新城龙井路基本完成,丹霞新城农贸市场投入使用。韶赣高速丹霞出口至国道106线道路改造提升工程稳步实施。全县十镇一街均实现了环卫服务市场化,石窝生活垃圾填埋场试运营,基本实现了保洁体系建设全覆盖。武深高速(仁化段)已建成通车。全县土地

---

① 一村一品:指在一定区域范围内,以村为基本单位,按照国内外市场需求,充分发挥本地资源优势,通过大力推进规模化、标准化、品牌化和市场化建设,使一个村(或几个村)拥有一个(或几个)市场潜力大、区域特色明显、附加值高的主导产品或产业。

② 三品一标:指无公害农产品、绿色食品、有机农产品和农产品地理标志。

③ 山区五市:韶关市、河源市、梅州市、清远市、云浮市。

④ 三防:防旱防汛、防风、防冰冻。

利用规划中期调整获广东省批复。完成项目用地报批55.23公顷。第二次全国地名普查工作通过了广东省检查验收。"两违"① 整治工作成效明显。

（五）农村环境日益改善

在韶关市率先完成了33个省定贫困村农村人居环境整治规划，编制了周田镇、大桥镇南门控制性详细规划和仁化县基本生态控制线、"五小"② 专项规划等。大力开展省定贫困村和国、省道路沿线村庄"三清三拆三整治"③ 行动，清理村巷道732条，共10万平方米，拆除废弃房屋面积20万平方米。完成农村公路硬底化工程84千米。建成农村候车亭12座。投入8720.8万元完成156个农村电网改造工程项目。投入1.52亿元完成"丹霞彩虹"省级新农村示范片道路、污水处理等一批基础设施建设。

（六）精准扶贫有效开展

实施了河富村现代化优质果蔬种植、仁化县新农人生态农业发展有限公司无土栽培示范基地、黑山羊养殖等一批产业帮扶项目。2017年，发放产业扶贫小额信贷资金203万元，实施产业种养项目53个。扶贫资金投入光伏电站等资产性收益项目进展顺

---

① 两违：违法用地和违法建设行为。
② 五小：小公园、小广场、小运动场、小停车场、小菜市场。
③ 三清三拆三整治："三清"指清理村巷道乱堆乱放，清理房前屋后垃圾、卫生死角，清理沟渠池塘溪河淤泥、垃圾。"三拆"指拆除危旧房、废弃猪牛栏及露天厕所茅房，拆除乱搭乱建、违法建筑，拆除非法违规商业广告、招牌。"三整治"指整治垃圾，建立健全长效保洁机制和垃圾收集、转运、处理长效运营机制，落实门前"三包"（包卫生、包秩序、包绿化）责任制和生活垃圾处理费征收工作；整治污水，建设污水处理设施，推广沼气综合利用，实行雨污分流、污水排放暗渠化，实现农户卫生厕所改造率达到100%；整治畜禽污染，建设栅栏圈围，实现人畜分离、家禽集中圈养。

利。举办 15 场精准扶贫专场招聘会，现场达成就业意向 2752 人。为建档立卡学生发放生活补助费 398.2 万元；投入 331.19 万元用于贫困人口医疗救助，100% 完成建档立卡贫困人口城镇居民保险参保缴费。投入 672 万元改善一批农村基础设施。投入 127 万元实施村基层组织建设项目 36 个。

（七）农村综合改革不断深化

2017 年，建立自然村村民理事会 689 个，省定贫困村 20 户以上自然村村民理事会实现全覆盖。农村土地承包经营权确权登记颁证 33143 本，颁证率达 96.02%。建成农村土地承包经营权信息应用平台。建成农村普惠金融"村村通"信用村、取款点各 109 个，评定信用户 32911 户，累计授信贷款 1.47 亿元。供销社体制改革、农村信用合作联社改制工作全面启动。

（八）教育现代化进程加快

2017 年，投入 1621 万元实施周田镇灵溪小学综合楼和运动场建设等山区薄弱学校改造项目 11 个，全面消除了中小学 D 级危房。投入 1420 万元实施全面创建平安食堂工程，改扩建中小学、幼儿园学生饭堂 52 所，全面消除 C 级饭堂。投入 1500 多万元装备云教室和录播室 26 间、交互式智能教学设备 203 套、师生移动学习终端 600 套。实施农村教学点"班班通"工程，全县 41 个教学点多媒体课室实现全覆盖。仁化县第一小学已开工建设，仁化县特殊学校迁建工程全面启动。省级教育强县、教育强镇复评指标全部达标。中小学教师"县管校聘"[①] 管理改革稳步推进。

[①] 县管校聘：指全体公办义务教育学校教师和校长全部都实行县级政府统一管理，特别是统一定期强制流动到县域内的义务教育学校，从而将教师和校长从过去的某学校的"学校人"改变为县义务教育系统的"系统人"。

（九）卫生创强有序实施

至 2017 年，累计争取仁化县人民医院新门诊综合楼建设、仁化县妇幼保健计划生育服务中心搬迁、农村卫生站标准化建设等项目资金 9396 万元，基层卫生服务能力提升工程进展顺利，新建卫生院业务综合楼 7 座，全面完成了乡镇卫生院改造和 33 所村卫生站公建民营规范化建设任务。实施基层医疗机构中医馆建设项目 11 个、基本公共卫生服务项目 46 个。公立医院改革进展顺利，全面取消药品加成。家庭医生式服务全面铺开，签约人数 57445 人。两孩政策全面落实，计划生育服务水平进一步提高。

二、财税金融稳健运行

2017 年，全县完成一般公共预算收入 5.38 亿元，一般公共预算支出 20.8 亿元。财政八项支出①完成 15.55 亿元，占财政总支出的 74.94%。用于保障和改善民生事业资金 19.25 亿元，占一般公共预算支出比重达 92.55%。全县金融机构各项存款余额 93.24 亿元，增长 2.87%；各项贷款余额 40.06 亿元，增长 9.04%；城乡居民储蓄存款余额 64.37 亿元，增长 2.21%。全面落实"营改增"②和减税降费政策，降低企业成本约 2.8 亿元。新增债券转贷资金 2 亿元，置换存量债务 13092 万元。

三、生态环境更加优化

2017 年，完成造林面积 733.33 公顷、碳汇林抚育面积

---

① 财政八项支出：一般公共服务支出、公共安全支出、教育支出、科学技术支出、社会保障和就业支出、医疗卫生与计划生育支出、节能环保支出、城乡社区支出。

② 营改增：营业税改增值税。

1166.67公顷,建成13个乡村绿化美化示范点,全县森林覆盖率达78.92%。全面推行"河长制"①,开展锦江河流域水质综合治理工作。制订畜禽养殖"三区"②划定方案,整治完成畜禽养殖场(户)60个。全县水、声、空气环境质量均保持较好水平。中央环保督察、"绿盾2017"自然保护区监督检查等专项行动整改工作有效落实。土壤污染综合防治工作扎实开展,完成坪岗工业园、银海有色金属渣业集团、丹霞冶炼厂及凡口铅锌矿等县重点行业在产企业相关地块土壤污染状况详查工作。全县单位国内生产总值(GDP)能耗为0.714吨标准煤每万元,同比下降2.9%。

四、社会事业全面进步

八件惠民实事扎实开展,全民文化广场、县城第一农贸市场改造提升基本完成,第二农贸市场改造提升扎实推进;实现了环境卫生保洁覆盖所有圩镇,生活垃圾清运延伸到部分自然村。860户贫困户危房改造任务全部开工建设。十六冶棚户区(晟泰花园)等保障性安居工程进展顺利,对440套安置户完成抽签分配,让老职工实现了安居梦。10个县城"五小"惠民工程有序实施。完成数字档案馆第一期建设。2017年,城乡居民养老保险和医疗保险参保人数分别为76334人和180436人。村(社区)"两委"③实现了"五个好"④换届目标。成功举办韶关市第十五届青少年

---

① 河长制:即由各级党政主要负责人担任河长,负责组织领导相应河湖的管理和保护工作。
② 三区:禁止养殖区、控制养殖区、适合养殖区。
③ 村(社区)"两委":村党支部委员会、村民委员会,社区党支部委员会、社区居民委员会。
④ 五个好:指领导班子好、党员队伍好、工作机制好、工作业绩好、群众反映好。

运动会、仁化县第五届运动会等体育赛事。2017年普通高等学校招生考试再创佳绩，高考总上线率达99.42%。初中和小学教学成绩稳步上升。13个基层综合性文化服务中心建设全面铺开。"扫黄打非"成效显著。成功侦破多起开设赌场赌博案和伪造假币案，"飓风2017"专项打击行动综合排名全市第二，董塘镇、长江镇专职消防队实体运作，社会治安、安全生产持续稳定。城乡居民养老保险、医疗保险有效扩面，城乡低保、"五保"和医疗救助标准稳步提高，切实兜住民生底线。仁化县综合应急指挥信息平台基本建成。创建全国县级文明城市（简称"创文"）工作纵深推进，开展文明劝导、"礼让斑马线"等"仁爱之城"创建系列活动，大力培育和践行社会主义核心价值观，网格化管理常态化开展。

五、政府建设持续加强

深入开展"两学一做"学习教育常态化、制度化和"比学赶超、以评促建、实干担当"作风建设年活动。严格落实领导干部学法制度，加强政府规范性文件管理和行政执法监督，做好行政复议及行政应诉工作，推进政府依法行政。深化简政放权、"放管服"[①] 改革，全面推进"一门式一网式"[②] 政府服务。认真落实党风廉政建设责任制，持续强化重点领域、关键环节的行政监察和审计监督。严格落实"一岗双责"，政府系统党风廉政建设

---

① 放管服：就是简政放权、放管结合、优化服务的简称。"放"即简政放权，降低准入门槛；"管"即公正监管，促进公平竞争；"服"即高效服务，营造便利环境。

② 一门式一网式：指群众进一扇门就能办理所有的审批事项，上一个网站就能找到所需的政府服务，即建立综合受理、分类审批、统一窗口出件的服务模式。

深入开展。制定实施县人民政府"三重一大"①决策、县人民政府党组会议议事规则等制度，科学、民主决策水平进一步提高。自觉接受县人大法律监督和县政协民主监督，2017年，办理仁化县人大代表议案、建议107件，仁化县政协委员提案、意见47件，办结率100%。

---

① 三重一大：指重大问题决策、重要干部任免、重大项目投资决策、大额资金使用。

第二章

红旗漫卷

第一节 仁化暴动

一、薪火传播

19世纪,仁化人民受着帝国主义、封建主义和官僚资本主义的统治,受着地主豪绅的压迫和剥削,受着军阀混战的摧残和兵匪的抢掠,过着饥寒交迫的生活。同时,地主剥削还同商业资本、高利贷资本的剥削结合在一起,构成了三位一体的封建剥削网。社会生产力非常落后,经济十分萧条,民不聊生,弄得一些农民倾家荡产,无家可归,在死亡线上挣扎。更有不少农民被地主、官匪杀害,或被地主、官匪禁闭而活活饿死,广大人民群众迫切渴望有条活路可走。

1922年5月9日,孙中山在韶关誓师北伐,仁化成为必经之地。北伐军经过仁化时,当地群众热情地为北伐军递茶送水、送食物,夹道欢送。

1924年秋,国民党中央组织部派遣部分共产党员、青年团员到北江各县参加建立、改组国民党县党部的工作。国民党中央农民部派出一批农运特派员和北江籍的广州农民运动讲习所(简称"农讲所")学员到北江各县开展农运。同年冬,仁化县老董塘乡农民廖汉忠去东江探亲,返回仁化后,廖汉忠积极宣传蓬勃发展的东江农运。仁化广大农民深受鼓舞,纷纷渴求组织起来开展农运。

1925 年 7 月后，进步青年蔡卓文、黄梅林、刘振平等先后发动农民办起了农民夜校，组织农民特别是青壮年农民学习新文化、新思想，使农民受到共产主义的启蒙教育。1925—1926 年，共产党员阮啸仙、谭昆、黄克、刘战愚、叶凤章、宋华、侯凤墀等相继来到仁化，传播革命道理。他们经常深入农民家中或利用圩日，积极宣传马克思主义，宣传中国共产党的纲领和共产党领导广大人民群众如何进行革命的道理，宣传"联俄、联共、扶助农工"的政策，宣传开展农运的目的、意义，号召农民要团结起来，打倒土豪劣绅，打倒帝国主义，打倒军阀、官僚和封建思想。通过宣传活动，仁化的广大农民逐步觉醒起来，纷纷要求参加革命，参加农会和农民自卫军（简称"农军"），向官僚、土豪劣绅展开斗争。同时，有一批进步青年到潮州、韶关等地学习，接受共产主义思想的熏陶（后来，这些人大部分成为共产党员）。

（一）中共仁化县支部建立

中共仁化县支部是韶关地区最早建立的 6 个支部之一。1925 年冬，中共广东区委员会（简称"中共广东区委"）派侯凤墀、刘胜侣、梁展如、王蔚垣等人，到韶关地区开展农运和建党工作。从 1925 年 12 月到 1927 年 2 月，先后建立了中共北江地方委员会（简称"中共北江地委"）和一批县级党支部。

1926 年 12 月，仁化县已有 15 名以上的共产党员在进行革命活动。仁化籍的蔡卓文、黄梅林、刘振平等于 1926 年在韶关加入中国共产党后，回到仁化任第五区（董塘）农会常务执行委员；邓祝三在北江农军学校加入中国共产党后，回到仁化任第五区农军中队长；谭甫仁在北江农军学校加入中国共产党后，回到仁化任第二区（城口）农会常务执行委员。还有共产党员廖汉忠、刘建中等。1926 年 7 月，中共广东区委派遣卓庆坚到仁化负责党的建设工作。1926 年冬，在中共北江地委的帮助下，中共仁化县支部秘密建立。

（二）仁化农运蓬勃发展，成立农会筹备委员会

1925年7月，中国共产党党员、中国国民党中央农民部特派员谭昆等先后来到仁化董塘一带宣传农运，组织农会。1925年秋，广州农讲所第三届主任、广东省农民协会（简称"广东省农会"）常务委员阮啸仙到仁化指导农运，帮助农民成立农会组织。

1926年3月，第一区（附城）农民协会筹备委员会成立。在筹备委员会成立会议上选举姚子昭、刘光华、刘炳森、叶云胜、徐程华（女）等5人为筹备委员会委员。筹备委员会地址设在城隍庙。同年6月11日，在董塘禾坪岗召开的群众大会上成立了第五区（董塘）农民协会筹备委员会。大会推举黄梅林、蔡卓文、廖汉忠、刘振平等人任筹备委员会委员，黄梅林任筹备委员会主任。随后，第二区（城口）、第三区（扶溪）、第四区（长江）陆续成立农民协会筹备委员会。

（三）农会蓬勃兴起

农会筹备委员会成立后，由于宣传发动工作得力，农民要求参加农会的积极性很高，各乡村农会组织如雨后春笋般蓬勃发展起来。1925年8月24日，安岗乡率先成立农会。是年冬，黄坑、周田、大桥相继成立农会。1926年1月起，水罗、马斯坳、老董塘、坡头、东门、京地、高宅等乡农民协会成立。4月中旬，遵照广东省农会关于《各县农民协会报告大纲》的要求，向省上报仁化全县已成立乡农会10个，农会会员453人。截至1926年6月，董塘、崩砍头、杨屋、石塘、江头、上中垄、下中垄、榄树下、江下、龙皇宫、盘子岭、狮井、下园、大度岭、坳虎岭（坳扶岭）、黄子塘、厚里、小楣水、鱼皇、烟竹、赤石迳等地相继成立了农会。仁化县在短短的几个月里，实现了农会组织一片红的喜人景象。

1926年7月4日,第五区(董塘)农民协会执行委员会成立。在董塘禾坪岗召开成立大会,大会选出执行委员7人,后补执行委员3人;大会推举黄梅林、蔡卓文、廖汉忠为执行委员会常务委员,广东省农会北江办事处蔡如平、刘战愚、周其鉴等到会祝贺、授印、授旗,并作讲话,高度评价了仁化县农会组织迅速发展的情况。

1927年1月,国民革命军教导师师长陈嘉佑在韶关创办南韶连政治讲习所,培训北江各县农会基层政治干部,一批仁化学员参加受训,为仁化成立农会培养了骨干力量。1月底,城口农运积极分子赖宗贤、罗源广、刘如琴等人到董塘学习组织农会经验。董塘农会亦派出骨干分子龚辉祥等人到城口协助宣传和组织农会。2月3日,第二区(城口)农民协会执行委员会成立。在成立大会上推举谭广居(谭甫仁)、赖宗贤、罗源广为执行委员会常务委员。当天在萝卜坝召开群众庆祝大会,庆祝大会后进行了示威游行,高呼革命口号,进一步激发农民的积极性。1927年2月间,第三区(扶溪)、第四区(长江)农民协会执行委员会相继成立。至此,农会组织已遍及仁化县各地。

(四)成立妇女解放协会

1925年冬,仁化县妇女解放协会成立,陈桂英任常务执行委员。在仁化县妇女解放协会的协调和指导下,全县各区陆续成立妇女解放协会。1926年3月,第一区(附城)妇女解放协会成立。推选委员有徐程华、马秀英、何秀英、宋桥秀、罗细英,推选主任徐程华。同年7月,第五区(董塘)妇女解放协会成立。推选主任郑来娣,委员有朱丁凤等人。1927年2月3日,第二区(城口)妇女解放协会成立。推选委员有蒙六顺、刘月英、刘春苑3人。1928年1月31日,陈桂英等妇女光荣加入中国共产党,成为仁化县第一批女共产党员。

（五）声势浩大的农运宣传活动

1925年冬，谭昆、廖汉忠、黄克等人，利用董塘圩日最热闹的时间，在圩场摆着两条长凳子，他们站在长凳子上，宣传开展农运的目的、意义，号召"农民要团结起来，打倒土豪劣绅，打倒帝国主义，打倒军阀，厉行减租减息，实行耕者有其田"和拥护"联俄、联共、扶助农工"的三大政策。他们还在街道两旁和乡村张贴许多标语，造成浩大的浓厚的宣传氛围。1926年6月11日，第五区（董塘）农会筹备委员会成立时，各乡农会会员集中在董塘禾坪岗召开大会动员开展农运。会后，在董塘圩举行示威游行，游行队伍从董塘到江头、历林、安岗、贵地等乡村去宣传和发动群众，沿途高呼口号，敲锣打鼓，声势浩大，广大农民欢欣鼓舞，地主豪绅龟缩一角。

1927年2月3日，第二区（城口）农会执行委员会成立后，执行委员会常务委员谭甫仁、罗源广带领农运积极分子张益、邱志光、刘运秀、肖定湘等人，深入罗洞、厚坑、恩村等乡村宣传和动员群众，大量张贴标语、派发宣传单，跟农民群众宣传讲解开展农运的好处，号召农民组织起来，全面清理公偿，废除苛捐杂税，实行减租减息、退押，收缴地主豪绅武装，打击封建反动势力。

1927年3月12日，第一区（附城）和第五区（董塘）农会会员、农军、工商学政界人士共6000多人，在县城南较场参加"纪念孙中山总理逝世两周年大会"，大会开得隆重热烈。会后，示威游行，张贴标语，散发传单，高举锄头、钉耙、大旗、小旗，高呼"拥护三大政策""打倒帝国主义""打倒军阀""打倒封建势力"等口号。

（六）兴办农民夜校

为了适应不断高涨的农运形势，在各区、乡农会、妇女解放协会成立后，陆续兴办了农民夜校，农民群众白天出田劳动，晚上利用空闲时间到农民夜校进行学习。各区、乡农民夜校学习内容虽不甚一致，但基本上以学习文化知识为主，进而向农民讲述什么是马克思主义、什么是共产党、什么是新三民主义，使农民群众明白为什么要革命、为谁革命，怎样与官僚、封建主义和地主豪绅作斗争，等等。

1926年上半年，第五区（董塘）安岗乡农会举办农民夜校，该夜校学习内容主要是教识字、学文化、讲时事、谈形势、宣传农运等。蔡卓文还在夜校教唱自编的《励志歌》。中共广东区委派遣来仁化负责党建工作的卓庆坚以及广东省农会北江办事处周其鉴、蔡如平等到各乡视察农会工作时，均高度评价农民夜校办得好。

农民在夜校里除了学文化、学政治、领会革命道理外，还学唱革命歌曲。有些农民自编自唱农民歌曲，用歌声抒展心中的革命热情，激励了广大农民的革命斗志。

（七）建立农军

1926年9—10月，仁化各区农会组织在宣传贯彻广东省农民协会执行委员会扩大会议关于"农民要参加乡政，要农民武装自卫"的精神后，纷纷筹备建立农军事宜。10—11月，第五区农民自卫军模范队训练班在董塘江头惠潮嘉会馆开办，培养了一批基层军事骨干。由各乡农会挑选青壮年积极分子参加军事训练。训练班共办了三期，每期训练10天，训练学员10人。训练班由国民党中央农民部特派员宋华和李晃主持训练，重点学政治、学军事，军事项目主要涉及练操步、持枪、射击等。训练期满之后，学员各回原乡训练农军。

1926年12月9日，广东省农民协会北江办事处在韶关建国路60号创办北江农军学校，并按各县农军发展情况和需要分配名额。第一期仁化选派思想进步、工作积极、文化素质较好的青年谭广居（谭甫仁）、邓祝三、张义成、谭秋茂、谭福茂、冯成世、邓文光、周汉亨、陈耀发、李春林、黎锡伍、厚眼皮（绰号）、朱云轩、曾招元、黄国范、谭连连、温作新、李雨生等十多人参加学习。谭广居、邓祝三等人在学习期间加入中国共产党，成为仁化开展农运以来的第一批共产党员。1927年2月，北江农军学校第二期继续举办，仁化再次选派进步青年谭广泉、曾万林、李建华、张继良、卜燕林、刘明善、谢当仔、冼汝南等十多名农军骨干参加学习。这些学员结业后，回到仁化协助区、乡开展农运和加强农军建设，成为仁化农运和农民武装斗争的骨干力量，有力地推动了全县农运工作和农民武装斗争。

仁化农民武装主要力量建设情况：

成立第五区农民自卫军大队。1926年7月，第五区农会发动300多名农民，在董塘组织成立第五区农民自卫军大队，下设两个中队。邓祝三任第一中队队长，谭兆麟任第二中队队长。农军的主要任务是巡逻放哨、禁烟禁赌、维持社会治安、保护农民利益。1927年5月，由宋华、邓祝三率领主力140多人编入北江工农自卫军北上武汉讨伐蒋介石后，其余农军继续留在仁化与国民党"清党军"进行战斗。由于敌强我弱，寡不敌众，一部分农军光荣牺牲，一部分农军转移到澌溪山集结隐蔽，积蓄力量，伺机参加仁化暴动。

组成南返农民自卫军大队。1927年5月，北江工农自卫军北上，途中受军阀何键、许克祥发动的"马日事变"梗阻，滞留在衡阳以南。大队中的仁化农军一分为二：一部分由欧日章率领随总部上武汉，后转南昌参加八一起义；一部分会同曲江、乐昌、汝城县属的农军共200多人，组成南返农民自卫军大队，并成立总指挥部，总指挥梁展如（曲江人），大队长叶凤章（曲江人），中队长杨桔松(曲江人)、邓祝三(仁化人)。

组建工农革命军独立第四团(简称"独立第四团")。1927年7月后,因受国民党反动武装"围剿",仁化农军处于分散、隐蔽状态。至11月间,朱德派八一南昌起义军第十二支队到仁化宣传革命,农军指战员才逐步集结。经整训后,于1928年1月6日,朱德主持将仁化农军组建为工农革命军独立第四团,下设四个营,团长刘三凤。同时,朱德部队还留下起义军官兵滕铁生、杨开平、石生根、蒋国杰、孙德隆、刘海、何大修、刘光明8人,协助和指导仁化开展革命斗争,并送给独立第四团子弹2箱等武器一批。

(八)开展农运,政治上打击地主豪绅

1926年3月,正当仁化县各地开展农运成立农会之时,地主卜老三(卜庆堂)等纠集土豪劣绅及工商政界开会,成立所谓的"四门乡农民协会",企图笼络群众,对抗农运。不久,广东省农会北江办事处特派员叶凤章到仁化巡视农运工作时,得知此事,立即指令其解散,有力地维护了农会的尊严,给地主豪绅一个狠狠的打击。

1926年7月4日,第五区农会执行委员会成立大会结束后,举行示威游行,连续三晚开文艺晚会,还舞龙、舞狮,营造农运强大声势,大灭地主豪绅威风。

1926年8月9日,在仁化农会威力迫使下,国民政府广东省省务会议确认王永煌勾结地主豪绅镇压农运,撤销其仁化县县长职务,同时派遣刘汲之接任仁化县县长。

1926年11月上旬,第五区农会迁往江头惠潮嘉会馆后,恰逢江头打醮,土豪劣绅黄月兰、庄镜棠等人煽动群众,挑动宗派斗争,烧毁农会会旗,强迫区农会迁址,受到农会抵抗。11月10日,县长刘汲之率领县警队10余人赶到江头"调解"醮会事件,因"调解"中激起农民愤怒，被农民包围。刘汲之见情势不妙，狼狈逃回仁化县城。11月11日，刘汲之致电广东省国民政府，恳请广东省国民政府派员解决江头醮会事件。11月13日，曲江县农会得悉仁化县第五区农会会旗被烧毁事件后，通令各乡农会派精勇农军，佩带武装，前往支持仁化农运。11月16日，国民党中央农民部特派员林子光、宋华，曲江县农会执行委员会常务委员欧日章率领曲江县精勇农军50多人到达仁化，会同南韶连警备司令驻仁化谍报员周忠汉及仁化县国民党党部常务委员李学龄、县长刘汲之、第五区警察署署长李冠俦在第五区警察署处理江头醮会事件。处理结果要求土豪劣绅黄月兰、庄镜棠在群众大会上作检讨认罚，赔款1000元，赔制农会会旗，并燃放鞭炮赔礼。

1927年2月7日，高宅乡农会农军向麻塘警察分驻所借枪2支。第一区警察署署长叶玉山闻讯，率领警队6人赶赴高宅乡农会干涉，引起农民愤怒，叶玉山等被捆绑起来，押往第五区农会惩罚，缴其枪3支。晚上，刘汲之获悉叶玉山被农会扣押后，托病星夜逃往韶州（关）。2月17日，迫于仁化农会的威力，广东省国民政府委员会第十四次会议，决定将刘汲之呈送国民革命军总司令部严办。2月28日，广东省国民政府委员会第十五次会议议决，仁化县县长刘汲之破坏农运，撤职严办。

（九）废除苛捐杂税，实行减租减息

仁化各区、乡农会成立后，广大农民群众自觉起来要求参加废除苛捐杂税、实行减租减息的斗争。仁化县立即掀起全面清理公偿，实行"二五"减租、减息、退押，收缴地主豪绅武器，狠狠打击封建反动势力的行动。

1926年4—5月，第一区农会筹备委员会决定筹集粮食，解决农民渡春荒问题。农会委员姚子昭等登门向土豪劣绅分派低息借粮任务，迫于农会的压力，土豪劣绅如数借给。

1926年9—10月，仁化各级农会组织宣传贯彻广东省农民协会执行委员会扩大会议精神，明确当前主要任务。这一期间，仁化县各区、乡都陆续召开农会会议和群众大会，开展"二五"减租、退押运动，掀起了废除苛捐杂税、实行减租减息和斗争土豪劣绅的热潮。12月17日，石塘乡农会捕获抗拒退租退押、拒缴枪支、奸污农妇的土豪劣绅李成安，就地进行枪决，大大鼓舞了群众的斗志。安岗乡蔡德兆、谭为利两户受苦农民，仅借了地主谭介卿30元钱，就要他们两家仅七八岁的两个女孩押与谭介卿做婢女。农民起来斗争后，谭介卿才退回两个女孩给蔡德兆和谭为利，并焚烧了契约。1927年1月，黄伍、厚岭乡农会动员农民群众实行"二五"减租、减息、退押运动，清算土豪劣绅谭鸿波退租100余担（1担=50千克）稻谷，从经济上给了土豪劣绅谭鸿波一个沉重的打击。

1927年4月6日，厚岭乡农会清查、收缴土豪劣绅谭鸿波吞并的公偿谷200多担，收缴土豪劣绅谭渊享六八式步枪2支。4月23日，厚岭乡农会在收缴土豪劣绅谭鸿波枪支时，其儿子谭友德（又名谭学古）持刀杀伤乡农会常务委员谭世森，引起农民义愤。随即，石塘、黄伍乡等地农军赶到，包围了谭鸿波住宅，在乱枪中谭友德被击毙。

（十）开展禁烟禁赌行动

各区、乡农会和妇女解放协会成立后，发动农民群众起来进行禁烟禁赌也是一项重要的斗争。尤其是农军成立以来，已把禁烟禁赌斗争列入农军组织的日常活动。1926年7月，第五区农军大队成立后，农军战士踊跃参与禁烟禁赌，把禁烟禁赌列为巡逻放哨的一项内容，发现有烟赌现象立即制止，收到明显的效果，烟赌陋习逐步减少，为全县禁烟禁赌行动起到示范推动作用。

(十一)推翻封建宗法思想及制度

仁化各区、乡农会和妇女解放协会成立后，通过宣传和举办农民夜校，对广大农民群众进行启发教育，农民群众的思想觉悟有了很大提高。农民群众自觉起来，向封建宗法思想及其制度发起了冲击。许多乡村农会会址就设在神庙、会馆和宗族祠堂等封建宗法聚集场所里，如第一区农会筹备委员会会址设在城隍庙；第五区农会执行委员会会址设在董劝书院；第五区农会迁址江头惠潮嘉会馆；第二区农会执行委员会会址设在大皇楼；第三区农会执行委员会会址设在紫岭二房中厅，等等。还有不少乡村用神庙、会馆或祠堂举办农民夜校和进行各种集会等，这都是对封建宗法思想及其制度的有力冲击。

(十二)与反动武装激烈战斗

1926年6月间，正当第五区农运开展得轰轰烈烈之时，仁化反动县长王永煌率领仁化县警队40多人，到董塘镇压农运，声称要解散第五区农会筹备委员会，乱抓乱拘农民，打伤农民多人。农会会员得知情况后，立即吹号，通知各乡村农民100多人，携带锄头、钉耙、棍棒等，把县警队包围起来，准备与县警队决一死战。王永煌见势不妙，即刻率领县警队向廊田村方向逃跑。

1927年5月，地主豪绅谢梅生趁第五区农军主力离开仁化北上武汉之机，纠集300多名反动武装向农会组织发起了凶狂进攻。他率领的地主武装、民团和土匪，进攻了第五区的董塘、石塘、江头等几十个村庄，在村庄里烧杀抢掠，大肆逮捕和杀害共产党员、农会委员、农运骨干和无辜群众。反动武装把农运搞得最活跃的几个乡村包围起来，妄图一举扑灭农运根据地。在这危急关头，区农会领导人一方面积极组织农军和群众与敌人展开激烈的战斗；另一方面派出联络人员到湖南汝城等地寻找援军。这场战斗打得非常激烈。农军和革命群众缺乏枪支弹药，只好每人在手臂处绑一红布条，用锄头、钉耙、镰刮、镰刀、斧头、木棍等与敌人拼搏。敌人一路追杀，农军和革命群众凭着村寨为掩护，逐村朝凡口、澌溪山、烟竹方向撤退。待到夜晚，农军和革命群众打开被包围的缺口，集中力量猛冲。由于天色黑暗，农军和革命群众分散几路向澌溪山、烟竹转移。敌人追至澌溪山塔、凡口山脚，由于害怕农军和革命群众打伏击，便不敢继续冒进。

由梁展如任总指挥，叶凤章任大队长，杨桔松、邓祝三分别任两个中队长的南返农民自卫军大队，在湖南汝城获悉仁化县国民党反动武装捕杀、关押、迫害农会委员和农运骨干以及革命群众的消息后，日夜兼程南下，来到澌溪山与第五区农会领导人黄梅林、蔡卓文、廖汉忠、刘振平等带领的农军会合。1927年6月23日拂晓，南返农民自卫军大队和第五区农军组成100多人的队伍，向仁化县城发起猛烈进攻。在内应的配合下，农军队伍迅速占领县城。国民党县政府职员听见枪声即四处奔逃，在逃跑途中把县府大印亦掉在石坳背草地上。这次攻占县城，击毙民团2人，破监救出农会委员、农运骨干和革命群众300多人，缴获枪支弹药及各类物资一批。攻占县城取得胜利后，农军分两路向澌溪山转移。下午5时左右，其中一路农军在转移进至董塘贵地村附近时，遭遇地主豪绅谢梅生率领的警队20多人伏击，农军立即与其展开激烈的战斗，在战斗中，钟利群等3人英勇牺牲。激战约2个小时后，警队溃退，农军继续向澌溪山集结。

（十三）支援北伐战争

1926年7月中旬，国民革命北伐军第二军鲁涤平部经过仁化时，各区、乡农会立即动员和组织群众热烈迎接北伐军的到来。一方面，挑选青壮年劳力组成运输队，协助军队运输枪支弹药和各种军用物资；另一方面，在北伐军经过的路段设立招待站、茶水站，组织慰问队热情慰劳北伐军指战员。农民群众不畏酷暑，不怕艰险，跋山涉水，积极为北伐军服务。同时，为了解决北伐军急需经费的问题，仁化各界群众积极认购广东省国民政府发行的公债本票，以支援北伐战争。

（十四）农民革命运动遭受失败

1927年，"四一二"反革命政变和"四一五"反革命政变相继发生，广东各地的革命组织遭到严重打击和破坏。

1927年5月上旬，粤北各县农会纷纷响应武汉国民政府的号召，组织北江工农自卫军1200多人北上武汉。仁化县亦奉广东省农会北江办事处命令，组织第五区农军140多人，由宋华、邓祝三率领参加北江工农自卫军，北上支援武汉国民政府东征讨伐蒋介石的行动。仁化县第五区农军主力北上后，广东的国民党反动派，在全省范围内发起了"清党"运动。在这期间，仁化的地主豪绅、民团及土匪武装，蠢蠢欲动，与反革命的"清党"运动遥相呼应，企图消灭农会组织，夺回他们失去的权势及物质利益。1927年5—6月间，各区、乡地主豪绅配合民团、土匪，向农会组织发起了进攻，他们对农运开展活跃的村庄进行烧杀抢掠，大肆逮捕和杀害共产党员、农会委员、农运骨干和无辜群众。第二区（城口）地主豪绅李华庭、周瑞山等，于5月的一天下午，纠集警队和商团武装，搜捕谭甫仁、罗源广等农会委员及农运骨干分子。由于敌众我寡，为保存革命力量，农会委员和农运骨干只好暂时躲藏起来。在敌人频繁搜捕的危急关头，谭甫仁幸而在秘密农会委员刘顺娇（又名后溪婆）的巧妙藏匿下，才逃出魔掌。当天深夜，谭甫仁与邱志光等人一起离开城口，经五里山到达湖南汝城，在湖南汝城加入广东北上的农军队伍，后参加八一南昌起义。

大地主豪绅谢梅生组织了"清党"委员会，纠集地方反动武装民团、土匪300多人，到处"清乡"，搜捕和杀害共产党员、农会委员及革命群众。谢梅生的亲信狗腿以及从曲江来的马容、朱相奇、何仲荣等反动武装100多人驻扎在董塘圩镇；长江土匪头子周文山率领土匪武装70多人驻扎在安岗乡；周田土匪头子何月秋率领土匪武装100多人驻扎在石塘乡；城口土匪头子郭际平率领土匪武装50多人驻扎在县城。他们日夜采取行动，肆意放火烧毁村庄、逮捕和枪杀共产党员、农会委员和农运骨干分子。下历林、京地、白泥湾、马斯坳、江头山、江下、莲塘冲、牛皮坳、老董塘、高宅、崩江湾、坡头、榄树下等13个村庄被烧毁；李丙有、李大成、胡妹、李后正、李麻祥、刘子祥等10多名农会骨干被杀害。他们还逮捕农会委员、农军战士及家属100余人囚禁在县城监狱。不少农会委员、农运骨干和革命群众在敌人面前及屠刀下，表现出坚贞不屈的精神，涌现出安岗乡农会积极分子谭冬芹、邓祝三、姚子昭等一批坚贞不屈的革命英烈。

白色恐怖遍及全县各地，一时间，仁化各区、乡农会组织处于瘫痪解体局面。仁化的共产党员、农会骨干、农军及党的组织等领导机关处于分散、隐蔽状态，轰轰烈烈的农民革命运动终究还是失败了。

仁化农民革命运动虽然失败了，但是，轰轰烈烈的农运给仁化的封建反动势力以沉重的打击，动摇了仁化封建地主统治阶级的基础。同时，经过大革命的洗礼，仁化的党组织和革命群众得到了革命的锻炼，并积累了宝贵的经验。为后来开展更大的革命斗争打下了坚实的基础。

二、攻取仁城

1927年12月初，朱德从八一南昌起义军余部派出第十二支队10人先行到达仁化董塘，与第五区农会执行委员会委员邹耀胜秘密接头后，深入农村宣传和发动农民继续起来闹革命。此后，仁化的共产党员、农运骨干和农军指战员才逐步集结，党的组织、农会和农军等机构也逐步恢复活动。

12月10日，朱德率领八一南昌起义军余部由城口经厚坑、赤石迳到达董塘。晚上，在董塘圩泰丰店召开第五区农会、农军骨干会议。会议决定，当晚组织行动。散会后，起义部队和农会干部立即行动，乘夜出击，迅速逮捕土豪劣绅33人。11日，第五区农会在禾坪岗召开群众大会，公审土豪劣绅。朱德在大会上讲话，揭穿国民党反动派倒行逆施破坏革命的阴谋，宣传党的八七会议精神，号召一切被压迫的农民起来参加土地革命和武装反抗国民党反动派的斗争。接着，判处罪大恶极的土豪劣绅谭学云等24人死刑，立即执行枪决，其余的当即释放。这次公审大会，标志着仁化革命运动已由被动抵抗阶段转为主动进攻阶段，打响了粤北湘南暴动第一枪，一个新的革命风暴已经到来。

（一）成立中共仁化县委员会

1928年1月23日，中共广东省委委员阮啸仙和海丰苏维埃代表吴齐遵照中共广东省委决定，来到仁化董塘安岗乡，主持仁化革命工作，领导仁化农民开展土地革命和武装反抗国民党反动派的斗争，把仁化开拓为粤北武装割据的中心和"海陆丰第二"。

阮啸仙来到仁化后，了解到仁化经国民党反动派大屠杀之后，仅余7名共产党员，力量薄弱，难于领导广大群众开展革命斗争，为此，阮啸仙把整顿和发展党组织工作放在头等位置。于是，阮啸仙迅速开展准备工作，首先是建立县一级党的组织。1月23日，正式成立中共仁化县委员会，阮啸仙任县委书记，全面主持县委工作。仁化县委一经成立，就明确规定县委常委会议需每天开一次，县委全体会议每三天开一次。会议内容主要是：研究发展党员和建立基层组织等党务工作；分析敌我形势，讨论和制定土地革命斗争策略；确定和部署各项工作任务。

中共仁化县委成立后，在县委书记阮啸仙的带领下，县委干部每天都深入各乡村，积极宣传发动群众，组织农民开展革命斗争。同时，为扩大党的组织和党员队伍，增强党的战斗力，县委成员努力做好基层组织建设工作。按照县委确定"勇敢农民和现有农军无条件容许入党"的做法，努力进行工作。截至1928年1月30日止，安岗乡发展共产党员45名，老董塘乡发展共产党员28名，杨屋乡发展共产党员10多名。1月31日，中共安岗乡支部成立，谭广泉任党支部书记，党支部按照党员人数划分为5个党小组。县委书记阮啸仙在党支部成立大会上给党支部人员上党课。晚上，中共安岗乡支部举行第一次干事会议，经过干事会成员热烈讨论研究，决定当前主要工作为把安岗乡赤卫队分别组成洋枪队、粉枪队、大炮（土炮）队、镰刮锄头队、工兵队，同时组织慰问队和少年先锋队。仁化县委决定以安岗乡为模范，扩展到各区、乡，形成全县群众武装大暴动态势。2月上旬，中共老董塘乡支部、中共杨屋乡支部相继成立。

1928年6月18日至7月11日，中国共产党第六次全国代表大会在苏联莫斯科举行。仁化县委书记阮啸仙作为中共广东省委六大代表出席了大会，并在大会上作了"仁化县农民斗争的经验教训"的专题发言，受到大会一致的好评。据8月7日《广东全省党组织统计》显示，仁化全县已有共产党员200人。10月上旬，因阮啸仙调离仁化县，中共广东省委委员欧日章到仁化董塘浈溪山主持仁化县委改选工作，成立新的中共仁化县委员会，由蔡卓文任县委书记。

（二）苏维埃政府的成立

1928年1月22日，中共仁化县支部召开各区、乡农民代表会议，号召开展组织苏维埃，打击土豪劣绅，没收地主、官僚土地，筹措款项等工作。1月23日，中共广东省委委员阮啸仙和海丰苏维埃代表吴齐来到仁化董塘安岗乡，在组织成立中共仁化县委的同时，宣传、指导成立苏维埃政府的工作。1月26日，第五区各乡农会召开执行委员会会议，会议内容主要是宣传土地革命和筹备成立乡苏维埃政府。1月28日，在安岗乡思诒堂举行安岗乡苏维埃政府成立大会。选出苏维埃委员13人，苏维埃主席阮啸仙、副主席蔡卓文。参加大会的有独立第四团第一、第二营指战员和群众600多人。阮啸仙在会上阐述了苏维埃政府的性质、任务和政策，决定以安岗乡为首倡，以后各乡次第成立苏维埃，待有半数乡已成立苏维埃，即行召开全区代表会议，成立区苏维埃政府。

2月10日，仁化县委主持召开第五区群众大会和其他各区、乡代表会议。一是成立第五区苏维埃政府。选举阮啸仙任主席，蔡卓文任副主席；选举委员13人，分别担任土地革命、宣传、妇女、青年、审判、生产、财经、文教、卫生等职务。二是成立仁化县革命委员会（简称"县革委会"）。选举蔡卓文任主席，仁化县革委会成员由全县五个区派出代表组成。仁化县革委会下设参谋团，协助县委、县革委会指挥全县武装斗争。2月上旬起，继第五区成立苏维埃政府后，其他各区、乡都陆续成立苏维埃政府。因阮啸仙调离仁化，10月上旬，中共广东省委委员欧日章来到仁化董塘澌溪山，主持改选仁化县委、县革委会，选举蔡卓文任县委书记兼任县革委会主席。

县、区、乡苏维埃政府的成立，为全县开展以没收地主土地和分配土地为内容的土地革命斗争起着良好的推动作用和组织保证作用。在各区乡农民的积极配合下，县、区、乡苏维埃政府的各项工作有条不紊地进行。

（三）加强农军建设

1928年1月4日，朱德率领八一南昌起义军余部经曲江县鸡笼乡来到仁化董塘。晚上,朱德召开仁化党组织、区农会、农军领导人会议,讨论攻打县城事宜。5日,朱德率南昌起义军一部偕农军、群众500多人攻占县城,破监救出农友50多人,筹款2000多元,缴获枪支、弹药、物资一批。是日下午,在县城南较场召开群众大会,由陈毅讲话,号召一切被压迫的群众起来干革命。会后,回师董塘。1月6日,在朱德主持下,仁化农军改组为工农革命军独立第四团,下设四个营,由刘三凤担任团长。同时,朱德起义部队还留下滕铁生、杨开平、石生根、蒋国杰、孙德隆、刘海、何大修、刘光明等8名官兵,协助和指导仁化开展革命斗争,并送给独立第四团子弹2箱等武器一批。

1月8日,新组建的工农革命军独立第四团,在革命群众的配合下,打击土豪劣绅,没收地主稻谷2000多担。

1月28—31日连续四天,独立第四团指战员在革命群众的密切配合下,全面出击,搜查逮捕反革命分子,惩办土豪劣绅,没收枪支、财物一批,粮食200多担;独立第四团战士谭广泉等还率领农民锄田基、分土地。行动之迅速,声势之浩大,吓得地主豪绅四处逃窜,石塘、历林一带农村的中、小地主豪绅向革命军自首,表示愿意归顺苏维埃政府。这次较大规模的军事行动,不仅缴获了大量物资和打击了敌人的嚣张气焰,而且使独立第四团的指战员得到了锻炼和提高。

2月4日,根据形势和上级的要求,仁化县委将工农革命军独立第四团改编为广东工农革命军北路第八独立团(简称"第八独立团"),下设三个营,滕代顺任团长。同时组编了各乡村自卫队。

2月5日晚,中共驻国民革命军第十六军(即范石生部)特务营支部支委何举成等人突然遭国民党反动派袭击牺牲,张积脱险后来到仁化董塘。6日,第八独立团军事人员得悉后,十分恐慌，擅自命令队伍撤离董塘，开往山边。第五区农会个别领导人居然反动起来，借军事退却为理由，煽动农民反对"湖南佬"（军事人员多是湖南籍人），并通令取消工农红旗、红号带，取消"共"字及撕去革命标语，取消第八独立团等，制造恐怖气氛，企图配合反动派进攻。仁化县委书记阮啸仙闻讯后，于深夜命令军事负责人滕铁生前往山边带领第一营，恢复占领董塘。并召开农民代表会议，改组第五区农会。"六日事变"消息传出后，9日，国民党仁化县"清党"委员会主任谢梅生与土豪劣绅黄阳春、邓约三等人，纠集反动武装100余人，向第五区农会发起进攻。第八独立团立即奋起还击，经过激烈的战斗，将敌人击退，毙敌6人，伤敌10多人，缴获枪械5支。第八独立团牺牲1人。这次战斗不仅挽回了"六日事变"的危局，同时使第八独立团全体指战员认识到革命斗争的复杂性、曲折性和残酷性，受到了深刻的教训。

2月10日，仁化县委主持召开第五区及各区代表大会，宣布成立仁化县革命委员会。仁化县革委会下设参谋团，参谋团的主要成员由第八独立团的团营级主要干部组成，负责对武装人员的训练和战时的组织指挥。同时把第八独立团重新调整，将原来的三个营调整扩充为四个营。由刘三凤接替滕代顺的团长职务，谭广泉任第一营营长，冯安任第二营营长，伍牛仔任第三营营长，李翠基任第四营营长。第八独立团经过调整扩充后，在仁化县委、县革委会的统一领导和广大人民群众的支持协助下，坚持开展政治学习和严格的军事训练，不断提高思想政治觉悟和军事技术本领。这支武装力量在仁化暴动与土地革命斗争中起着重要的作用。

为了及时打击敌人，仁化县委综合分析了敌我双方的政治和军事形势，决定攻打县城。1928年2月13日6时，仁化县委指派第八独立团团长刘三凤率30多名武装人员和手持大刀等武器的赤卫队员及群众500多人进攻仁化县城。早已惶惶不安、惊恐慌乱的仁化县警队、民团不堪一击，在农民武装勇猛的攻势下，一触即溃，各自逃命，农民武装顺利攻取了县城，缴获物资一批，烧毁了衙门公所。占领仁化县城后，立即发布了《革命委员会政纲》和《暴动宣言》，号召全县人民起来大暴动。

（四）董塘阻击战

1928年2月14日，谢梅生纠集岩头、坪岗、夏富、长江、城口的警察、民团、土匪500多人，分四路来势汹汹地奔向董塘地区，妄图掐死刚诞生不久的董塘苏维埃。仁化县委命令第八独立团分四路迎击敌人，分别组织冲锋队，勇猛冲杀，很快便把进犯之敌冲乱，迫使敌人后退20余里，毙敌7名，缴枪2支，伤敌不知其数，首战告捷。为更有效地反击敌人，当天晚上，仁化县委分析了敌人反扑的军事态势，重新调整了部署，第一营驻防安岗一带，第二营驻防董塘一带，第三营驻防中垄一带，第四营驻防石塘一带。各路形成掎角之势，以便互相支援，打击敌人。同时，仁化县委还认为虽然取得首次反击敌人进犯的胜利，但敌人攻击之心未死，拥有大量兵力的来犯之敌还未击退，形势对我不利。第五区仍处在危险之中，仍须争取外力援助。为此，阮啸仙代表仁化县委、县革委会书面向中共北江特别委员会（简称"中共北江特委"）和中共广东省委报告了暴动前后的情况，提出"五区的危险，必得特委鼓动各县起来暴动，有以救之"。

2月16日，敌人又发起进攻。第一营在银场坪击退谢梅生、黄阳春反动武装的进攻。17日，第二营在高宅、麻塘与谭友三民团激战3个小时，击退敌人，毙敌12人，缴获长短枪各一支，夺回粮食、物品一批。

敌人连吃两次败仗之后，深感"围剿"暴动农民的兵力不足，便勾结国民党军队一起进攻苏维埃政权。2月17日，国民党驻北江十六军军长范石生，派遣团长王甲本率一三六团从乐昌开赴董塘，与县民团联合在一起向董塘进攻。第八独立团和赤卫队员奋勇抗击，与敌相持四昼夜。国民党反动当局见进展殊难，又求胜心切，命范石生增派团长覃天如率一三八团，于21日由韶关速赴仁化董塘"助剿"。此时，郜重魁亦随部到任国民党仁化县长，纠集反动武装，配合国民党军队"围剿"董塘等地。董塘陷入了敌人的重围之中，十分危急。

为解董塘之危，中共北江特委接到仁化县委报告后，立即派人找朱德部队支援，并派出3名军官和4名工人前往仁化加强对武装斗争的领导。同时指示仁化县委，积极发动群众，深入扩大暴动，到处骚扰敌人，分散敌人进攻的兵力，缓和恶劣形势的发展，争取外力的支持。2月20日，中共北江特委又命令仁化县委率领军事干部数人到董塘乡村，组织武装力量，解董塘之危。21日，中共北江特委发出《中共北江特委通告（第四号）——目前形势及工作方针》，号召北江"各县暴动之发展与扩大，将使仁化农民之反攻更为有效"，以各地的暴动来策应仁化第八独立团抗敌，并牵制敌人，减轻仁化的压力。由于中共北江特委的直接指导和各地农民的支持，以及坚持在董塘的第八独立团和赤卫队员英勇抗敌，仁化县委、县革委会及其他人员终于突破了敌人的重围，撤退到安岗华阳寨。

三、据寨坚守

（一）华阳寨保卫战

董塘失守后，仁化县委、县革委会偕第八独立团团部及第一、第二营转移到安岗一带，第三、第四营向石塘、中垄方向撤退。1928年2月22日，国民党范石生部一三六团和县民团围攻安岗。经战斗后，仁化县委、县革委会、第八独立团团部和第一、第二营武装及群众 700 多人，逐步退守华阳寨。当仁化革命武装退守华阳寨时，中共北江特委于 2 月 23 日给仁化县委信指出："目前仁化虽受包围，但不是暴动已经失败，我们继续奋斗，必能把敌人击退或消灭……目前最主要的，就是先要同志不恐慌不动摇……不等待外来军事力量的援助……应该相信自己力量，制胜敌人……"仁化县委根据中共北江特委的指示精神，对守卫华阳寨作了新的部署。负责主攻的国民党一三六团团长王甲本在农民武装的英勇抗击下屡攻失败，毫无进展。

2 月 20 日，范石生部覃天如率一三八团"接剿"华阳寨，以炮火掩护，连续发起进攻，均被守寨军民击退。当晚，仁化县委召开紧急会议，分析寨内外敌我方面的形势，认为华阳寨恐怕难守，但仍须努力保卫，争取外力的支援。2 月 29 日，仁化县委派出阮啸仙前往韶关，请求中共北江特委设法援助。3 月 1 日，中共广东省委指示，中共北江特委要加强对仁化暴动的领导，要"马上派兵去帮助仁化暴动"。据此。中共北江特委对仁化县委作出相应指示："安岗继续坚持，各地进行游击战争"，在"反革命占据的地方，进行恐怖手段，破坏反革命之稳定"。此时，阮啸仙奉命调离仁化，准备去莫斯科参加中共六大。此后，华阳寨保卫战，便由蔡卓文等负责指挥。

3 月 4 日，范石生部覃天如指挥一三八团，以密集的炮火轰击作掩护，连连发起冲锋，并用炸药包炸毁寨墙 4 丈多长（1 丈 ≈3.33 米）。仁化县委指挥寨内军民，一边集中火力向敌人扫射，挡住敌人的冲锋，一边组织力量抢修被毁寨墙缺口，用木桩和装满沙子的箩筐堆成障碍，继续防御敌人的进攻。至此，华阳寨军民已坚守 10 余天，击退了数倍于我、握有精良武器的敌正规军的连续疯狂进攻，华阳寨仍牢牢地掌握在农民武装手中。但是，敌人有如"输红眼睛的赌徒"，显得更为猖狂，绞尽脑汁，倾其全力,继续发起进攻。而守寨军民孤立无援,弹药缺乏,难于持久。当此危急之时,仁化县委决定弃寨突围,以保实力。蔡卓文边指挥阻击敌人,边派人挖洞穿墙,以备突围之用。3月9日,敌人在寨墙下挖地道,装炸药,实施爆破,炸垮寨墙10余丈,接着发起冲锋。此时,仁化县委一边指挥战斗人员阻击敌人,一边带领群众穿墙洞突出华阳寨,开展游击战,从周围袭扰敌人,以掩护寨内军民撤离华阳寨。3月12日,守寨军民全部撤往澌溪山,迎接更加艰苦的战斗。

安岗华阳寨的战斗中,农民武装英勇顽强,击退了数倍于守寨军民的敌人的疯狂进攻,打死、打伤敌人200多人,守寨军民牺牲17人。

(二)石塘寨保卫战

1928年3月15日,仁化县委、县革委会撤出华阳寨后,针对战斗失利和国民党军队继续"围剿"的情况,决定兵分两路:第四营和第一营部分指战员,镇守石塘寨;第一营大部分指战员回澌溪山会合第二、第三营展开游击战,从外线牵制敌人,打击敌人。

在这之前,第四营指战员和石塘村群众做了守寨准备,把大批粮食、副食品、煤炭、硝药等物资运进寨内储存。寨内有第八独立团指战员、赤卫队员和男女老少共700多人。他们进寨后,成立了各部门组织,明确职责,制定各种制度和纪律,召开了誓师大会。同时,部署了防御战斗。正当石塘寨战斗需要上级指导的关键时刻,中共北江特委委员张善铭、赵自选调离北江,卢克平又去了香港,中共北江特委自行解体。仁化县委、县革委会与中共北江特委的联系被迫中断。

1928年3月17日,国民党第八路军第七军第七师师长吕焕炎指派第十七团两个营,会同第七军游击司令叶大森的一个营进至董塘。不久，包围了石塘寨。指挥部设在历林村。吕叶两部自恃拥有精良装备，耀武扬威地向石塘寨扑来，于4月8—13日向石塘寨连续开炮轰击。但石塘寨寨墙高大坚固，敌人此次炮击，寨墙完整无损，寨内军民也毫无损失。

吕叶两部第一次炮击失败后，随即改变了攻寨办法，把石塘寨紧紧包围，并在寨外四周插上竹钉，企图困死寨内军民。同时，请军部增调炮兵来助攻。4月15日，军部炮兵团开到，把炮架设在寨东侧的岛石岭上，连续三天向寨内炮击，妄图击毁寨内防御墙。由于敌人炮火的威胁，造成寨内人心恐慌。为缓和紧张对峙的局面，以争取时间做工作，安定寨内军民之心，仁化县委、县革委会答应吕部提出谈判的建议，寨内派出李廷清、刘亚万、李德浩3人前往历林与吕部谈判。谈判中，李廷清、刘亚万遭吕部扣押，李德浩叛变，出卖了石塘寨内情报。

5月2日，吕叶两部重新调整进攻部署，增派副团长钟骏率两个营将石塘寨四面包围，又从石塘寨外围调出叶部一个营去"围剿"澌溪山附近一带开展游击战的农民武装，妄图隔断游击武装与石塘寨内军民的联系，阻止游击武装前往援助守寨军民。5月中旬，邝重魁主持成立"仁化人民警卫队"，有300多人枪，配合攻寨行动。至此，"围剿"石塘寨和澌溪山的国民党正规部队达5个营之多，还有地方反动武装为其帮凶，加上叛徒出卖情报，吕部掌握了寨内人数、武装、军事设施、经济等情况。面对此严峻的不利局面，守寨军民仍然同仇敌忾，团结战斗，继续坚守石塘寨。

7月初，吕叶两部请准军部，增调来"七生半"（口径7.5厘米）大炮多门，安设在寨外西南楼角福音堂内，穿墙露出炮口向寨西南角连发300多发炮弹，击破寨楼角墙上1平方米大洞口，掩护几十个云梯队冲锋，由于守寨军民英勇抗击，敌人均被击退。

该次反击，毙敌10多人，守寨战士潜出寨外，缴枪20余支。吕叶两部此次攻击又遭失败，更为懊丧。

8月间，吕叶两部在石塘寨东侧半里外的新寺里，利用一间房子的四面墙壁，迫使乡民秘密填土，堆筑泥台，妄图借此窥探寨内虚实，并居高临下攻击。守寨军民获悉，用"猪仔炮"（火药炮）两门，对准泥台，猛然轰击，击崩泥台墙壁。泥台尚未筑成，就被守寨军民摧毁了。吕叶两部不甘失败，但苦于没有有效的破寨新招，只得用迫击炮向石塘寨内胡乱轰击，但由于距离太近，炮弹都落在石塘寨的寨墙外，石塘寨安然无恙。

守寨军民的集体智慧和顽强斗争精神，取得抗敌斗争的节节胜利。寨外的游击斗争牵制了攻寨的部分敌人，但斗争环境越来越险恶。10月上旬，在曲江活动的中共广东省委委员欧日章，受中共广东省委委托，来到澌溪山主持改选中共仁化县委，蔡卓文为书记，刘振平、李载基为常委。同时，选举了第二届仁化县革命委员会，蔡卓文为主席。并把第八独立团部分队伍和曲江部分农军合编改为广东工农革命军北路赤卫大队。为了加强对坚持武装斗争的领导，仁化县委决定派共产党员黄梅林率领赤卫队员40多人，乘敌夜间换哨之机，进入石塘寨，充实守寨力量。

吕叶两部（10月间分别改称为国民党第八路军第十五军第三师和第十五军游击队）施用重兵和大炮对石塘寨发动持久攻击，但石塘寨仍然完整无损。攻寨敌军面对高大坚固的寨墙，束手无策，无计可施，只好请军部派飞机来助攻，而且指派国民党第十五军第三师副师长蒙志率张国柱团开赴仁化，接攻石塘寨。11月1日，国民党第八路军总指挥李济深派飞机一架，在石塘寨上空盘旋，侦察目标，投下一批反动传单。11月3日，又派飞机3架，投下炸弹4枚，均未爆炸。11月10日，再派飞机3架，继续轰炸。蒙志亲赴前线，给飞机指引目标，在石塘寨的正南楼、东南楼、西南楼附近，先后投下炸弹6枚，亦都未命中目标。11月11日中午，敌方的3架飞机，再次轰炸，炸崩石塘寨西南楼阁、正南楼角，赤卫队员牺牲30多人。此时，敌人集中兵力，发起猛攻，连续发动冲锋，但都被英勇不屈的守寨军民击退。

从3—11月，守寨军民已坚守了8个月，粉碎敌人众多兵力和飞机大炮的无数次进攻。但寨内也发生了严重困难，油盐将尽，粮食也将告罄而无从补充，五口水井干枯了，加上疾病流行，又缺医药，已病死200多人。而寨外敌人仍无退兵之征兆。面临此危急的局面，黄梅林等领导人召开会议，认真讨论分析形势，决定为保存革命力量而突围。于是，组织守寨军民分成三路冲锋。他们借黑夜掩护行动，先后突围了50多名赤卫队员，黄梅林等在突围中壮烈牺牲。11月12日清晨，敌人攻占石塘寨门前小屋；中午，打破寨门。寨内老弱病残200余人被捕，其中120多人惨遭敌人杀害。石塘寨保卫战，打死国民党军队官兵100多人，其中有连长3人。

仁化暴动虽然最终失败了，但华阳寨保卫战和双峰寨保卫战的据寨坚守长达10个月，被中共广东省委誉为"农民暴动中最伟大的战斗"。仁化暴动震撼了粤赣湘，策应了湘南暴动，呼应了井冈山革命根据地的斗争，是党在农村发动群众建立根据地的一次尝试，为党在农村建立根据地提供了经验，为苏维埃运动的发展作出了贡献。仁化人民不畏强敌，英勇反抗国民党反动派的统治，为中国革命作出的贡献，将永远铭记在历史的丰碑上。

突围出来的50多名赤卫队员，转移到大山上，与原坚持游击战的赤卫大队会合，共200多人，在仁化县委领导下，先后在仁化、曲江、乐昌、乳源、南雄县边界继续游击。后来，这支武装转入到粤赣湘边的游击斗争中，成为革命斗争中的坚强骨干。

1928年6至7月间，中国共产党在莫斯科召开了党的第六次全国代表大会。阮啸仙从华阳寨逃出准备去韶关寻求增援的时候，他被调离仁化，对仁化暴动求援助一事显得有心无力，同时他被选为出席中共六大的广东代表。阮啸仙在中共六大会议上具体生动地作了"仁化县农民斗争的经验教训"专题发言，受到大会代表的重视。因为阮啸仙的发言，全面地反映了仁化农民暴动的具体过程，对各地的武装斗争具有一定的启发和指导意义，"不但得到大会的重视，而且引起了前来参加大会的苏联同志的关注"。苏联的同志要求阮啸仙把仁化农民斗争的前后经过写成专题报告，译成俄文，存放在苏联档案馆，以供研究使用。1930年，阮啸仙在中共中央宣传部工作期间，写的许多有关农民暴动、实行土地革命政纲、武装割据和建立苏维埃政权的文章，都运用了他领导仁化暴动的实践经验。这些经验为灵活运用马克思列宁主义理论与中国革命具体实践相结合作出了贡献，为毛泽东思想的形成和发展提供了一定的实践基础。

四、声东击西

（一）澌溪山游击队的革命活动

1928年10月上旬，在仁化暴动接近尾声，第八独立团撤至澌溪山期间，中共广东省委委员欧日章来到仁化澌溪山，主持改选仁化县委、县革委会，同时将第八独立团改编为广东工农革命军北路赤卫大队，伍牛仔任大队长，1929年3月后由黄兆基任大队长。1928年11月12日，石塘寨失守后，会集在澌溪山的赤卫队员和干部有400多人，其中有共产党员200多人，在仁化县委、县革委会的统一领导下，继续开展游击斗争。

赤卫队成立初期，常与朱德来往书信，得到朱德的鼓励和支持，赤卫队员斗志比较旺盛，在险恶的环境中，决心与敌人斗争到底。

1928年11月中旬,从石塘寨突围出来的赤卫队员转移到沙湾集中,一起到龙潭山香菇厂住了5天后,到樟树窝与在漖溪山游击的赤卫队员会合,共有100多人。1928年11月中旬,被派往井冈山革命根据地同中央红军联系的李立基回到漖溪山游击根据地。同时,在井冈山革命根据地的中国工农红军第四军(简称"红四军")前敌委员会(简称"前委")委员毛泽东、朱德也派徐鼎到漖溪山游击根据地指导革命工作。徐鼎传达了党和中央红军对漖溪山区游击战士的深切关怀,向大家介绍了中央红军在井冈山的斗争情况。根据上级指示精神和革命斗争的需要,将漖溪山游击根据地的广东工农革命军北路赤卫大队改编为中国工农红军第四独立团(简称"第四独立团"),由蔡卓文、刘振平、李载基、李立基等担任领导,徐鼎指导全团工作。当时石塘农军所属的四分队则改编为第四独立团第四营,由李绪基任营长。为了加强领导,组织决定派李立基等随第四营活动。

11月下旬,国民党第八路第七军游击司令叶大森部一个营和100多名民团分三路围攻第四独立团,由于第四独立团主动分散隐蔽,避敌锋芒,使敌人扑了空。

1928年12月,第四独立团出发到湖南攻打汝城县的南乡村,抓住了国民党联防团头子、大地主朱百万,勒令他交出白银2100两。第四独立团在胜利回师漖溪山途中,截击了国民党军队第十六军的一部分,俘虏敌排长一名。第四独立团在漖溪山一带活动期间,还根据群众的要求,先后惩办了工文乡水洞村恶霸地主和黄垒坑陈屋村恶妇吊眉麻等人。

1929年1月,第四独立团一部在漖溪山黄泥岐与国民党军遭遇,激战2个小时,敌人溃退。第四独立团一部在漖溪山额坑与国民党军遭遇,战斗3个小时获胜,李国寿光荣牺牲。2月,仁化县委领导欧日章率领赤卫队员40多人撤往曲江县西水一带进行游击活动。3月11日，赤卫队一部几十人在转移到曲江县灵溪山、长连山一带活动过程中，在关屋背崩江，惨遭国民党军第十五军补充团第三营第七连袭击，血战2个小时，第四独立团牺牲10余人，然后向深山撤退。

1929年4—6月间，第四独立团一部在曲江、始兴、翁源边境的灵溪山游击活动中，先后在新庄水、上道罗坑、枫湾、三斤塘、坝子等地与国民党反动派战斗13次，缴获敌人步枪9支、手榴弹10个，赤卫队牺牲3人、伤4人。

7月8日，蔡卓文、刘振平、李载基等率领第四独立团100多人，70多支枪，从曲江灵溪山返回澌溪山进行游击活动。并将100多人分为5个战斗队，分布在单竹坑、月坑、蓝屋坑、樟树窝、厚塘山等5个地方。8月27日，第四独立团获悉县长何炯璋率县警队200多人分六路，国民党军余汉谋部第一旅第二团第二营分两路，共八路来围攻的消息后，即刻分散离开驻地，其中有30多人前往曲江县黄坑游击根据地，使敌人围攻扑空。8月31日，第四独立团在澌溪山龙潭山尾与县警队遭遇，战斗4个小时后，为保存实力，第四独立团分三路撤退：蔡卓文率一部往乐昌方向转移；刘振平率一部往标鱼坑、白石岭方向转移；李载基率一部往下坑、厚塘方向撤退。在战斗中第四独立团牺牲13人、被捕4人，损失枪4支、短剑3把。

9月3日，刘振平率第四独立团10余人在白石岭游击时，遭县警队伏击，第四独立团牺牲5人、被捕2人。9月5日，县警队在董塘田心、马斯坳、水罗等地进行大搜查，逮捕第四独立团5人，焚烧第四独立团家属住房10多处。9月6日，第四独立团在澌溪山水口与何炯璋率领的县警队激战一昼夜，第四独立团牺牲20多人、被捕17人。9月上旬，第四独立团一部30多人，转移到曲江县黄坑山地进行游击活动。

1930年2月20日，张义成率领第四独立团10余人在乐昌东乡藤洞开展游击活动，打击当地土豪李盛元等。同月，刘振平率领第四独立团潜回溆溪山进行游击活动。至2月底，得知何炯璋率领县警队分六路封锁、搜索溆溪山的消息后，即化整为零，分散隐蔽活动。5月7日，张义成率领第四独立团11人在溆溪山黄竹坑一带进行游击活动。5月8日晚上，张义成率领第四独立团11人游击至乐昌县交界的野猪坪时，被张洪乐率领的县警队伏击。张义成在战斗中壮烈牺牲。第四独立团余部谭亚招、谭招元等转移到乐昌县东乡藤洞一带开展游击斗争。

由于敌强我弱，给斗争活动带来困难，第四独立团决定将部队分散转入地下活动，坚持斗争。

（二）建立地下联络交通线、站

1929年冬至1930年，中共两广（广东、广西）省委委员李烙端在乐昌县杨溪主持建立党的秘密组织的工作，联系和收容党员廖子泽、黄传仁、李焕青等20多人，分别以木匠、泥水匠、理发工、和尚等为职业，建立地下联络交通线、站。地下联络交通线的主要工作是沟通地方与中共中央的联系，通过设在各地的地下联络站，传递情报信息，使各地的党组织和游击队随时掌握对敌斗争的策略，尽可能地把握斗争的主动权。

为达到隐蔽、安全、快捷传递情报信息的目的，经过周密的规划和安排，确定联络交通线路。一是湖南桂东—江西文英—仁化长江、扶溪，二是湖南汝城、热水—仁化城口、东坑—乐昌洋古田、龙胫、岐门、田头、塘村、上杨梅山。后来由于敌人对上述有些地段盘查封锁较严，就将联络交通线路改为南雄梅岭、修云—始兴沙马子坳、新庄水—仁化扶溪、东坑、城口—乐昌泗公坑、罗家渡。当时中共北江特委在岐门、罗家渡等地还有不少交通站。

通过地下联络交通线、站，沟通地方党组织和游击武装队伍与中央苏区（这里指江西瑞金中央苏维埃政府）的联系，把中央的方针、政策、文件、报刊以及对敌斗争的方式、方法及时地传递出来。同时还沟通地方与地方、游击队与游击队之间的联系，起着互通情报、相互调剂、互通有无和配合打击敌人的作用。

1930年10月，一部分从湘南疏散到仁化的共产党员，一时无法寻找上级党组织。在非常艰苦险恶的环境下，为了继续开展革命工作，他们自发组织起来，在城口厚坑大坪头村成立中共城口特别支部。同时，在城口圩镇设立交通联络站——胜一理发店。他们共有党员14人，分别以烧木炭、打铁、理发等职业为掩护，隐蔽地开展革命斗争和党的各项工作。

由于革命形势的逆变，中共城口特别支部与上级党组织失去联系，加之背井离乡，斗争与生存环境非常恶劣，有些党员难免产生消极情绪。1932年4月，彭德怀率领中国工农红军第三军团（简称"红三军团"）转战到仁化城口，红三军团政治部了解到中共城口特别支部的情况后，认真组织中共城口特别支部全体党员学习中共六大文件精神，从而使全体党员统一了思想认识，振作了革命精神。同时，在红三军团政治部的帮助下，进一步健全了党的组织生活制度，改进了斗争策略和工作措施，不断克服在工作及生活中的各种困难，为开展革命斗争和沟通地方与中央苏区的联系做了大量的工作。随后，由于受到国民党反动派的搜查破坏，中共城口特别支部书记黄庭芳被捕牺牲。李焕庭接任支部书记后，面对更加艰苦险恶的环境，全体党员团结一致，经常研究新的斗争策略和工作措施，采取灵活机动、顺势应变的斗争方式，继续积极地开展党的工作。他们一直坚持到1934年11月红军长征过仁化后，中共城口特别支部才迁往韶关东河坝开展革命活动。

第二节 红星闪闪

一、红四军支持仁化

（一）南昌起义军余部转战仁化

"四一二"反革命政变后，1927年5—6月间，仁化各区、乡地主豪绅配合民团、土匪，向农会组织发起了进攻，他们对农运开展活跃的村庄进行烧杀抢掠，大肆逮捕和杀害共产党员、农会委员、农运骨干和无辜群众。仁化各区、乡农会组织处于瘫痪解体的局面，农运陷入低潮，仁化的共产党员、农会骨干、农军及党的组织等领导机关处于分散、隐蔽的状态。

1927年11月，朱德率领八一南昌起义余部千里跋涉来到江西赣南地区，在"赣南三整"①中，派出第十二支队10人，到大革命时期农运高涨、革命影响较深、群众基础较好的仁化董塘进行革命活动。第十二支队人员到达董塘后，通过秘密调查、串连，与原第五区农会执行委员会委员邹耀胜接头后，又与共产党员蔡卓文等取得了联系，传达了党的八七会议精神和当前斗争形势，使党员在沉闷中看到了光明的形势发展，振作了精神，恢复了中共仁化县支部干事会，明确了当前的革命任务。第十二支队人员

---

① 赣南三整：指朱德在江西南部山区，领导南昌起义军余部进行的三次整顿，即天心圩整顿、大庾整编、上堡整训。

和中共仁化县支部成员一起，展开了秘密活动，分赴各乡村，先后恢复农会和23个乡农会、农军组织。自此，仁化的共产党员、农运骨干和农军才逐步集中，党的组织、农会和农军等机构也逐步恢复了活动。

与此同时，朱德在湖南汝城与范石生谈判，达成合作，朱德化名王楷，率部以国民革命军第十六军第四十七师第一四〇团番号隐藏在范石生麾下。本着独立自主的原则，准备湘南暴动，朱德在湖南汝城召开了衡阳所属各县委书记会议，并对当前形势进行讨论和布置。仁化也有共产党员参加，仁化与会党员回仁化后宣传贯彻汝城会议精神，使党员干部明确大革命失败后，党的根本任务是以革命的武装推翻国民党反动统治，建立工农政权。

1927年12月9日，朱德率领八一南昌起义军余部800多人以国民革命军第十六军第四十七师第一四〇团番号挺进广东，进入仁化城口，沿途宣传革命、动员群众，在厚坑逮捕土豪劣绅彭挺生。

10日由城口经厚坑、赤石迳到董塘。晚上，在董塘圩泰丰店召开中共仁化县支部及第五区农民协会、农民自卫军骨干会议。会议决定：当晚组织行动。散会后，起义部队和农会干部立即行动，乘夜分头出发到安岗、麻塘、石塘、历林等村袭击，逮捕了土豪劣绅33人。11日，第五区农会在董塘禾坪岗召开群众大会，公审土豪劣绅。朱德在大会上讲话，揭穿国民党反动派倒行逆施、破坏革命的阴谋，宣传党的八七会议精神，用国民党反动派制造白色恐怖的事实教育党员、干部、群众，使其认识武装斗争的重要性和迫切性，号召一切被压迫的农民起来参加土地革命和武装反抗国民党的斗争。大革命失败后，国民党反动派强行解散农会、农军、妇女解放协会，枪杀工农群众，放火烧屋，迫使群众四处逃亡，群众无家可归，哀鸿遍野。农民要生存，就得干革命，要革命就要实行武装斗争。大革命之所以失败，主要原因就是中国共产党没有掌握革命武装。这个血的教训，使党员、干部、群众有了深刻认识，懂得了要以革命武装消灭反革命武装才能摆脱被屠杀、被剥削的地位，才能掌握自己的命运做主人，才能建立工农政权，实行耕者有其田等。朱德把土地革命和武装斗争结合起来，直接宣传到群众中去，群众觉得具体、实在、有理，深受群众拥护。朱德还让贫困农民逐一上台，控诉反动官吏、土豪劣绅的滔天罪行，进一步激发广大群众的革命斗争热情，提高斗争觉悟，"打倒国民党反动派""打倒土豪劣绅""建立工农政权"等口号声此起彼落。控诉完毕，把公审大会推向高潮，宣判罪大恶极的土豪劣绅谭学云等24人死刑，立即执行枪决，其余的当即释放。这次公审大会，标志着仁化革命运动已由被动抵抗阶段转为主动进攻阶段。

（二）中国工农红军独立第四团成立

朱德部队隐藏在范石生部下的事情泄露，1928年1月3日，朱德遵照中共中央关于"为避免消灭的危险，你们只有坚决脱离范石生"的指示，并得到范石生的同意，当晚率部脱离范石生部。4日，朱德率领八一南昌起义军余部经曲江县鸡笼乡（现已属仁化管辖）来到仁化董塘。5日，朱德率部与当地农民、群众500多人进攻仁化县城，缴获枪支、弹药、物资一批，破监放出被关押的农民50多人，筹款2000多元。是日下午，在县城南较场召开群众大会，由陈毅讲话，号召一切被压迫群众起来干革命，会后回师董塘。1月6日，在朱德主持下，仁化农军组建为工农革命军独立第四团，由刘三凤担任团长，下设4个营。同时，朱德起义部队还留下滕铁生、杨开平、石生根、蒋国杰、孙德隆、刘海、何大修、刘光明等8名官兵，协助和指导仁化开展革命斗争，并送给独立第四团两箱子弹和一批武器。朱德率南昌起义军余部离开董塘,西进乐昌。朱德的这些行动,对仁化当地农运有很大的影响,农军受到了极大的鼓舞,对随后的仁化暴动有极深的影响。

1月8日,新组建的独立第四团,在革命群众的配合下,打击土豪劣绅,没收地主稻谷2000多担。1月28—31日连续四天,独立第四团指战员在革命群众的密切配合下,全面出击,搜查逮捕反革命分子,惩办土豪劣绅,没收枪支、财物一批,粮食200多担;独立第四团战士谭广泉等还率领农民锄田基、分土地。吓得地主土豪四处逃窜,石塘、历林一带农村的中、小地主豪绅向革命军自首,表示愿意拥护苏维埃政府。

2月4日,根据形势和上级的要求,仁化县委将独立第四团改编为广东工农革命军北路第八独立团,下设3个营,滕代顺任团长。

2月10日,仁化县委主持召开第五区及各区代表大会,宣布成立仁化县革命委员会。县革委会下设参谋团,参谋团的主要成员由第八独立团的团营级主要干部组成,负责对武装人员的训练和战时的组织指挥。同时把第八独立团重新调整,将原来的3个营调整扩充为4个营,刘三凤接替滕代顺的团长职务。这支最初由朱德组建的独立第四团在仁化暴动与土地革命斗争中起着重要作用。

朱德部队在仁化活动期间,正是北江各地酝酿暴动阶段,中共中央和中共广东省委曾指示朱德部队,配合地方农民暴动,由于朱德受党的指示要到湖南领导发动湘南暴动,他的部队不能留在粤北。朱德曾回忆说:"当1927年12月广州起义失败后,我们又吸收了在广州起义中撤退下来的几十名干部。于是,我们把队伍由韶关拖出来,先打仁化,不久即转入湘南宜章,举行了湘南起义。"① 朱德部队两次来到仁化，协助仁化人民反对地主阶级，进行土地革命，而最初由朱德协助改组的独立第四团在仁化暴动中起到了关键作用。

1928年2月13日，在以阮啸仙为首的中共仁化县委领导下，第八独立团在手持长矛、尖刀、镰刀等武器的五六百名农民赤卫队员的配合下，举行了仁化大暴动，攻占了县城，发表了《革命委员会政纲》和《暴动宣言》，号召全县农民大暴动。仁化暴动持续了近一年的时间，最终失败。为保存实力，第八独立团连同革命群众开始突围。在突围中，不幸牺牲了200多名革命群众。只有90多人突破重围转移到澌溪山。突围之后，这支革命队伍便在中国共产党领导下，改编为第四独立团，进行游击活动。

（三）第四独立团与红四军的渊源与联系

双峰寨保卫战后，胜利突围出来的90多位农军，从长连山进入与湖南交界的龙潭山，在群众的支持下，克服重重困难，转移至澌溪山，坚持游击战。

1928年11月中旬，被派往井冈山同中央红军联系的李立基回到了澌溪山，同时井冈山派来了徐鼎，徐鼎传达了中央红军对澌溪山游击战士的深切关怀，同时介绍了中央红军在井冈山的情况。根据上级指示和斗争需要，将澌溪山游击队改编成第四独立团，蔡卓文、刘振平、李载基、李立基等担任领导，徐鼎指导全团工作，当时石塘农军所属的四分队则改编为第四独立团第四营，由李绪基任营长。为了加强领导，组织决定派李立基随第四营活动。

由此可见，仁化暴动是与井冈山紧密联系的，尤其与朱德的

---

① 朱德：《在编写红军一军团史座谈会上讲话》（1944年），《朱德选集》，人民出版社1983年版，第125—126页。

联系更密切，领导仁化暴动的武装第四独立团的前身就是由朱德组建的工农革命军独立第四团。在仁化暴动期间，仁化派人到井冈山请示朱德，因朱德要发动湘南暴动，所以并未来到仁化，但是派来了徐鼎指导战斗。徐鼎根据上级指示和斗争需要，将澌溪山游击队改编成第四独立团，因徐鼎属于朱德部的红四军，所以仁化的第四独立团是属于井冈山"红四军"直接领导的。

二、红五军游击仁化

仁化地处罗霄山脉南端，与井冈山革命根据地紧密相连，是井冈山革命斗争的重要组成部分，仁化人民为井冈山革命根据地的创建、巩固和发展作出了重要贡献。1929年1月，井冈山前委书记毛泽东在宁冈主持召开柏露会议，最后决定保卫井冈山革命根据地。中国工农红军第五军（简称"红五军"）和红四军王佐的第三十二团一起留守井冈山。因敌强我弱，红五军未能打破敌人"会剿"，被迫突围转移。柏露会议决定下山，出击赣南、湘南和粤北，其目的是为了摆脱经济上的危机。当时，蒋介石调动湘赣两省6个旅约3万兵力，以湖南省主席鲁涤平为总指挥，分五路向井冈山革命根据地发动大规模"进剿"，并实行了严密的经济封锁，红军的物资供应陷入极大的危机之中。时近寒冬腊月，红军指战员还穿着单衣草鞋，没盐、缺粮，每天3分钱的伙食也难以解决。

1929年5月20日，按照红五军军事委员会和中共湘赣边界特别委员会共同确定的"向外发展，在发展中巩固苏区"的方针，彭德怀、滕代远率领红五军和王佐部特务营共千余人，离开井冈山，转战湘南、粤北。为保存实力，红五军退往湘南，攻克了鄘县、桂东、汝城等县城，打垮了当地反动地主武装，缴获了大量枪支、粮食、现款和物资，营救出被国民党关押的大批革命群众，帮助恢复了当地工会、农会组织。

接着红五军进抵粤北开展游击战争。5月20日，红五军攻占了粤北仁化县城口，获得大批食盐、布匹、药品等，解决了经济上的困难。在湘南汝城、粤北仁化一带"找得物资补充和子弹数万发"。1929年7月24日，苏联《真理报》第一次报道彭德怀转战仁化的情况："5月中旬，彭德怀越过广东省界，占领了仁化县的城口地区。该部仅七八百人，四五百条枪，弹药也已耗尽。但该部又在城口缴得民团手枪二三百支和子弹五十箱，而且扩充了人数。""5月末，彭德怀穿过仁化全县，进入南雄县。"《彭德怀自述》记述："攻克两城（鄡县、桂东）除救出在狱同志外，缴获物资不多。故又决定袭占广东境内之城口。城口是广东省向湘东南出口之小商埠，有三四百户，在城口缴获步枪数十支，子弹三万发，筹款约三万元。打听到南雄无正规守军，又决定夺取南雄。占领五天。在城口与南雄买了大批药品及盐布，特别是奎宁（治疟疾特效）和阿德林。"

1929年9月1日，陈毅在《关于朱毛军的历史及其状况的报告》中说："彭德怀部……在（仁化）城口得商团械两百余，在南雄得商团械三百左右……该部实力已增加四倍左右。"

1929年5月23日，为甩掉湘南胡凤璋匪帮的追击，保存实力，彭德怀率领红五军主动撤出城口，进占长江圩，准备攻占仁化县城。27日，又撤离长江圩，占领扶溪圩。28日，撤离扶溪，经白石岭、胡坑到达腊口，欲向仁化县城进军，但得知仁化县城驻有敌军，南雄没有国民党正规军的防守，只有民团、警卫队等地方武装，战斗力不强，于是决定改为奔袭南雄，立即改道东进，经闻韶，向南雄进发。6月1日，占领了南雄县城。

彭德怀率领红五军在仁化城口、长江、扶溪、腊口地区历时9天。部队露天住宿，纪律严明，秋毫无犯。他们吃了群众的粮食和菜，烧了群众的柴，都按当时市价支付银元。用了群众的门板、禾草等都清还，损坏的都赔偿，而且把街道打扫得干干净净。红五军派出小分队做宣传和发动群众工作，全体指战员帮助群众挑水、搞卫生，与群众谈心，关心群众疾苦，镇压土豪劣绅。在仁化闻韶，一位战士误杀了农民水牛，彭德怀令其买回一头大水牛赔给农民，赢得了当地农民群众的交口称赞；在扶溪里社，一条红军毯见证了人民群众拥戴红军的鱼水之情。红五军的文明仁义行动，群众看了都十分感动地说："从来没有见过这样好的军队。"红五军游击仁化，不仅筹措了给养，而且发动了群众，播下了革命的火种，打击了国民党反动派的反动统治，推动了粤北地区革命斗争的发展和油山革命根据地的创建。"秘密组织工会、农会10余个"，建立了城口等秘密联络站，使仁化与井冈山革命根据地取得了联系。红五军沿途宣传革命，在城口萝卜坝、长江圩大戏台、扶溪圩樟树头下召开群众大会，并作演讲。在城口三角坪枪决了3名恶霸，斗争了一批土豪劣绅，补充了供给，还吸收了谭世宗等一批赤卫队员和革命群众参加红五军，留下了彭德怀扶溪买鸡、一条红军毯、闻韶赔牛等感人故事，赢得了广大群众的支持，有效地巩固了井冈山革命根据地。

1929年10月，《中国工农红军第五军的报告》称："五军在桂东、桂阳组织秘密工会、农会10余个，但因胡凤璋、门炳岳两贼的压迫，故工作未能深入，乃至粤边之城口，找得物质的补充和子弹数万发。至仁化、南雄亦得到了些枪弹，并将中央六次大会决议案翻印分发于各地的党（仁化、南雄未接决议以前仍是盲动），与之详细讨论（各处党皆承认过去的错误，并愿力遵决议执行）……五军拟留一个纵队和赤卫队集中在湘鄂赣边作盘旋式的游击，其余各纵队在湖南之桂东、桂阳、资兴、永兴，与赣南之上犹、崇义、大余一带发展组织，并与广东之仁化、南雄、韶关取得联络，进一步与四军相呼应。"

红五军游击仁化期间，虽时间短促，但播下了革命火种，帮助仁化建立了地下联络站。1930年4月4日，中共广东省委指示中共北江特委并转仁化、乐昌、曲江县委，将仁化、乐昌的武装立即集中起来，在仁化、乐昌之间发动游击战争，加紧农民群众工作，与朱毛红军行动相呼应，向曲江发展，必须派人设法与朱、毛取得联络并将以前中共广东省委致朱、毛信转去。

1930年10月，中共城口特别支部在城口厚坑大坪头成立，同年在城口胜一理发店设地下联络站，黄庭芳任书记，黎明、李焕庭（李道顺，郴县人）、廖子泽（宜章人）等为委员，共有党员14人。他们多为从湘南疏散来的共产党员，均以烧炭、理发、打铁、经商等身份作掩护。

井冈山革命根据地时期，仁化党组织、革命政权和武装力量，由红四军领导，得到红四军、红五军的鼎力支持。仁化战略地位极为重要，成为井冈山革命根据地的重要军事战略支点，是井冈山革命斗争的重要组成部分。

三、红七军穿越仁化

1930年11月，中国工农红军第七军（简称"红七军"）从广西河池出发，沿桂湘黔粤边入粤。1931年2月1日到达乐昌梅花镇，2月2日中午始与国民党军三个团激战，战至傍晚，双方损失惨重。3日，红七军在乐昌无法立足，遂放弃在乐昌建立革命根据地的计划，改北上江西，会合中央苏区。同时，整编部队，撤销师建制，只保留第五十五团、第五十八团两个番号和军直属队。经过两天两夜的行军，于4日到武江河边的乐昌杨溪、长来渡口。

过武江河时，仅有两艘小船，渡江速度缓慢。邓小平、李明瑞率第五十五团先渡河，张云逸率第五十八团一部渡过武江河时，国民党粤军郭润华团从韶关乘汽车赶到长来渡口堵截。过了武江河的红七军部队在邓小平、李明瑞的指挥下，英勇阻击，掩护后面部队继续渡江，但是，敌人炮火密集，封锁江面，渡江十分艰险。至黄昏，敌人增至数团，分路包围，红七军三面临敌，一面向水，处境万分危险，为避免全军覆灭之灾，尽量保存实力，邓小平、李明瑞只得通知张云逸指挥部队停止渡江，分头转移。从此红七军一分为二，张云逸率未渡过武江河的部队沿西岸挥师北上；邓小平、李明瑞率已渡过武江河的部队1000多人突出重围，向东乡楼下方向转移，随后由山路至仁化沙湾、上中垄、下中垄，到石塘村郊外临时休整。为了争取主动，没待天亮，红七军战士又踏上征程，绕过董塘圩，经赤石迳、四十八旗，进入城口的塘村、厚坑，经恩村，渡锦江。是时，国民党仁化当局早已获悉红七军向仁化进军的消息，迅速调动地方反动武装，实行围堵追击。县长何炯璋亲自率领县警队、特务队、后备队100多人枪，追至恩村，衔尾隔锦江枪战。红七军指战员面对敌人的尾追，一边应战，一边转移，经水东、寒婆坳、土洞、张屋、上奢、响塘、牛皮洞进入长江乡。当红七军到达沙溪时，前来堵截的长江乡的民团数十人枪，见红七军队伍声势浩大，顿时心惊胆战，弃枪逃匿。红七军顺利到达长江圩。

2月7日黄昏，红七军进入长江圩后，在高岗庙设指挥部，指战员在高岗庙四周的街道、村庄宿营。宿营时，指挥部派出人员向村民、居民购买粮食等，同时宣传共产党的主张和红军的政策与任务。群众眼见红军队伍虽衣着破烂却纪律严明，于是非常热情地帮助红军解决生活上的困难，有的送开水，有的送青菜，有的送米，有的让出大厅给红军住宿，有的主动反映情况。红七军指战员见了这番情景，很受感动，鼓舞了斗志。

2月8日，天空迷雾弥漫，军号响彻长空，红七军指战员在高岗庙整队开拔，出长江圩，经冷饭坑，入江西内良，奔向湘赣革命根据地。

邓小平、李明瑞率领红七军部经过仁化，虽然只有一天两夜的时间，但他们坚持革命、不畏阻险、艰苦转战的革命精神和严明的军纪、军风给仁化人民留下了深刻的印象。

四、红三军团转战仁化

根据中共苏区中央局江口会议决定，为减轻崇（义）（上）犹苏区的压力，求得发展，扩大苏区，1932年4月、5月间，中央红军西路军（主力为红三军团）在总指挥彭德怀、政治委员滕代远的率领下，西出崇犹苏区，进入湘南、粤北。4月25日，红三军团直属队及其属下第五军（邓萍兼军长、贺昌任政治委员、耿万敌任参谋长）的第二师（师长郭炳生、政治委员彭雪枫）、第三师（师长彭遨、政治委员徐策）共5000余人，由江西崇义聂都出发，经洛洞直入仁化长江的塘洞。是日，红三军团前锋600多人进至长江圩旁与国民党粤军独立第二旅杜凤飞团第一营第一、第二连，以及从扶溪赶来增援的第二营第七连连续交战。激战至下午6时，将国民党军击败，占领长江圩。这次战斗歼敌100多人，缴枪200多支。随后，红三军团直属队驻长江广州会馆，指挥全军的革命活动。26日，中国工农红军第二师（简称"红二师"）由长江出发，进攻扶溪，国民党军杜凤飞团第二营闻风而逃，退守白石岭。27日，中国工农红军第三师一部由长江出发，经浒松、东坑占领城口；同日，红二师一部由扶溪出发，经双合水、罗洞，出水东，占领城口恩村一带。28日，红二师一部由恩村出发，经厚坑，出塘村，前锋占领董塘境内的赤石迳。红军所到之处，占领有利地形，挖掘战壕，构筑工事，形成佯攻董塘、包围仁化、进迫韶关的态势。

红三军团进入仁化，震惊了国民党当局。国民党粤军调兵遣将对红三军团进行围攻，先后调遣粤军独立第二旅（旅长陈章）杜凤飞团两个营驻仁化县城，从乐昌调回一个营驻董塘；调粤军独立警卫旅3个团从韶关开进董塘，由旅长陈汉光亲自指挥向赤石迳、城口一线窥进；粤军独立第二旅调梁荣球团、罗策群团经百顺、左龙向扶溪进犯；国民党航空第三队派飞机配合侦察和轰炸。此外，粤军独立第一旅范德星部从大余向崇义开进以资策应，粤军独立第三师李汉魂部、李振球师、叶肇师、张梅新师及国民党中央第二十八军罗卓英师、周至柔师、王茂德师、李明师在赣南遥为援应。至此，红三军团的西南面、东面、南面受敌堵截，形势险峻。鉴于此，红三军团从早筹谋，决定向国民党军力量薄弱的背面转移。5月1日，红三军团第三师前锋从仁化城口出发，向湖南汝城开进。至5月5日下午，红三军团全部转移出仁化，进到湖南汝城、桂东作战。

红三军团占领仁化，扩大了党和红军的政治影响，震慑了国民党广东当局，打乱了国民党粤军"围剿"中央苏区的部署，动摇了国民党仁化当局的统治，推动了崇犹苏区革命斗争向湘南、粤北迅速发展。

红三军团在仁化活动的11天里，既宣传了中共和军队的政治主张，在各集镇和村庄墙上刷写中国共产党"十大政纲"、国民党"十大罪状""开展红五月活动"等标语，又发动群众参加革命斗争，掀起打土豪、斗恶霸、分浮财的高潮，给仁化人民留下了深刻印象。仁化人民主动为红军服务，为红三军团筹款30多万银元和物资一批，特别是把没收反动资本家的大量棉布集中在长江广州会馆，由苏维埃政府组织几十名缝纫工人，日夜加工了5000多套军用服装，另购买了大批药物和食盐等，补充了红军供给，增强了红军的战斗力。

1932年4月，彭德怀率领红三军团转战到仁化，军团政治部了解到中共城口特别支部的情况后，派出工作团去仁化指导工作，总计约100人。工作团帮助恢复仁化县中共城口特别支部等党组织，整顿胜一理发店地下交通站，组织全体党员学习中共六大文件，认真分析当时形势，统一了思想认识，振作了革命精神，为沟通地方与中央苏区的联系做了大量的工作。1932年4月，中共城口特别支部在红三军团政治部指导下，恢复了组织活动。支部书记黄庭芳牺牲后，李焕庭继任，为开展革命斗争和沟通地方与中央苏区的联系做了大量的工作。

五、中央红军突破仁化

1934年10月，中央红军实行战略大转移。中国工农红军第一军团（简称"红一军团"）、中国工农红军第九军团（简称"红九军团"）、中央纵队和中国工农红军第三军团、中国工农红军第五军团（简称"红五军团"）、中国工农红军第八军团（简称"红八军团"）各一部位于赣粤湘边的仁化县境内行军作战10天，从10月31日开始至11月9日，甩掉了敌人的追击和堵截。

（一）红军长征在长江

红军长征经过仁化先后分为六批由江西崇义聂都、大余内良进入仁化长江镇境内。

第一批是红一军团第二师的前锋别动队和第四、第六两个团，于10月31日由江西崇义聂都进入长江镇的冷饭坑上坑村和犁壁岭，当夜在犁壁岭宿营。11月1日，由里周的佛坳村翻过羌子坳、垒岭、甘溪岭、日头河到陈欧，当晚在陈欧的营下村宿营。2日，红一军团第四团由陈欧进入汝城的东岭、三江口。第六团由樟洞、浒松到城口的东坑，再兵分两路：一部从东坑经老屋、半山、塘湾、半奢水到水东桥头，智取城口镇后在城口休整；一部从东坑经坳背、牛皮洞、响塘、寒婆坳、恩村到铜鼓岭，执行阻击任务。

第二批是红一军团直属部队，于11月1日在林彪、聂荣臻的率领下，由江西崇义聂都进入长江冷饭坑犁壁岭宿营。当时军团指挥部就驻在犁壁岭村后山下的一座四合院内。如今已无房屋，地基遗址还在。该村党支部原书记刘兆明介绍，当年他的父亲和哥哥为红军煮饭，母亲为红军烧开水，红军给了3块大洋。他的父亲把沈世炎（又名沈世元）等3名红军伤病员背回家中养伤，护养了3天后，因家中贫困养不起，又帮助沈世炎在冷饭坑找了一户村民安家养伤。后来沈世炎在当地成家。中华人民共和国成立之初，沈世炎带着儿子沈家兰回故乡南雄油山，当赫然见到自己家门口挂着红军烈士牌时，不禁百感交集。牛尾岭吊脚楼的一位阿婆，曾连续几天到山下挑水上山为红军烧开水，红军还给了钱。2日，大部队沿着红一军团第二师前锋别动队的路线，到陈欧的营下村宿营。2006年，据84岁的曾庆朝老人说，那时他只有10岁，红军从江西过来，经过陈欧用了三天三夜。当时他在磨形岭看牛，见天上飞机飞来飞去，红军个个头顶一把稻草行军。到营下村后，红军指战员均露宿在百姓的屋檐下，有些睡在石拱桥上、大榕树底下。当时天气寒冷，红军利用陈欧的温泉洗澡，并靠近温泉取暖，垫把稻草，露宿田头。3日，沿红一军团第四团行军路线经湖南汝城的东岭到三江口，4日进驻仁化城口镇。

第三批是红一军团第十五师，即中国工农红军少共国际师，于11月2日进入长江，沿前面部队的路线一天赶到陈欧，当夜在营下村宿营。4日经湖南汝城东岭、三江口到城口休整。

第四批是红三、红五军团各一部，于11月4日由江西崇义的聂都经竹洞进入长江的高洞，沿长江镇向北进军城口、两江口，再向湖南汝城的延寿圩挺进。

第五、第六批是红八军团和红九军团，分别于 11 月 5 日和 11 月 6 日从江西崇义聂都、大余内良进入长江，沿前面部队的行军路线经城口进入红山，于 11 月 9 日通过仁化县境，进入乐昌的麻坑集结。国民党军对红军突破重围西进极为恼火，急令国民党航空队配合国民党南路军进行追堵。11 月 2 日白天，国民党衡阳航空队出动 4 架飞机到长江地域上空盘旋扫射，红军战士头顶稻草行军，并架起机枪还击。敌机在枫树坳、拦路丘、蓝头坑等地仓皇投下 4 枚炸弹，所幸没有军民伤亡。但在长江日头河桥上，当地反动武装将追赶部队的 10 名红军伤病员推下日头河的急流中，10 名红军全部遇难。长江是红军长征自赣入粤的主通道，从 1934 年 10 月 31 日至 11 月 6 日连续 7 天，长江境内军旅匆匆、铁流滚滚。这个粤北的山区乡镇，见证了红军长征宏大的历史画卷。

（二）红军长征在城口

城口镇位于粤湘两省交界处，全镇总面积 322 平方千米。公元前 204 年，南越王赵佗在境内修筑城池为北隘口，守卫边界，城口因此得名。城口四面群山、峰高谷狭，扼粤湘驿道之咽喉，控南北商贾之要隘，自古是兵家必争之地。国民党军将其看作湘南汝城至粤北仁化之间第二道封锁线上的重镇，调兵遣将、苦心经营，单碉堡就建有 20 多座，驻有陈济棠部独立第二师的一个连及仁化民团、汝城保安部队。得知红军进入长江后，又急调广州独立警卫旅第三团火速开赴仁化高沙，增援城口。红一军团首长林彪、聂荣臻、左权都清醒地认识到，城口这个隘口，是中央红军西进的唯一通道，必须乘敌不备、突袭智取，才能一举成功。红二师第六团团长朱水秋、代政委王集成将主攻城口的任务交给第一营，并把团的侦察排拨给第一营指挥，还将团参谋唐振勇、俱乐部主任余勋光派到第一营加强指挥。左权交代 23 岁的第一营营长曾保堂说:"你们营必须在湘军到来之前拿下城口镇。"聂荣臻临行前嘱咐说:"保堂,城口是红军突出去的唯一口子,几万红军的生命就托付给你们营了。要不惜一切代价。"军令如山,任务艰险,临行嘱托,字字千钧。曾保堂率领第一营指战员,于11月2日夜潜伏到离水东桥头百米处的草棚边,先部署两个连对付两侧的碉堡,又选择十几名水性好的战士由桥的上游泅水过河,自己带着侦察排强行过桥。敌哨兵发现异常,喝问是哪部分的。曾保堂响亮回答"自己人",并快步过桥。敌哨兵准备鸣枪示警时,已被红军扑倒,随着一颗颗手榴弹在敌营棚里炸开,红军迅速过桥、入城,包围敌军连部及民团、保安驻所,敌军纷纷举手投降。四周山上碉堡里的敌军,慑于红军的强大威力,纷纷弃堡逃窜,红军迅速占领城口镇。

城口一战,红军俘敌100多人,缴获枪械数百支、子弹1万多发及粮食、煤油等物资一批。奇袭城口的胜利,给红军在城口短暂休整创造了条件,标志着红军突破了国民党军第二道封锁线。

为确保红军主力在城口短暂休整、顺利西进,红二师第六团一部奉命从东光、恩村迁回到铜鼓岭北的山地中,阻击从广州来增援城口的敌人。11月4日,执行阻击任务的红军遭遇敌军独立警卫旅第三团彭智芳部的攻击,红军抢占龙形埂的有利地形,利用密林草丛沉着应战、奋勇还击,与冲上来的敌人展开白刃战。战场上喊声震天,红军愈战愈勇。战斗持续了两天一夜,敌我双方均伤亡惨重。战至第二天傍晚,红军完成了阻击任务,奉命趁夜转移,从岔口分两路经红山入乐昌麻坑和湖南汝城的延寿,汇入北上的红军主力。

铜鼓岭阻击战,红军以阵亡100多人的惨烈代价,粉碎了敌军增援城口的目的,并突破了敌人精心设置的第二道封锁线,为确保红军主力在城口作短暂休整和继续北上创造了条件。

《聂荣臻回忆录》详细记载："第二道封锁线设在湖南桂东、汝城至广东城口一线山上。碉堡和碉堡之间，沟壕相通，火力相连。这一线的守军，保安队居多，有的还没有见过正式的红军，有的也没有想到红军来得这样快。国民党正规军则深处内线。我二师六团在团长朱水秋、代政委王集成同志率领下以奔袭、奇袭方式夺取了城口。城口临河，河边有一道木桥，公路从上边通过。敌人在桥上设有岗哨。负责主攻的六团一营，非要从木桥上经过不可。十一月二日晚，一营到达距桥头数百米处，敌人就发觉了。敌喝令一营停止前进，一营佯称是'自己人'，一面上前夺哨兵的枪，一面派部队涉河包抄。这时，二营也迂回过去了，歼灭了城口这股敌人，生俘了一百多人。军团部移驻城口。"

11月6日，红军突破第二道封锁线后，毛泽东、周恩来、李德、博古、王稼祥等跟随中央纵队到达城口镇。中央红军突破第一、第二道封锁线后，进入了湘南。这时蒋介石判断红军必定沿五岭山脉，从桂北兴安、全州间西进，"不致北犯"。11月6日、13日他连续下令在湘水、潇水以东聚歼红军，12日又任命湖南军阀何键为"追剿军"总司令，并调集国民党中央军薛岳、周浑元部及湘军、桂军共20多个师，部分粤军以及一些民团，组织第三、第四道封锁线，对红军进行围追堵截。面对越来越严重的敌情，应该选择什么战略方向，中共中央领导人之间发生了一场争论。11月6日，毛泽东在广东仁化的城口提议："红军不要向文明司前进，不要在坪石过粤铁路，不要取宜章、临武，而应该向北越诸广山，沿耒水北上，在水口山一带休整，转到永丰、蓝田、宝庆等地摆开战场，消灭'围剿'之敌。"这样，出敌不意，打破第五次"围剿"仍有可能。然而，博古、李德没有采纳这一建议，命令红军仍沿湘粤边界的崇山峻岭向蒋介石预设的封锁线前进。其实，在突破第一道封锁线之前，毛泽东在会昌提议，部队应进入湘南，跨过粤汉铁路到水口山地区休整待机，被博古和李德把持的"三人团"①拒绝。同样，11月下旬，红军进入广西边境时，毛泽东建议"由文市北上，待粉碎'围剿'之敌后，或在湖南中部建立革命根据地，或返回中央苏区去"，而博古和李德把持的"三人团"却坚持要从南面强渡湘江。由于博古和李德把持的"三人团"固持己见，将毛泽东的正确意见置之不理，导致红军在湘江战役中损失惨重。

城口争论没有得到重视，毛泽东的意见未能被采纳，但是毛泽东依然以无产阶级革命家的胸襟，关切党和红军的命运，在离开城口前往汝城的路上，酝酿着红军长征的宣言书《出路在哪里》，11月7日在相邻的汝城大山起草并与中华苏维埃共和国中央革命军事委员会（简称"中革军委"）主席朱德联署，在文明司发布。《出路在哪里》详细阐述了中国共产党的各项政治主张，教育人民群众中国的出路就是共产党主张的苏维埃和红军："我们要立刻取消一切国民党政府的苛捐杂税与兵差劳役，取消一切高利贷，没收地主阶级的一切土地财产，分配给贫苦的农民，工人实行八小时工作制，增加工资。我们要使每一个工人农民有衣服穿暖，有饭吃饱，取消强迫的雇佣兵役制，改为自愿兵役制。把土地分给士兵，改善士兵的生活，不准打骂士兵。""亲爱的兄弟姐妹们！共产党所主张的苏维埃红军，就是你们的出路。你们不但不要反对苏维埃红军，而且还要拥护苏维埃红军，在一切方面帮助我们苏维埃与红军得到胜利！"红军长征沿途广泛宣传自己的政治主张，赢得了人民群众的拥护和支援，挫败了国民党统治集团及地方势力打击红军的阴谋，使红军长征取得了最后胜利。

11月7日清早，红九军团正要整队开拔蕉坑之际，忽见城口

---

① 三人团：指"最高三人团"，包括博古、李德、周恩来。

莲塘口上空浓烟滚滚，火光冲天。红九军团领导罗炳辉、何长工立即命令红九军团第三师第八团一部和军团直属宣传队开展紧急救火，保护群众生命财产安全；暗中另派一部分布在附近各山头、交通要道，检查过往行人，搜寻纵火犯。红军编成多路灭火队伍，奋不顾身爬上屋顶，从河里挑来一桶桶水，传递上来拼命浇水，红军不顾烟熏火燎，呛鼻辣眼，经过一个多小时奋战，终将大火扑灭，并抓获了3名纵火嫌犯，其中2名对纵火事实供认不讳。原来他们是国民党从韶关派至城口侦探红军的"蓝衣社"①特务，探知红军抵达城口后，故意纵火烧房，企图嫁祸于红军，对红军造成恶劣影响。次日，红军在城口萝卜坝召开群众大会进行公开宣判，将纵火主犯就地枪决，粉碎了敌人的阴谋。

（三）红军长征在红山

11月5—9日，红军从城口进入红山镇的新田村，再分两路从清水江和中山进乐昌县五山镇的麻坑集结，在红山共有5天。

在此之前，红三、红八两军团经城口的两江口，进入湖南汝城的蕉坑、延寿圩。而红一、红九军团，中央红星纵队及红五军团一部，于11月5日起陆续从城口经围坑到红山的新田宿营。第二天再从新田出发分两路进军乐昌的麻坑：一路经暗迳、雪洞、大水、清水江进入乐昌的山寨岐到麻坑；一路由新田经白石洞、五渡、糍粑坳到中山宿营，住在猪塘角的许家、卢屋和寨下杨家。11月7日由中山连屋村的连石昌带路，从中山经牛头洞、将军寨到达乐昌的麻坑。最后一批伤病零散队伍于11月9日前撤离红山。

在红山的5天中，红军宿营地新田、新白老屋、中山村等留下许多军民鱼水情深的佳话。

---

① 蓝衣社：全名中华复兴社，国民党特务组织。

1985年，新田村77岁的老人李国华回忆，听父亲说，红军从城口过来，由山门口的老路入村，当晚在这里宿营，李氏宗祠后的二层土楼，成为红军的指挥部。红军官兵对人和气，不惊扰百姓。该村曾给红军带路的李先芳说："红军是我见过的最好的军队，马营长、徐连长待人十分好，可惜我丢失了他们写给我的盖了四方大印的路条。"

新白老屋村曾经收留了几名红军伤病员在此疗伤，给以很好的照顾……在新白的猪屎峡，沿河追赶部队的8名红军伤病员被国民党反动武装杀害于河滩。红军主力撤离仁化之后，反动武装用尽残忍手段追杀红军伤病员，共有74名红军伤病员遭残杀，都是当地农民群众自发将红军烈士遗体掩埋。青迳大水村的李德林，曾秘密护理一名受伤的红军战士20多天，在地方反动势力的威迫下，不得不亲自护送这名红军伤员转移到汝城县的老虎洞养伤，安置好后才依依告别。

1984年，中山村84岁的老人许明光回忆说："大队红军到我们这里时，天快黑了，每人手里拿着一把禾草，在这里过夜。晚饭时，买了大户人家一头猪杀了改善伙食，按当时市价给了户主几块银元。第二天早上部队继续向乐昌挺进，卢屋村对面河背村的坪里，好多人在听一位红军将领站在台子上演说：'共产党是为人民的，红军是打土豪分田地的，是穷人自己的队伍，不会要老百姓的东西……'"这些场景，在中山村的村民心里刻下了深深的印记，代代相传。

1972年1月，为纪念中国工农红军长征经过红山的历史，仁化县将烟青人民公社更名为红山人民公社，后又更名为红山镇。

1934年10月31日至11月9日，中央红军的左翼红一、红九军团以及红三、红五、红八军团各一部先后经过仁化长江、城口、红山的20个乡，分路进入乐昌及湖南汝城。其间，红军摧毁了仁化境内 26 座碉堡，艰难地穿越了长江北境，奇袭了军事重镇城口，完成了铜鼓岭阻击战。红军经过仁化时，深受人民群众拥护。长江、城口、红山等地共有 1000 多人主动为红军服务。群众主动为红军送茶送水、筹粮带路、护理伤员、制衣纳鞋，保障了红军主力顺利通过仁化，突破国民党第二道封锁线。

六、留守红军开辟仁化

南方三年游击战争时期，仁化人民继续为红军作贡献。1934 年 10 月，主力红军长征后，中共中央、中华苏维埃政府、中革军委离开了中央苏区，仁化在中共苏区中央分局（简称"中央分局"）和中华苏维埃共和国中央政府办事处（简称"中央政府办事处"）的领导下，先后作为赣粤边、湘粤赣边游击区的重要组成部分，为保卫土地革命胜利成果，抗击进犯的敌人付出了重大代价。仁化党组织领导红军游击队及时实行战略转变，挫败国民党军的"清剿"。游击队以北山、油山、闻韶、黄坑、扶溪、长江等一带为根据地，坚持游击战争。在以项英为书记的中央分局、陈毅为主任的中央政府办事处领导下，仁化党组织和革命武装在赣粤边、湘粤赣边两个游击区范围坚持革命活动。刘建华《回忆资料——三年游击战争》记载：项英、陈毅、李乐天、杨尚奎、陈丕显等率领侦察班、特务班行动；游世雄、王赤率领 100 多人到汝城、桂东的东边山与蔡会文会合。刘建华率工作团到仁化一带开展工作。解放军出版社出版的《南方三年游击战争人物谱·刘建华》记载："五月，和徐赤民一道带领一支四五十人的游击队，到南雄、大庾、仁化、崇义四县交界山区开辟游击区，任雄庾仁崇边游击队工作团主任。"其间，红军独立第四团、第五团到罗霄山脉南端诸广山的崇义、仁化、桂东、汝城一带开展斗争。1935 年以来，活跃在湘粤赣边区的红军经常出没在闻韶、扶溪、长江、城口一带，项英、陈毅曾设指挥部于闻韶白竹刘氏宗祠，陈毅曾化名刘高佬动员贫困农民大胆起来闹革命，把闻韶—下徐—左龙—里社—蛇离—长坑—凌溪等地作为长江、城口一带连接指挥部的秘密交通线。发生了许多军民鱼水情深的感人故事，如扶溪蛇离苟头村的谭庆财，当年挑着山楂到闻韶赶集，项英、陈毅的部队经过闻韶圩，他连箩筐也不要，与许多青年一起参加了红军。三年游击战争环境险恶残酷，一位怀孕的女红军，不能跟随部队，幸得闻韶下徐金竹园村一户人家收留，后产下一子（名字叫榕树妹，现于闻韶敬老院居住），女红军不久因病去世，当地百姓把红军孤儿抚养成人……

1934年9月，主力红军长征后，曾任过仁化县委第一任书记的阮啸仙担任中共赣南省委员会书记，加强了与以项英为书记的中央分局、陈毅为主任的中央政府办事处的联系，并派员到仁化开辟游击区。仁化被列为中共赣粤边特别委员会、湘粤赣边特别委员会管辖范围。中央分局、中央政府办事处派刘建华和徐赤民率领四五十个游击队员到仁化山区开展游击斗争，刘建华任雄庾仁崇边游击队工作团主任。

1935年3月，蔡会文、游世雄等率留守红军组成的游击队赴资（兴）汝（城）桂（东）边，成功开辟了以东、西边山区为中心的湘粤赣边游击区，形成了方圆900里（1里=500米）的游击根据地，包括广东始兴、南雄、仁化、乐昌，湖南酃县、茶陵、桂东、资兴、郴县、永兴、汝城、宜章和江西上犹、崇义、遂川、大余等16个县。

第三章
抗日烽火

第一节 难民逃往仁化

1931年9月18日，日本在中国东北蓄意制造并发动侵华战争，史称"九一八事变"。九一八事变是为抗日战争之始。1937年7月7日，日本侵略军向北平郊区卢沟桥的中国驻军第二十九军发起进攻，中国军队奋起反抗，抗日民族统一战线正式成立，掀起全面抗战的高潮。

1938年10月，广州沦陷，中共广东省委机关由广州撤到韶关西河。1939年7月，中共广东省委为了统一领导北江地区的各级党组织，更有效地开展党的工作，成立中共北江特别委员会，黄松坚任特委书记，管辖整个北江地区。1939年11月，为加强曲江（韶关）邻县乐昌、乳源、仁化三县党的工作领导，中共广东省委决定将中共曲江县委员会改为中共曲江中心县委员会（简称"中共曲江中心县委"），负责领导曲、仁、乳、乐四县党组织工作，由岑振雄任中共曲江中心县委书记，黄焕秋任组织部部长，吴震乾任宣传部部长，机关设在韶州师范农场。1940年8月，中共广东省委从有利于抗日救亡运动出发，对党组织进行了较大的调整，中共北江特委分为北江前线特别委员会（简称"前北江特委"）和北江后方特别委员会（简称"后北江特委"）两个特别委员会。处于国民党统治区的曲江、乐昌、仁化、乳源、南雄、始兴和"三连一阳"①地区的党组织归后北江特委领导,陈祥任后北江特委书记。同年冬,中共广东省委撤销,分别成立粤南省委和粤北省委。粤北省委管辖西江、东江、前东江、前后北江和赣南特委。机关设在韶关,原中共广东省委组织部部长李大林任粤北省委书记。

1938年10月2日,日本侵略军在惠阳县大亚湾登陆,广州告急,广东国共两党的党、政、军机关均北迁到韶关,一些大中专院校和其他团体也都往粤北地区疏散。韶关成为广东省抗战的指挥部和政治、经济、文化、教育中心。10月21日,日军占领广州,韶关成为日军战略进攻的目标,日军疯狂轰炸韶关和粤汉铁路沿线城乡。1938年11月23日(农历十月初二日),日军3架飞机由南向北飞来,先轰炸始兴县城,然后飞抵仁化县城上空,盘旋片刻,即向河边街、新横街(今向阳街)投放炸弹10多枚。炸毁河边街房屋3间,新横街房屋4间,共炸死男女老少7人,其中曹姓一家四口全被炸死,小商贩潘某即被炸成焦炭。还有燃烧弹2枚分别落在黄安兴店尾和黄生源店中,所幸皆未爆炸。

广州沦陷后,粤北地区各县成为抗战后方。仁化当时不属交通要道,位置较偏僻,自然就成为广州、佛山、南海以及韶关等地难民云集的地方。他们和仁化人民一起,在党的抗日民族统一战线的旗帜下,同仇敌忾,纷纷投身抗日运动,组织抗日宣传队、演出队、话剧团以及成立妇女会、妇女委员会等群众组织及团体,积极参与发展战时经济、挽救战地难民、募捐劳军等抗日救亡活动。

2015年4月18日,徐宝来在广东省仁化县档案馆惊奇发现1934年4月20日由中国民族武装自卫委员会筹备会印发的油印

---

① 三连一阳:连州、连南、连山及阳山。

件《中国人民对日作战的基本纲领》。

该油印件来自民国 23 年（1934）7 月 2 日广东省民政厅厅长林翼中签发的第 1877 号训令《会抄发赤匪刊物一份仰照遵查禁由》，向全省发布训令查禁中国共产党领导的中国民族武装自卫委员会筹备会起草印发的《中国人民对日作战的基本纲领》。训令称"现奉广东省政府民字第 2163 号训令：案准中国国民党中央执行委员会西南执行部秘书处宣字第 557 号公函……呈缴抄录赤匪刊物《中国人民对日作战的基本纲领》一份，请通令严密防辑……"，该训令后附《中国人民对日作战的基本纲领》油印件，共 4 页，2600 余字，用楷书竖版誊写、蓝色油墨，为 4 开土纸印刷，字迹较为模糊。

据了解，1934 年 9 月 21 日《红色中华》报第 236 期刊载了《中国人民对日作战的基本纲领》一文；1935 年九一八事变四周年纪念日翻印了该原件。而在仁化发现的广东省民政厅厅长林翼中 1934 年 7 月 2 日签发训令查禁的《中国人民对日作战的基本纲领》的油印件，是截至 2017 年发现最早的原始件。该油印件的发现，对研究仁化人民的抗战历史具有重要意义。

第二节 韶师迁移仁化

广州沦陷后,韶关成为日军战略进攻的目标,当时在曲江县第五区马坝乡下火村的广东省立韶州师范学校(简称"韶师")人心浮动,难以立足。1938年10月,经广东省教育厅批准,韶师搬迁到仁化县水南村办学,直至1946年2月才迁回韶关市区帽子峰山麓继续办学。校长黄焕福亲自到仁化选建新校址,确定在仁化县水南村洋楼(又名德国教堂)两侧办校,此地开阔平坦,便于营造校舍和开辟农场,距仁化县城只有2000米的路程,便于供给。校舍的建筑,除校本部办公室、医疗部、女学生宿舍是原德国教堂属砖木结构外,其余都是竹木结构。木头做支架,竹织批荡做墙壁,茅草或瓦面做天面。1938年冬,韶师师生员工眷属迁往仁化,由于政局不稳和经济供给困难,学生人数锐减,随校迁到仁化的学生只有176人。学校的生活虽然艰苦,但是仍有许多学生慕名来此求学。1939年冬,日军大举进攻粤北,为安全起见,学校暂迁至仁化县长江圩。1940年初,粤北大捷,迁回水南村校址。

1944年入夏以后,日军疯狂进犯,有发动打通粤汉、湘桂铁路和粤桂大陆交通线的意图,企图沟通广州、韶关、衡阳一线。至1944年底,日军相继占领连县、乐昌,直接威胁韶关、仁化。韶师内人心惶惶、惴惴不安,学校提前举行期终考试,于1945年1月20日召开紧急疏散动员大会,动员师生员工离校回乡或就近投亲靠友，对远道未能返家而留校的师生员工眷属250多人，在23日由校长派员率领迁往距仁化县城东15千米的白石村。校内原由师生组成的战时后方服务团仍负责维护学校安全，并担任仁化至周田方向的警卫事宜。30日下午，日军由乐昌窜至董塘，校内战时后方服务团随仁化县党政机关撤离。31日早晨，日军侵占仁化县城。下午，日军一部分直往扶溪，经过白石村时，开机枪扫射白石村。过后，师生员工眷属紧急乘夜疏散至南雄县属欧村（现属仁化县闻韶镇）。另一部分日军取道水南村往周田，在学校住宿，放火烧毁学校办公室、宿舍、教室共六座，其余校舍门窗、设备被捣毁、焚烧，学校被洗劫一空。2月6日，师生员工眷属从欧村回到白石村。2月7日，局势稍定，大部分疏散人员从白石村返回水南村原校。学校经日军摧残，一片荒凉，难于复课。2月9日，举行校务会议，决定全校师生员工眷属再行疏散，待时局稳定，再图复课。其中一部分师生投靠亲友，一部分师生参加各地抗日游击队，余下师生员工眷属150多人在校。至3月底，附近有些学生逐渐回校，暂时以水平相似班级合并上课，计有师范科的高中部、初中部和简易师范科共6个班先行复课。班额亦随学生回校情况随时增添。此时，各班都增设战时科目。由于广东省教育厅撤离韶关，交通不便，师生员工的粮食供给中断，留校上课的外地学生家庭接济困难，他们的日中伙食费用，由校长黄焕福向当地乡绅筹借稻谷600余担（司马秤）支付。

1945年8月15日，日本帝国主义宣布无条件投降，留校师生员工眷属和全国人民一样欢欣鼓舞。但学校经日军烧毁、摧残，校舍、课室奇缺，难于满足全面复课需要，只好采取应急办法，除校本部容纳部分学生上课外，在康溪村子前庙设临时教学点。也有部分学生报名注册后，发给复习提纲，进行自学，到校适当辅导，届时参加考试，承认成绩。1946年2月，迁校事宜筹备已妥，师生员工眷属搬回韶关市平民路帽子峰山麓继续办学。

国民党在韶师推行"消极抗日，积极反共"的方针，在青年学生中发展三民主义青年团（简称"三青团"）组织，向学生灌输反动思想，秘密派遣特务监视进步师生员工的言论和行动，甚至搜查物件，暗中偷看进步师生笔记等，企图控制学校和青年师生。与此同时，中国共产党为国家独立、民族解放，为夺取抗日战争的胜利培养输送人才，确定在学校布点，建立党组织。1939年1月，广东青年抗日先锋队（简称"抗先队"）东江队员、共产党员陈孝真老师率抗先队、东江少年、共产党员陈志良等到韶师教书和读书。4月初，国民党第十二集团军抗日少年团22人到韶师公费读书，其中有共产党员吴群卓、吴广卓。他们到校后，给学校注入新鲜血液，使学校逐步焕发生机。8月，中共曲江中心县委在韶师驻韶关办事处举办共产党员训练班，成立中共韶师学生支部，书记吴群卓。1940年4月，中共北江特委派李仲才到校，以教英语为公开职业作掩护，加强党组织领导，使党员有较大发展。至11月，中共韶师学生支部有共产党员13人。为了有效隐蔽，保存实力，便于活动，增设中共韶师女学生支部，书记郭巾英，后许足成。至1941年8月，女学生共产党员庞志芳在韶关被国民党特务逮捕后，党组织采取应变措施，决定与庞志芳有单纯联系或较暴露身份的共产党员从速撤离。是年底，共产党员李康益、陈志良、郭巾英先后撤离学校。1942年5月27日，中共粤北省委在韶师五里亭农场据点遭受国民党特务破坏，省委书记李大林夫妇、弟妹、保姆、译电员等被捕。这个不幸消息，在当天上午通过电话传给校长黄焕福，被在韶师活动的原中共北江特委宣传部部长黄焕秋获悉，便立即采取紧急措施，布置党组织作好隐蔽。9月，党组织遵照中共中央南方局关于"隐蔽精干，积蓄力量，长期埋伏，以待时机"的指示，停止一切上下联系，静止活动，实行"勤学、勤业、勤交友"的"三勤"活动方针，共产党员保持思想上的联系，主动和进步师生一起，努力攻读，积极参加文体活动，注意革命斗争形势，巧妙地贯彻党的方针政策。

中共韶师党组织在国民党韶师党部、三青团、特务猖獗活动的眼皮底下，一切行动都得非常谨慎，秘密进行，否则一旦露出蛛丝马迹，就会遭到莫大的破坏和损失。在这种情况下，中共韶师党组织主要从以下几个方面开展工作：第一，牢牢掌握学生机构领导权，使学生自治会及其领导下的班级、读书会、剧团、歌咏队、宣传队等成为团结进步的力量，成为进行抗日救亡运动活动的场所，成为发现、培养、发展共产党员，壮大党组织，巩固革命的阵地。学生自治会遵照党组织的意图，以各种方式疏导、教育、组织学生投入革命斗争，开展抗日救亡运动。一是组织读书会。读书会以小组分散隐蔽活动为主，引导进步学生阅读马克思列宁主义著作、进步小说，以及中共党内报刊、文件。通报抗日形势，揭露国民党反动派独裁、专制、腐败、消极抗日、积极反共、破坏团结的劣迹，宣传党的抗日民族统一战线方针、政策。二是组织歌咏团和歌咏比赛，在进步教师胡秉均等亲自主持下，组织歌咏团排练，大唱抗战歌曲。三是组织话剧团、歌舞团，在进步教师李森彬、崔憬夷的亲自主持下排练抗日救亡剧目，利用周末演出，使师生员工在丰富的文艺生活中，受到抗战形势和生动的爱国主义教育，激发爱国热情，为抗日救亡而奋发读书。四是组织编写黑板报、墙报、漫画。五是组织假期抗日宣传队，1939年冬至1942年夏，以及1944年春的假期，都组织了2~3个抗日宣传队，由进步教师虞泽甫、胡秉均、李森彬、崔憬夷以及进步学生李康益、唐北雁、林名勋等领导，到仁化、乐昌、曲江、黄毛等地进行抗日救亡宣传。在宣传工作中，坚持舞台演出和办夜校相结合。

第二，团结进步师生员工，打击反动势力。从1941—1942年夏，三青团大发展，两次强迫青年学生加入三青团。韶师的学生共产党员，经请示上级党组织并得到批准，和青年学生一起集体造册加入三青团。以"不为人先，不为人后"的原则参与活动，积极掌握部分领导权，以便进行革命斗争，共产党员唐北雁任三青团区分队长。1943年8月，原国民党第七战区编委会中共地下党支部书记李曼晖到校，任训导主任等职，掌握了国民党、三青团以及特务的阴谋活动和措施，掩护党组织和进步师生的革命活动，使革命活动得以顺利进行。1942年夏，仁化水灾时，学校当局对学生黄国蕃不作及时医治而导致其死亡，学生十分义愤，酿成学潮。国民党特务、在学校任训导主任的朱桓乘机煽动学生倒台校长黄焕福，企图渔利。党组织识破朱桓的阴谋，通过学生自治会周旋，维护学生切身利益，与学校当局开展有理有节的斗争，提出合理要求。经协商，为黄国蕃开追悼大会，唐北雁致悼词，深切地表达了哀思，揭露了国民党教育行政当局的黑暗和腐败，表达了学生们的心声。校长黄焕福作了检讨，答应了学生们的要求，同时挫败了朱桓的阴谋，把朱桓以及他的几个跟班一起赶出了韶师。通过一系列的斗争，党组织有力回击了这股逆流，打击了顽固派和国民党特务分子的嚣张气焰，争取了一批中间分子向党组织靠拢。

第三，投身武装斗争，夺取抗日战争的最后胜利。在仁化县水南村时期，为了适应抗日武装部队的需要，在党组织的动员和共产党员的革命行动影响下，先后有300余名进步师生投身地下革命斗争和参加各地抗日武装部队，壮大了抗日武装力量。除以往因暴露身份，主动撤离或毕业离校而参加革命武装斗争的共产党员、进步师生外，众多进步师生仍坚持开展斗争。1946年6月，林名勋遵照中共后北江特委书记黄松坚指示，率领共产党员和进步师生30多人，组成工作队到英德县城，先以国民党北江第二挺进纵队战时工作队为名，在党的领导下，进行宣传活动。后来分配到佛冈、翁源、英德各地开展革命活动，为迎接东江纵队北上做准备。至8月，李曼晖又亲自率领一批进步学生到英德等地参加革命斗争。1946年1月前后，日军侵占连县、乐昌一带，韶关形势紧张，韶师准备疏散，学生盼望安心读书的美梦再次被打破。面对这紧急待变的险恶形势，共产党员何虹亲率一批进步师生告别母校，踏上武装抗日斗争征程。他们为祖国的独立、民族的解放，为打败日本帝国主义，不怕牺牲，勇敢作战。计有陈志良（女）、吴群卓、何虹（女）、叶盛喧、崔憬夷、陈孝真（女）、陈道金、龙跃如、苏丹（女）、刘怀汉等为抗战胜利牺牲了宝贵生命。

第三节 黄涛驻军仁化

一、驰援衡阳

仁化是当时国民革命军第六十二军（简称"第六十二军"）的后方基地，军长黄涛。第六十二军在仁化县城设有办事处，县城之北溯锦江而上数十里，河边有个山村叫药谱，是第六十二军军火库所在地。这个地方在群山环抱之中，不容易被发现，而又可通船只，易于转运。第六十二军驻县城办事处装配有无线电发报机，可以同军部及其上级机关直接联系。在仁化驻有一个营的兵力，负责保卫后方的安全，另在连平坡头设有粮库。

1944年夏，日军由长沙南犯，衡阳告急，第六十二军奉命由粤北入湘，驰援衡阳。在衡阳一战，给敌人以重创，但第六十二军亦遭受重大损失，副师长余文波及团长丁克坚、钟敬孚俱在阵前战斗牺牲。

二、救济儿童

为解决少年兵和家属子女的读书问题，第六十二军军长黄涛在仁化县城老城后面石坳背一带建起了士英学校，当地学龄前儿童也可免费入读。同时建有第六十二军家属宿舍六二新村，黄涛的家属也住六二新村，另在三板桥、大度岭也分建了部分家属住宅。这样，一方面提高了第六十二军的兵员素质，另一方面解决了军内文武官员的后顾之忧，全心全力参加整训，加强抗击日寇的战斗力，而在仁化办学也对当地群众有贡献。

1943年8月，在前线居住的第六十二军家属开始迁往仁化，各户自己开荒种地，畜养猪鸡，做到副食自给，这在抗日战争艰难时期是必要的。士英学校无论是对少年兵、家属子弟或当地的学生都不收取任何费用。全校学生同学习、同吃、同住、同劳动，过着集体生活。当地学生每月只需交自己吃的米粮10千克，其余不收任何费用。当时不仅附城的孩童大量来校就读，即使远在夏富的儿童也来入学，1943年9月开学时学生已达300多人。

家属宿舍区的建筑结构较为简单，基本上是竹木结构。学校的建筑材料较好，用的是土砖、瓦木结构，工程全由第六十二军工兵连完成。为纪念在粤北战役英勇牺牲的第六十二军第一五七师连长连士英，这所学校被命名为士英学校。后在衡阳一战中，为纪念第六十二军副师长余文波在此战役中牺牲，黄涛遂把学校改名为文波学校。

三、支援地方

黄涛驻防仁化期间，经常到乡下视察。他在城口、长江、扶溪视察期间指挥当地挖战壕、筑工事，又发给地方武装枪支，要他们保境安民，其中有一次就给了仁化董塘河富抗日自卫队步枪60支、机枪2挺，以及弹药一批。河富抗日自卫队利用这批武器，狠狠地打击了入侵仁化的日寇。

黄涛在仁化办学的同时，又在仁化建立六二纺织厂及军垦农场，以减轻人民和当地政府的负担。

1944年冬，一股日军流窜到仁化，慑于日军的凶残，仁化县城的机关学校以及文波学校和家属迁移到扶溪，第六十二军办事处也迁到了扶溪附近的双合水。这些日寇到了仁化县城后，把六二新村的房子烧了好几间，在村口公路上遗下一匹死马和一辆破汽车。在扶溪也烧了一些房屋，杀了一头猪，就仓皇由扶溪经长江向江西方向遁去。

1945年8月，日本侵略军无条件投降后，第六十二军经海防市（属越南）乘船到台湾进行接收工作。到达台湾后，第六十二军通过无线电报与仁化办事处直接联系。同年12月，黄涛来电：将文波学校迁往台湾，教师、家属愿意去的都可以去，学生除了少年兵学生外，其他可以不去。1946年1月，第六十二军文波学校教职员和学生以及家属200人离开学校，经韶关、梅县到达汕头，转乘船前往基隆港登陆，然后乘火车到第六十二军驻地台南。文波学校继续在台南开办。随后，撤销了第六十二军驻仁化办事处，残留的库存武器上缴总部，办事处及学校房舍归地方政府处理，保留了私人住宅，第六十二军在仁化的关系便结束了。

黄涛自任第六十二军军长以来，没有和共产党打过仗，也没参加过"剿共"战争。抗日战争时期，还提供武器给仁化当地的抗日武装河富抗日自卫队。1946年，蒋介石电召黄涛去重庆，黄涛预料到蒋介石要和共产党打内战，他并不想和共产党打内战。当他见到蒋介石时，蒋命令他把第六十二军调往秦皇岛。黄涛提出："台湾是新收复的地方，驻军台湾很重要，请求免调。"蒋介石听了，桌子一拍，骂道："混蛋！你敢抗命，马上撤职，滚！"黄涛在国民党的事业就这样结束了。中华人民共和国成立后，黄涛历任广东省政协委员、常务委员会委员，1973年因病逝世，终年73岁。

第四节 战火映河富

一、捍卫主权

1945年1月初,据守湖南的日军第四十师团与盘踞广东南部的日军第一〇四师团(原第一六一联队)相向南北夹攻韶关,1月26日,韶关全面沦陷。1945年1月25日凌晨,日军派遣一个中队从韶关出发,经五里亭、十里亭、河边厂,迅速占领富国煤矿及其周边村庄,以茶山作为日军驻兵大本营,并在花坪乌石冲村设立据点,派有两班日兵驻守。2月1日,日军步兵第八旅团司令部设在韶关,从此韶关地区的人民群众沦落在日寇的铁蹄下,受尽了残酷的践踏与蹂躏,在水深火热中过着非人的生活。

抗日战争爆发后,为了捍卫主权、保卫家乡,河塘、大富、大井三个自然村的民众积极组织了97名青壮年参加韶关地方兵团的军事训练。董塘地区官员深受共产党团结一致、枪口对外的抗日救国政策的影响与感化,为保卫家乡、保卫群众的生命财产,于1944年冬成立了河富抗日自卫队,后编为仁化县第五抗日自卫大队第六中队。下设大富、大井、河塘(含江夏村)三个小队,共200多人,中队长邓约三,副中队长卢雨生(又名卢宽养)。河富抗日自卫队辖三个分队六个班,三个班脱产,三个班不脱产。不脱产的班,若有军事需要,则随召随到。或闻有枪声与战事发生,又来不及召集时,也必须自动归队参加战斗。

河富抗日自卫队组建后,由卢雨生率领部分自卫队员,到仁化县抗日防备司令部领取枪械清单,然后持清单率队到国民党第六十二军军长黄涛的军械储备库——城口药谱军械储放处领取步枪60支,机枪2挺,还有手榴弹、子弹一大批。另外,在富国煤矿公司谭礼庭(广东新会人)处借步枪12支、短枪5支。再加上河塘地区的民用枪支及土枪、土炮等,河富抗日自卫队便拥有140多支枪炮。

河富抗日自卫队总部,最先设在川岩半山麓的看屋岩门楼里,后来为便于领导和联系工作搬到大井小学。大井小学驻守一个分队,三江口庙驻一个分队,河塘庙驻一个分队。河富抗日自卫队驻守在仁化县的南大门,是靠近日军驻地最前沿的地方,他们担负着抗击日军、保护人民群众生命财产的光荣而重大的任务。

二、神出鬼没

韶关沦陷后的第二天,即1945年1月27日,日军急忙遣兵强占了当时广东最大的煤矿——富国煤矿。日军以富国煤矿为中心,在富国煤矿周边的猪头山等处筑起了10多个炮台,还有碉堡、战壕、掩体等防御工事。这些炮台都是强拉民夫,强抢民众财资筑建成的。这样一来,日军就将从曲江县的河边厂起,至茶山、富国煤矿、奎塘洞、姚屋、黄村等地连成一线,形成"长蛇形"南北方向摆开架势,全长约30千米。日军炮台射程内有仁化境内的江下、江头山、大井、大富、河塘等自然村。同时,曲江县的乌石冲、山下、侯屋也驻有部分日军,以防驻守在石塘马斯坳后山和尚脑山顶的一个连的国军的偷袭。

日军筑起炮台后,连日发射炮弹袭击,凡是在射程范围内的地方,无不遭到日军炮弹的轰炸。从炮弹落点看,都是落在山上、稻田和村边,炮轰无目标。日军漫无目的连续炮轰十来天,其目的是显示日军威力，震慑当地村民，警告民众不要反对日军，要听从日军的训示，否则将以炮轰击。

日军占领富国煤矿后，到处掳掠都不能满足其需要。因为附近的村民早已做了准备，河塘地区的群众纷纷住进了附近的山岩石洞里，原来荒凉寂静的燕岩、川岩、山口、白石岩等处都挤满了人。这些石岩容纳不下这么多人，群众就在石山半山腰能安身的地方搭茅寮居住。各家各户将自家的粮食谷物、猪牛鸡鸭鹅和一些必要的日用器物都搬进了这些石岩。其时正值年关，寒冬腊月，大雪纷飞，山上山下白茫茫一片，村民有家不能归、有屋不能住，寒风刺骨，内心凄凉。

1945年2月6日，日军从汉奸那里获悉情报：河塘地区各村村民要下山回家准备过小年。日军立即出动大批军队荷枪实弹开往大井、大富村，准备大肆抢掠。深夜三点钟左右，汉奸领着日军将大井村包围得水泄不通，逐家逐户搜索，见人就捉拿，见物就抢走，将全村男女老少赶到村子的空坪里，威逼全部村民跪在地上，向日军叩头，并强迫村民说日军"大大的好"。然后日军与汉奸对村民训话，要他们做个好良民，不得反对日军，要帮助日军，日军"大大地爱护良民"，等等。邓约三欲逃未遂，在一所房子里也被逮住了，日军在他身上搜出一个小本子，左看右看都看不出是什么意思。日军不识中文，便察言观色盘问他，双方语言不通，日军恼羞成怒，"咿哇咿哇"朝着邓约三拳打脚踢，邓约三被打得头青面肿。此时，另外一个日寇押着人扛着塞得满满的一笼鸡走过。恰在此时，鸡笼破了，一笼子的鸡跑出来漫天飞舞。对付邓约三的那个日寇赶忙丢开小本子去抓鸡。邓约三趁机捡起小本子，赶快走进一间牛栏里，将小本子踩进牛屎堆里藏起来，邓约三赶紧跑进另一间牛栏，佯装逃跑。日寇见邓约三欲逃，便飞跑过来，一把揪住他，要他交出那个小本子。邓约三不承认小本子是自己藏起来的，日寇暴跳如雷，又拼命殴打邓约三，把他推进冰冷的水塘里，拖起来又推下去，邓约三依旧不承认把小本子藏起来了。日寇似乎也察觉到那个小本子有蹊跷，他不死心，又重新回去找小本子，始终没有找到。日寇不知，这本小本子上写着全部河富抗日自卫队成员的名字！

日寇在大井村掠夺了许多粮食及猪、牛、鸡、鸭等大批禽畜，需要许多人为他们将抢来的物资送到日军驻地——茶山。挑担的人排成长龙，前后各有一个日寇荷枪押运。日寇顾首看尾，中间的挑夫就不好关注。邓约三夹在挑夫的中间，在急转弯处，他一闪忽走出了队伍，快速窜到茅寮里藏起来，接着往山里走。等日寇发现少了一个人后，邓约三早已到达安全的地方。1945 年 2 月 14 日，大年初二，日寇又窜到河塘进行抢掠，可是全村人都躲到石岩里去了，日寇一无所获，悻悻返回大本营茶山去了。

日军占领富国煤矿已有十多天，虽然筑好炮台并发射了好几天"威胁炮"，但仍然摸不清周围群众抗日武装力量的实际情况。为摸清该地区抗日武装力量的虚实情况，有的放矢地打击抗日武装，日军于 1945 年 2 月 22 日（农历正月初十），在小坑尾高山顶的炮台上，向仁化董塘江下村驻扎的国民党军连续发射 7 枚炮弹。国民党军闻炮轰击，不敢还击，惊慌失措，闻风而逃，急忙退缩到江下村庙背高山上去了。

日军获知江下村有国民党驻军，但不知道国民党驻军的虚实。日军发炮后，见国民党驻军没作任何反击，便立即调遣一个营的兵力向江下村迅速追杀过来。江下村群众已弃家逃难，日军见状便点燃火把焚烧村民房屋。刹那间，江下村一片火海，熊熊的火焰冲天而起，浓烟滚滚，熊熊烈火吞噬了几十间民房，连江下庙也被付之一炬。日寇在完全没有遇到武装力量抗击的情况下，实行野蛮的"三光政策"——烧光、抢光、杀光。有一批来不及搬走的食物和3头牛都让日寇抢走了。日寇在江下村没捞到多少油水，愤怒不已，在回程的路上，见人抓人，见物抢物，见牛牵牛，抢走河塘卢东苟等人5头牛，抓到江下村张水苟、谢太阳等人去做挑夫抬生猪等。日军强迫年龄大、身体差的人挑重担，年轻、身体好的人挑轻担。张水苟年老体弱，日军强迫他挑重担，被活活累死在打石坑途中。

日军像豺狼一般，一进村第一目标就是抓捕、寻找"花姑娘"。农村的妇女早已退避山区。日军找不到发泄对象，就将怒火迁至挑夫身上，鞭笞折磨挑夫至残至死。

日军每到一处，即实行"奴化政策"，首先亮出"东亚共荣圈"的牌子，收揽地方流氓、地痞、恶棍等民族败类做他们的帮凶爪牙，施予他们小恩小惠，以帮日军实现其"以华治华"目的。日军招揽汉奸，让他们召集召开各地村民代表会，宣扬日本日军到中国不是侵略，而是来帮助中国人，是让中国繁荣富强起来，让民众过上安居乐业的生活，民众不要误解日军、反对日军，供给日军一切生活必需品，日军是爱护民众的好人，等等。个别日军则操着生硬的普通话说："只要中日合作，日中携手，打倒美英，共建'东亚共荣圈'，日中大大的和好。"日军要给18岁以上的当地居民发放"良民证"，持有"良民证"的人可以自由通行各地，等等。日军妄图以此"精神鸦片"来麻醉、愚弄群众，实现其精神统治目的。

1945年农历春节过后，日寇得寸进尺，闯到河塘、大井、大富等村庄，逼迫村民为日军上缴粮食、食品、食油、花生等，还要选送"花姑娘"。迫于无奈，大富村交了一头约50千克的生猪，河塘村交了10多千克的生花生，送"花姑娘"的事却坚决顶住了。

日寇没有收到河塘人送去的"花姑娘"，便断断续续、三三两两地由汉奸领路,窜进河塘地区进行骚扰。但日军每次进入河塘都被河富抗日自卫队员与群众开冷枪给轰走了。日寇只好转移目标,闯到曲江县辖的师姑冲、山下各村寻衅。日寇在曲江犁市乡由一、二、三保安队组成的便衣队的配合下,到处掳掠、抢人、杀人,将黄坪洞村一位十三四岁的小女孩抓走,行为极其残暴。

三、除奸灭害

1945年初,河富抗日自卫队与群众同心协力整肃了本地治安,他们的共同意愿是:齐心协力共同对敌,打杀汉奸,保卫家园、保卫生命财产。因此,河富地区的群众决定实行村自卫战、人自卫战,村村联合、村民与自卫队联合共同组成强大的力量,抵抗外来侵略。另外,整肃自己的队伍,哪一个村有汉奸为日寇通风报信,便共同诛杀,不管是谁都不留情。日寇依靠汉奸做耳目横行霸道,汉奸仗势日军的枪炮无恶不作。尤其是曲江县宋屋以朱友经为队长的汉奸便衣队,借口为日寇办事,在乡村横冲直闯,勒索民财、奸淫妇女、强抢民女、杀牛宰猪、抢劫财物、报仇泄私愤、谋财害命、扼杀抗日民众,死心塌地为日寇效劳,为自己捞财揽色。宋友经把富国煤矿周边的山村搞得天昏地暗,人人自危,民众受尽其欺凌与压迫。如山下村村民姚仕福的父亲姚於松、大岭头村的东牛、黄坪洞村的一名少女等,均被这些汉奸便衣队劫杀、掳走献给日寇。许多人忍气吞声,含垢忍辱,也有许多群众受不了这种暗无天日的煎熬,扶老携幼,逃到他乡另谋生计。

在村民的配合下,河富抗日自卫队除掉了曲江的汉奸亚康头(绰号),而另一个汉奸番薯古(绰号)则逃走了。河富抗日自卫队又多次想除掉罪恶累累的汉奸廖文焕、张新财,不幸河富抗日自卫队有内鬼通风报信,未能将二人除掉。廖文焕、张新财这两个汉奸,不仅像恶魔般折磨村民,还出卖军事情报,为日寇带路,先后突袭了驻守在曲江仁化交界处的风门坳与仁化石塘马斯坳的和尚脑山顶的国民党军,那些国民党军遭到几乎全军覆没的厄运。

河富抗日自卫队虽然没有除掉汉奸廖文焕、张新财,却给了汉奸们极大的心理压力。此后,汉奸们的行为有所收敛,中华人民共和国成立后,汉奸廖文焕、张新财、宋友经等,都受到了严惩。

自1945年1月日军第四十师团和第一〇四师团侵占韶关,先后从花坪向江头山、江夏村进犯,沿途开炮、开枪,杀人放火,强奸妇女,抢劫耕牛、生猪、粮食等财物。河富人民目睹日军的罪行,决心痛击敌人。他们在村内将厚重的寨门紧闭和在村外制高点及交通要道设哨布防、严阵以待的同时,派出精悍小分队,深入敌后,到花坪、茶山、犁市一带打游击战,抓特务、锄汉奸,袭击日军哨所、据点以及日军小火车,使日军人心惶惶,不可终日。河富抗日自卫队先摸清日军据点及其活动情况,再派出小分队袭击日军:在花坪拱桥头等处伏击日军小火车3次,炸毁日军小火车车头和铁路轨道,迫使日军弃车逃跑;在乌石冲偷袭日军营地,杀掉其哨卡兵后,掷进去3个手榴弹就立即撤回来;在鸭子埂上伏击日军;在马牯坳伏击日军,击毙日军2人……致使日军胆战心惊,日军对此恨之入骨,誓要荡平河富各村庄。

四、烽火连天

1945年3—6月,占领富国煤矿的日本侵略军,经常受到仁化河富抗日自卫队、曲江侯文俊等人领导的抗日武装的袭击。

河富抗日自卫队队员发现日军和汉奸一起,经常三五成群出现在山塘尾高山上,估计敌军要对河富抗日自卫队采取行动。为了使国民党军陆排长等人了解当地地形、熟悉周围情况,1945年

7月初的一个早晨，副中队长卢雨生与班长朱光政等几个自卫队员做向导，带领陆排长及其率领的几名国民党军一行10多人，全副武装前往鹅仔庙、伯公坳一带观察地形，侦察敌情。他们先走大路，后转入大富村背的黄泥塘、其坑底。走着走着，远处的高山顶上，有40多个全副武装的日军分三路匆匆向他们包抄过来，断断续续向他们10多人开枪射击。

陆排长有些害怕了，叫卢雨生赶紧找个路线逃跑。卢雨生镇定地对陆排长说："先发射3枚信号弹，告诉我们的自卫队，然后我们也分三路迎击敌人。"陆排长听从了卢雨生的建议，很快将3枚信号弹发射完了，但他仍然忐忑不安。

卢雨生是本地人，熟悉地形，学过军事。他继续调兵布阵，说："我的机枪去迎击日军主力，挡住一路，其余的分左、右两路，陆排长率自己的几个兵在左边，剩下的由朱班长率领在右边迎敌。大家不要怕，同心协力，一致对敌。不要暴露自己，尽量在暗中找敌人打，看准一个打一个，打一枪换一个地方。我们人少不要太分散，也不要太集中，先顶住，我们的自卫队很快就会来的。我们先打死他几个日本仔，他们就不敢放胆围过来了。"卢雨生几句话就稳定了人心，增强了信心，使队员鼓起了勇气。卢雨生又补充："瞄准日寇一个一个打，我们的人一到，一切都好办了。"

自卫队员和国民党军士兵各自寻找有利地形，瞄准日寇一枪一枪地打。卢雨生使用机枪，打打停停，向敌人怒吼。日寇听到机枪的响声，放慢了包围的速度，不敢贸然逼近，只是远距离地射击，慢慢收缩他们的包围圈。

河富抗日自卫队邓约三等人看到信号弹，听到枪声，马上对陆续到来的抗日自卫队员调遣布阵。他根据卢雨生出发的地点和信号弹的位置，把自卫队员分成五路，分五个方向进发包围日军。

自卫队员加上陆排长的士兵总共130多人很快进入了战场。

开始10多名自卫队员被日军40多人包围，到后来40多名日军被130多名抗日武装包围。从发射信号弹到包围，前后只花了30多分钟，抗日武装力量便由被动变为主动。

韩亚苟班长率领几个自卫队员从日军背后寻找战机时，发现前面有5名日军也在全神贯注地寻找目标。韩班长看准这绝好的战机，立即振奋精神，把握十足地分配战斗任务，说："我们四人要打他们五人，我负责两个，你们一人负责一个，各个都认准自己的目标，一齐开枪。"目标瞄准好后，他们一齐开枪射击，应声倒下4名日军，剩下1名拔腿拼命逃走了。

另外有3名日军在大弯子山上跟卢功碰、韩亚秀等人相遇，一名日军被当即击毙，其余两名日军端起机枪向自卫队员疯狂扫射。自卫队员不与他们硬碰，机智地躲开了敌人的锋芒，那具尸体被日军抢走了。战斗只进行了10多分钟，便将日军的包围圈完全打破。

河富抗日自卫队稳打稳扎，步步逼进，越战越勇。日军惊慌失措，步步退却，东躲西藏，无路逃脱。这股日寇在芒秆窝慢慢地被逼到其坑底一个小山坑底部，成了瓮中之鳖。

其坑底是一个天然的"大胡同"，其尽头是悬崖峭壁。坑底有涓涓流水，弯弯曲曲，缓缓地往外流淌。日军已进入一个死胡同，进退不得，急得像热锅上的蚂蚁，乱作一团。自卫队员们不约而同地向其坑底的敌人开枪射击，机枪、步枪、手榴弹，一齐向日军投掷、扫射。霎时，炮火连天，硝烟弥漫，血肉横飞。日寇处处挨打，毫无招架之力。

与日军的战斗，从早上8时打响，几个小时之后，子弹消耗将要告罄。中队长邓约三急忙返回莫营长处，请他换一批好枪与弹药一起运输到前线。接到邓约三的请求，莫营长立即派一个排为前线运送枪支弹药,并成为战时的前线运输队长,专门指挥这次战斗所需枪弹运输供应。

下午4时,战斗基本结束,全歼日军40多人,自卫队无一人伤亡。战场打扫完毕后,指战员们刚想收兵进食,不料又来了几十名增援的日军。增援日军从伯公坳走来,他们既看不见人,又听不到枪声,不知到何地去增援,从老远就开枪射击,一是想与自己人取得联系,二来是想诱发河富抗日自卫队开枪还击,企图找到打击目标。

副中队长卢雨生根据自卫队员战斗一天,没有进食、体能消耗许多的情况,立即调兵布阵,张开"口袋",让日军闯进"袋"里来,围而歼之。自卫队员重返战场,各就各位,等待命令围歼敌人。

此时已是下午5点多,在村子里的群众听说日寇不甘失败,又派兵欲卷土重来,便自发地给自卫队员送茶、送饭,就连只有13岁的邓堂燊、邓堂奕、邓堂溪等许多小男孩都加入到送饭的后援队伍当中。邓堂溪挑着两个小木桶的粥在路上走着,不料被日军的流弹打穿小木桶,险些要了他的命。

日军找不到目标,又不敢贸然靠近。天黑了,日军不断地发射照明弹,把漆黑的天空照得通亮,稀稀拉拉地发出枪声,打打停停、停停打打,一直折腾到晚上10点多。突然,日军援军背后,响起了密集的枪声,震撼夜空。日军不知底细,不敢恋战,只好应付着草草收兵返回茶山驻地。

原来,河富抗日自卫队与邻县曲江抗日自卫队素有联系,相互支持。此次战斗的消息传到犁市石脚下抗日自卫队那里,沈贵清率领石脚下抗日自卫队主动赶来增援河富抗日自卫队。尽管日军已经走了,但河富抗日自卫队恐敌人打回马枪,一直坚守到第二天黎明,查明敌军全部撤退,才收兵回家休息。

其坑底战斗大捷，击毙日军40多人、俘虏2人，缴获机枪3挺、步枪20多支和其他武器弹药一批。此次战斗，不但全歼日军，而且河富抗日自卫队没有损伤一兵一卒，在仁化县乃至全国抗日战争史上写下了光辉的一页。

第四章
解放大业

第一节 光荣凌溪

一、中央决策

1945年6月16日,中共中央下发《关于华南战略方针和广东区党委工作的指示》:"华南战略根据地不可能以目前之东江地区为中心,依今日敌情及将来变化,均应以湘、粤、赣边区为中心,并可东联闽、粤、赣,西联湘、粤、桂。中央即将电令现在湘、鄂、赣边区之王震部队,沿粤汉铁路,经衡阳、宝庆间,直向湘、粤、赣、桂边区发展……以至配合你们创造南方局面,成立制止内战之一翼。"1945年7月15日,中共中央军事委员会(简称"中共中央军委")下发《关于创造湘粤赣桂边根据地给广东区党委的指示》:"军委估计了整个抗战发展形势,对于华南局势,认为要经过一段长期复杂而艰苦的斗争过程才能获得胜利……华南问题的关键,在于你们能否在一年内建立起真正的有群众基础的粤北、湘南、赣南山区根据地,以准备在一年之后,英、美、蒋军占领广州及平原地区之后,我军有山地依靠,将华南斗争坚持下去,使你们日益发展着的主力军,获得回旋机动的群众条件、地理条件,以为将来之依靠。如果这一任务不能完成,那你们在一年之后就将遇到失败。我们曾电告你们,今后发展的主要方向是粤北、赣南、湘南的五岭地区,建立湘粤赣桂边(以五岭为中心)根据地,迎接八路军南下部队,合力创造华南新阵地，配合华北、华中我军，进行对日反攻作战，并于日寇消灭后，能够对付国民党必然发动的内战。"①

中共中央、中央军委的指示说明，当时中共中央的战略思想是确定华南战略根据地"应以湘、粤、赣边区为中心"。建立这个根据地的目的可"东联闽、粤、赣，西联湘、粤、桂"华南五省，还可准备在一年之后，如果"英、美、蒋军占领广州及平原地区之后，我军有山地依靠，将华南斗争坚持下去，使你们日益发展着的主力军，获得回旋机动的群众条件、地理条件，以为将来之依靠"，而最重要的是"进行对日反攻作战，并于日寇消灭后，能够对付国民党必然发动的内战"。

1945年7月，根据中共中央和中央军委指示，中共广东区党委决定：由广东人民抗日游击队珠江纵队（简称"珠江纵队"）司令员林锵云、广东人民抗日游击队东江纵队（简称"东江纵队"）副司令员王作尧及政治部主任杨康华组成粤北党政军委员会，统一指挥和领导粤北党组织、武装部队。同年8月，林锵云、王作尧、杨康华奉命率东江纵队、珠江纵队1700多人，从博罗出发挺进粤北，与始兴、南雄武装部队会合。同年8月8日，广东区委第一次代表大会决议决定："成立与健全各地委领导机构，其中北江地委（包括英德、佛冈、翁源、曲江、乐昌、始兴、仁化、南雄、乳源）7人，分别是黄松坚、邬强、邓楚白、邬侠青、刘新潮（即刘建华）、叶文华、1人未定。书记黄松坚、军事邬强，迅速北进，创立战略根据地。"

1946年6月，根据国共两党《关于停止国内军事冲突的协定》（简称《停战协定》），东江纵纵、珠江纵队奉命北撤山东。

---

① 中央档案馆编：《中共中央文件选集第十五册》（1945年），中共中央党校出版社1991年版，第181页。

为防止国民党打内战，留下东江纵队第五大队、风度大队第十二中队共 200 余人，由黄业、刘建华、陈中夫组成粤北临时工作委员会，黄业任书记，刘建华、陈中夫为委员。粤北临时工作委员会决定在南雄帽子峰、大庾岭、始兴、汝城、仁化的凌溪一带隐蔽。6 月，国民党撕毁《停战协定》，发动全面内战，隐蔽部队恢复公开活动，发动群众同国民党反动派斗争。

1946 年 12 月下旬，刘建华去香港向中共香港分局汇报东江纵队、两广纵队政治部主任杨康华的指示《关于五岭地区半年工作的检讨与今后意见》："以湘粤赣边为中心组织地区委员会性质的机构，由黄业、刘建华、陈中夫 3 人负责，指定以黄为书记兼军事工作，刘为组织兼民运工作，陈为宣传兼政治工作。"

根据中共中央、中央军委的指示，1947 年 3 月，中共五岭地区委员会在仁化长江凌溪云影庵成立，张华任书记，黄业、刘建华任副书记，陈中夫、金阳为委员。同时成立粤赣湘边区人民解放总队（简称"边总"），张华兼任总队政治委员，黄业任总队长，刘建华任副总队长，陈中夫任总队政治部主任，下辖四个支队和一个独立大队（团级编制及两个地方大队），崇（义）仁（化）汝（城）人民反征救命团编为第一支队。中共五岭地委总队部及叶昌率领的第一支队设在凌溪，总队共有 330 人，枪 221 支。中共五岭地委辖粤北南雄、始兴、曲江、仁化、乐昌、乳源，赣南大余、崇义、南康、上犹、全南、龙南、信丰、赣县、万安、泰和，湘南桂东、汝城、资兴、酃县、郴州、宜章、临武、永兴、桂阳、安仁、耒阳、衡阳，共 28 个县。

中共五岭地委和边总成立后，明确了"坐南朝北、多支多点、星罗棋布"建立和发展游击根据地的方针。中共五岭地委机关和叶昌率领的第一支队以凌溪为中心，活动在仁化、汝城、大余、崇义边界地区。

从此，位于五岭腹地、粤赣湘边界的仁化凌溪成为五岭地区武装斗争的领导中心。

二、凌溪曙光

1945年8月，中共广东区委决定，组成粤北指挥部和党政军委员会，林锵云、王作尧、杨康华率领东江纵队、珠江纵队各部分部队挺进粤北，开辟五岭根据地。1946年1月，国共和谈，签订了停战协定，停止内战，一致对外。6月，粤北指挥部奉命率一部分部队北撤山东烟台解放区，留下一部分武装骨干200多人到粤、赣、湘边深山密林中坚持革命斗争，分四个点绝对隐蔽，主要任务是保存武装、保存骨干、保护群众利益。其中，叶昌率领33人，代号"雄师队"，以江西崇义县浪石村为基点，在崇义、仁化、汝城边界一带隐蔽，同时派出陈文光、陈瑞明、邹裕光率领的民运队进入仁化凌溪曾洞、湖洋洞、流洞、黄金、油洞、驼背岭、九龙岩一带秘密活动。根据斗争形势的需要，为加强党对"雄师队"的领导，决定成立中共"雄师队"支部委员会，下设三个党小组，叶昌任党支部书记，张保英、张定、卢志光为党支部委员。

1946年4月，东江纵队200余人在支队长刘培、政委黄业的率领下，占领了国民党原来占领的仁化长江。部队在长江停留了几天，筹备了一部分款项和物资，解决了部队暂时供给，然后部队撤出了长江。

5月5日，东江纵队刘培部再次进入长江，占领了长江乡公所和警察所。长江民团武装想抵抗东江纵队，刚一交火就被东江纵队打了个落花流水，长江民团武装只有退到竹田。

1946年6月26日，国民党在美帝国主义的支持下，背信弃义，撕毁《停战协定》、双十协定、政协协议，大举进攻解放区，全国内战爆发，中国革命由此进入解放战争时期。

1946年11月，中共广东区委作出"恢复武装斗争"的决定。为有利于领导五岭地区武装部队和人民开展革命斗争，1947年3月，中共五岭地区委员会在仁化县长江镇凌溪村云影庵成立①，书记张华，副书记黄业、刘建华，委员金阳、陈中夫。在中共五岭地委成立大会上，叶昌、戴耀、陈子扬、吴伯仲列席了会议。张华传达了中共香港分局的重要指示，明确了五岭地区游击战的方针、步骤和"坐南朝北、多支多点、星罗棋布"地建立和发展游击根据地的要求；决定亮出旗帜，广泛发动群众，继续开展"反三征"②斗争和减租减息、破仓分粮的群众运动；决定成立粤赣湘边区人民解放总队，黄业任总队长，张华任总队政治委员，刘建华任副总队长，陈中夫任总队政治部主任。下设四个支队和一个独立大队（团级编制）及两个地方大队。第一支队：支队长叶昌，政委黄业，以凌溪为根据地，向南雄、大余、崇义、仁化边境发展。第三支队：支队长吴伯仲，政委云昌遇，政治处主任陆一清，以始兴县北山为基地开展游击战。第五支队：支队长邓文礼，政委黄友涯，政治处主任谭颂华，以始兴县南山为基地开展游击战。第六支队：支队长戴耀，政委刘建华，以南雄县油山为基地，向大余、信丰边境发展。独立大队：大队长邱才，政委陈子扬，以雄余公路沿线为活动基地。南雄大队：大队长徐道昌，以雄余公路线南雄段以西地区为活动基地。南雄神勇大队：大队长郭显亲，以南雄东部地区为活动基地。凌溪湖洋洞为中共五岭地委和边总机关驻地，隶属中共香港分局领导。从此，五岭地区

---

① 黄业：《解放战争时期五岭地区武装斗争情况》，1986年7月23日。

② 反三征：反抗征兵、征粮、征税。

的革命斗争进入了一个新时期。

三、长江雄狮

1946年12月的一个晚上，隐蔽在江西与广东交界大山里的叶昌部队（又称"雄狮队"）60余名游击战士，在叶昌（化名刘冠英）的率领下，举着崇仁汝人民反征救命团的旗帜，从仁化长江的凌溪禾镰洞出发，到长江里周后兵分两路攻打长江圩。

第一路由刘裕安带领，负责攻打乡公所。"雄狮队"不费吹灰之力就占领了乡公所，活捉了乡长和联防队长。乡长是躲在桌子底下被游击队员发现的，他顾头不顾腿，头钻到桌子下，而两条腿却留在桌子外面，被游击队员一脚踹了出来。

由副中队长张保英率领的另一路队伍进攻警察所，被警察发现，双方发起了激烈的枪战，由于张保英率领队员们拼死接近了警察所，占领了警察所的一楼。警察纷纷退到二楼。战士们向二楼发起攻击，但因地形不利，最终未能攻下警察所，战斗进行到黎明才撤出。

此次进攻长江圩的战斗，活捉乡长、联防队长以及联防队员、警察20余人，缴获长枪、短枪20多支。但游击队付出的代价也很大，副中队长张保英、班长张建华、通讯员黄禹平等在这次战斗中壮烈牺牲。

1947年夏收期间，中共五岭地委作出实行减租减息的决定，发动五岭根据地和游击区群众开展减租减息运动。南雄、仁化、大余各部队派出工作组、民运队到各区乡，向群众宣传"二五"减租、减息的政策。广大群众热烈拥护这一政策，大多数地主、富农也自动给农民减租减息。对少数反抗破坏减租减息的恶霸地主，就发动群众进行斗争。在减租减息运动中，注意引导群众组织起来，建立农会，组织民兵，为争取自身的权益而斗争。1947

年秋，中共五岭地委从电台收听到新华社播发华北、华中解放区实行土地改革（简称"土改"）的经验报道后，立即组织党员干部学习土改的经验。通过学习认为土改比"反三征"、减租减息更适应群众利益的要求，更有利于进一步发动群众，更好地建设根据地。为加强对南雄、仁化、大余边境地区的土改及政权建设等群众运动工作的领导，1947年8月，成立中共雄仁余工作委员会（简称"中共雄仁余工委"），金阳任书记，郑彦文、陈瑞明为委员。

中共雄仁余工委成立后，首先举办了训练班，培训了土改工作骨干，然后派出土改工作队到各区乡开展土改工作。中共雄仁余工委委员陈瑞明率领土改工作队来到凌溪，在土改工作队的指导下，凌溪农民群众很快行动起来，首先在刘家祠成立了凌溪乡农民协会，刘新权任会长。凌溪乡农会成立后，组织农民群众逐步由打击土豪劣绅、退租退押、减租减息，到进而实行土改分田分地，使耕者有其田。农民群众的革命气氛非常高涨，呈现出解放区的新景象。

1947年，长江凌溪是中共五岭地委领导机关所在地。为达到扑灭革命烈火的目的，国民党反动派把凌溪定为主攻目标，不惜对"围剿"凌溪投下大量兵力。1947年5月间，驻韶关的国民党正规军第六十师抽调了一个团的兵力，由仁化县城经长江，对中共五岭地委领导机关所在地——凌溪高坪村进行了"大扫荡"。边总领导决定由叶昌领导的第一支队负责阻击敌人，掩护边总机关安全转移。等敌人到达凌溪时，边总机关和群众已经安全撤出。

敌人不敢贸然进入凌溪，先派遣几队士兵到四处山头搜索，安排好军事岗哨，控制各个路口和山头，直到黄昏才进入凌溪宿营。当夜，游击队派出一小股部队摸索来到凌溪，先打掉敌人的岗哨，随后又到敌人驻所去开枪袭击敌人，搞得敌人一个晚上不

第四章 解放大业

得安宁。

第二天，担惊受怕一个晚上的敌人在凌溪大肆烧杀抢掠。在禾镰洞、曾洞、凌溪放火烧掉了几十间老百姓的房屋，又抢劫了群众家里的许多财物，杀了老百姓家中好几头牛和猪，便撤回了仁化。

几次战斗下来，边总的力量不断扩大，边总队伍发展到近4000人。在中共五岭地委领导下的粤、赣、湘人民武装斗争得到了全面的发展，广大人民群众积极投身到解放战争的洪流中。

1948年3月，时任国民党广东省主席的宋子文将在苏北战场上遭到惨败而撤到孝感进行休整的"隆昌"部队（国民党第六十九军）调到韶关。筹划对中共五岭地委再一次展开全面的"围剿"。敌人对五岭还采取"占据平原，围困山区"的战术，并发下狠话："此次就是消灭不了游击队，也要把游击队困死在山上！"其时，边总领导机关在南雄横水一带，所以敌人将主力放在"围剿"南雄横水的边总领导机关上，派往仁化长江的敌军是一个主力营的兵力。敌人进驻长江后，长江的反共势力又开始蠢蠢欲动起来。他们向在长江活动的游击队发起频繁的进攻和"扫荡"，对所有重要的路口进行封锁。

长江的游击队面对如此情况，机警地转到山中隐蔽了起来，不与敌人正面交锋，以保存实力。敌人在长江折腾了4个月，没有一点收获。于是，"隆昌"部队的一个主力营只能撤回韶关。

就在这段时间，叶昌率领第一支队主力从南雄横水转移到三省交界的江西崇义洛洞。叶昌一到洛洞，就得知"隆昌"部队的主力营撤出长江一事。他灵机一动，与政委张华商量，决定利用这个有利时机进攻长江，配合南雄军民反"扫荡"。于是，叶昌马上派出劳火、廖鹏带领一队战士先到长江的陈奢、欧奢、坭湖、塘洞一带侦察；又派陈少华带领赖苟、方生等20多人在冷饭坑、犁壁岭设立收税站收税；还派卢志光、陈春等人到凌溪、曾洞一带发动群众，并负责与长江圩的内线联系。

当时，长江的地方反动武装力量主要是反动头子周文山的力量。这是由国民党兵及长江地痞、流氓组成的一支队伍，有100多人，名曰"自卫中队"，有3挺轻机枪和卡宾枪；另外纸行商会也有一支护路队，有50多人，也配有1挺轻机枪；再有就是警察武装30多人。这些反动武装在长江圩内修筑了坚固的工事，从外面进入圩内的群众都要进行检查。

游击队经过认真侦察后，对敌情进行了分析。叶昌觉得以第一支队的兵力要想全部消灭长江的敌人是有困难的，于是，便决定先消灭"自卫中队"和乡公所的武装。

1948年7月的一个黄昏，第一支队从凌溪高坪出发，经过几个小时的急行军，于晚上9时左右到达长江圩的外围。部队稍微做了停留，检查武器行装，做好战斗准备。然后刘裕安率领陈春、邹裕光、张发等小队悄悄地摸入长江圩。他们走的是小门，敌人只在这里布置了两个哨兵站岗。哨兵还没来得及问来者是何人，就被游击队干掉了。随之，刘裕安率领队伍朝乡公所"自卫中队"的据点冲去。乡公所所在地街道窄小，地形复杂，一个战士一不小心碰到了街道旁的一堆柴火，一块劈柴掉下来发出了声音。敌人大喊一声："是谁？"并马上朝街巷开枪，游击队英勇还击。

经过2个小时的激战，刘裕安等人冲进了敌人的据点，敌人死的死，逃的逃，剩下的乖乖当了俘虏。由卢志光和劳火各带一个分队进攻警察所和纸行护路队的战斗进行得也较为顺利，游击队的枪声一响，龟缩在据点里的敌人就闻风而逃，游击队毫不费力就占领了敌人纸行护路队的据点。

这次攻打长江，俘敌10多名，缴获长短枪10多支，物资一大批。游击队于天亮前撤出长江，顺利返回凌溪高坪。

第四章 解放大业

第一支队攻打长江后，对敌人的震动很大。"自卫中队"内部军心动摇，人心惶惶。此时，"自卫中队"也起了一些变化。"自卫中队"除了一小部分兵痞和流氓作为骨干外，队员基本上是当地的农民，当他们在"自卫中队"见到那些兵痞、流氓对老百姓的种种迫害后，心里更是对国民党反动派的所作所为大为不满。其中，有的人对共产党游击队产生了好感，从而起义投诚，加入到革命队伍中来。邓氏兄弟就是一个较为典型的例子。

邓氏兄弟分别叫邓绍田、邓绍仁，是"自卫中队"的正副班长。他们两人是堂兄弟，生于长江镇木溪头蓝头坑村。二人家中都是老实农民。其时，长江的周文山势力很大，长江方圆百里老百姓只要听到周文山的名字就害怕，连大人哄小孩子也会说："你再不听话，周文山就来了！"小孩子听到这样说就会马上停止啼哭。

邓绍田、邓绍仁是被周文山拉壮丁拉到"自卫中队"的。进"自卫中队"没多久，周文山便安排邓绍田当班长、邓绍仁当副班长。当叶昌的第一支队到长江打倒反动武装、将缴获的粮食和物资分给贫苦农民后，长江的老百姓知道这才是一支真正为老百姓着想的队伍。所以，只要叶昌的部队一到，群众就会夹道欢迎。当叶昌率领游击队第二次攻打长江后，邓绍田又一次目睹了游击队的风采，他要投奔共产党游击队的信心更是坚定了。于是，邓绍田便偷偷地串连了邓绍仁、刘长春、谭华强、何仔、刘华等7人，暗中商议投奔共产党游击队的事。1948年7月初的一个晚上，邓绍田利用带班放哨的机会，与其他6人一起，携带2挺机枪、6支步枪、几百发子弹逃出了"自卫中队"，趁着夜色朝陈欧方向跑去。7个人跑到了槽洞村，邓绍田叫其余6人找地方隐蔽起来，他一个人去陈欧打听游击队的消息。在当地农民"大舌佬"的帮助下，邓绍田翻山越岭到了陈奢，见到了武工队队长陈少华。

几天后,陈少华将邓绍田他们一行7人带到了第一支队部,叶昌很高兴。边总的领导黄业、张华也接见了邓绍田他们,称赞他们弃暗投明的义举,希望他们能够在共产党领导下,做一个优秀的游击战士。随之将邓绍田等人编入陈少华的汝仁武工队,并配给邓绍田、邓绍仁各一支手枪。从此,邓氏兄弟便随陈少华的武工队活跃在湖南汝城的东岭和仁化的长江、城口、扶溪一带。

邓氏兄弟参加游击队后,作战勇敢,各方面表现突出,很快便成了武工队的骨干力量。没多久他们加入了中国共产党。陈少华的武工队扩编为仁(化)汝(城)独立大队后,邓绍田担任中队长,邓绍仁为副中队长。从此,邓氏兄弟带领着一支短小精悍的队伍在仁、汝边界坚持游击战争和配合大军解放仁化,为仁化革命事业作出重大贡献。仁化解放后,邓绍田被选送到第二十五步兵学校学习。

国民党1947年5月在凌溪"扫荡"过后,中共五岭地委和边总又回到了凌溪。凌溪的大好气氛感染着许多热血青年和有志之士,香港、广州、韶关一批又一批的进步青年来到凌溪加入革命,凌溪更为热闹起来。后方医院、短期培训班、妇女会、农会……这些革命组织如雨后春笋一般地破土而出。"二五"减租、动员人民群众参军参战、组建民兵常备队斗争土豪劣绅、开仓分粮、分土地……一项又一项工作都搞得热火朝天,在短时间内有100多名青年报名参军。

对于凌溪革命根据地的发展和壮大,国民党反动派既担心又害怕,其中最为突出的就是反动分子邬锡金。邬锡金是国民党南雄县的参议员兼百顺区区长,这个人罪恶累累,在百顺干尽了坏事。

邬锡金有一个亲信,名叫钟怀德,他在邬锡金面前唯唯诺诺,整天点头哈腰，同时也协助邬锡金干了不少坏事。正因为邬锡金对钟怀德的重视，所以邬锡金在征得南雄县长同意后，就将钟怀德任命为百顺区白云乡兼"反共自卫队"队长。

钟怀德拿着鸡毛当令箭，他来到白云乡后，动用了一切可以动用的手段，组成一支150多人的反动武装。钟怀德带领这支武装，以"反共自卫"为名，到处残害百姓，横行乡里，百姓怨声载道。

1947年1月，叶昌率领第一支队的战士们去攻打白云乡，一举将这支危害老百姓的队伍消灭掉，并活捉了钟怀德，交人民群众审判后将其枪决。

1948年8月，"隆昌"部队到了粤北，对游击区大肆进行疯狂"扫荡"。邬锡金觉得报仇的时机到了，便四处活动，去张罗、游说。他说服了南雄县长和"隆昌"部队在韶关的官员。在他忽悠之下，"隆昌"部队一部分兵力加上南雄保安团等地方反动武装共400多人在邬锡金的带领下，从百顺出发，浩浩荡荡、气势汹汹地"围剿"凌溪。

此时，边总和第一支队已不在凌溪活动，只有一部分武工队和民兵常备队在凌溪周围活动，战斗力量不强。邬锡金怕遭到游击队的伏击，进攻凌溪时不敢走大路，而是在山上绕来绕去地爬山走小路。快到凌溪时，又派出先头部队在凌溪的周围放了几轮空枪，直到证明确实是没人之后才敢闯入凌溪，他们进入凌溪后四处搜索，最后确定没有游击队时才在凌溪住下来。同时在各个山头设了岗哨，在各个路口也派兵轮流把守，防止游击队突然进攻。

邬锡金进入凌溪后，没有发现游击队，也没有发现老百姓。他知道老百姓一定是上山躲了起来，便派部队上山去赶老百姓下山，要老百姓马上下山回各自村里去。老百姓开始不同意下山来，邬锡金就骗老百姓说只要他们下山,就会保证大家的生命财产安全。老百姓在邬锡金的威胁、欺骗下,从山上回到凌溪。当老百姓一回到凌溪后,邬锡金却翻脸不认账,他命令反动武装将老百姓赶到村口的晒谷坪上,开始对老百姓进行血腥的镇压。

邬锡金首先杀害了凌溪农会会长刘新权,然后要群众交待游击队的去向。群众没有一个说出游击队的去向,后来在前保长周才富的出卖下,邬锡金得知刘冠英(叶昌化名)的小女儿叶小雅在高坪村村民杨道德家收养。邬锡金残忍地要杨道德夫妇活埋了小女孩,杨道德夫妇宁死不从,最后邬锡金叫他的走狗把小女孩活埋了,在场群众看到这些情景无不流下了悲伤的眼泪。

邬锡金又命令队伍再次上山去搜捕游击队,但是在凌溪未发现游击队的一点蛛丝马迹。他只能大发淫威,在凌溪大肆烧杀抢劫,奸淫妇女。在高坪村,邬锡金下令烧毁房子30多间,抢走老百姓赖以生存的耕牛40多头和一批物资。他还将禾镰洞、曾洞的群众集中起来赶到高坪居住,不准群众回去原来的村庄。使得原来村里的农田荒芜,老百姓失去生计,日子苦不堪言。第一支队回到凌溪之后才知道邬锡金的上述罪行,战士们无不义愤填膺,纷纷要求去将邬锡金抓回来为小雅报仇,为凌溪的人民群众报仇。南雄解放时,邬锡金自知民愤极大,于是早早逃往香港。

解放战争的形势不断好转,到1949年初,全国解放战争已进入新的历史阶段。其时,人民解放军已取得了辽沈、淮海、平津三大战役的伟大胜利。南下大军已准备渡长江。1949年2月,边总奉中共香港分局指示改编为中国人民解放军粤赣湘边纵队北江第二支队(简称"北二支"),原下属各支队也改编为团的编制。

北二支成立后不久,就集结在南雄油山附近,配合第六团在上杨梅打了一次伏击战。这次战斗击溃了江西大余保安团一个营,歼敌一个连。3月，部队又转到了仁化长江一带，开始对长江圩发动进攻。这次攻打长江是以叶昌的主力团为主，部队从泥湖出发，兵分三路攻打长江。在此之前，陈少华率领的武工队也经常在长江一带活动。武工队有不少内线安排在长江圩内，这些内线利用在国民党政权做事的职务之便，经常准确地为游击队送来情报。

陈少华派武工队的中队长邓绍田配合叶昌部队攻打长江。邓绍田利用熟悉情况的优势，动员了长江乡公所的邓汉源和警察所的刘信然、黄日秀等人配合游击队攻打长江。这三个人都是长江木溪人，与邓绍田是一个村子的，邓绍田的起义对他们震动很大，他们也想找机会为共产党游击队做点事。这次邓绍田一找到他们，他们就欣然应允。

叶昌这次攻打长江组织了400多人的队伍，分三路从三个不同方向对长江进行攻击。当游击队一接近长江圩，早已有准备的敌人躲在南门朝游击队开枪，火力相当猛，但游击队的三路人马抢占了有利地形，战士们也猛烈地开火，打得敌人抬不起头来。这时与邓绍田早已联系好的邓汉源等人打开了南门，游击队一拥而入。邓汉源等人见游击队进入了圩镇，就在前面带路。圩镇内开展了激烈的枪战，此次战斗一直坚持到翌日拂晓才结束。这次战斗，除一部分敌人逃走外，伪乡长曾仁厚等10余名敌人被击毙，但游击队员黄历权、李忠明也在这次战斗中壮烈牺牲。

游击队第三次攻打长江后，叶昌主力团撤退到离长江圩三四十里的塘洞坭湖一带，时刻准备寻找战机，打击敌人。游击队在仁化一带经过数年的对敌斗争后，国民党队伍的一些军官也对游击队有了好感，有的甚至生起了要弃暗投明的想法。驻仁化的"隆昌"部队有一位叫汤纯的连长，他就下定决心要投奔共产党游击队。所以，汤纯早就在暗中做准备，联系好了他手下一些信得过的兄弟，只要一有机会，就马上将队伍接出来。

一天，汤纯利用部队休整的时机，偷偷带上27名官兵，携带2门炮，2挺轻机枪，3支冲锋枪和10多支步枪从军营跑了出来，投奔游击队。叶昌对汤纯的投诚很是重视，欢迎汤纯等28名官兵的仪式也搞得很隆重。叶昌主力团对这支投诚起义队伍进行了整编。汤纯调叶昌主力团部任参谋，其余27名起义官兵组建了一个直属炮兵排，归团部直接指挥。起义的廖排长任排长，团部派曾光去任副排长，加强了炮排的领导工作。

1949年5月，中共五岭地委按照中国人民解放军粤赣湘边纵队指示，组建赣南支队和湘南支队，同属中共五岭地委领导。与此同时，北二支司令员黄业、政治部主任陈中夫上调中国人民解放军粤赣湘边纵队，北二支领导人员也有所调整。

1949年6月，北二支武工队决定由陈少华带队第四次攻打长江。中队长邓绍田带领30多人先回长江一带活动，为第四次攻打长江做准备。邓绍田回到长江后，首先与原来安排在长江的内线取得了联系，掌握了长江敌人驻军的情况，于一个晚上突然袭击了敌人的长江乡自卫队。武工队的登城楼梯刚一挨近城墙，就被敌人发现，子弹不断扫射过来，邓绍田下令撤回，采取正面佯攻，掩护队伍从后侧爬梯子的策略，顺利占领敌营房顶端，居高临下地向下投手榴弹。这一仗打得相当顺利。自卫队副队长和几名士兵当场被炸死，还炸坏了一挺轻机枪，缴获了13支步枪和数百发子弹，游击队无一伤亡。

粤赣湘边区游击战争时期，中共五岭地委曾多次召开各部队负责人会议，制定了"发动群众，扩大队伍，展开游击战争，在恢复粤北支队活动地区的基础上，继续发展扩大游击区和根据地"的方针。在正确方针指引下，各部队不断袭击敌人的据点，并取得了一个又一个胜利，大大鼓舞了人民群众。在那艰苦的斗争环境下,部队各种活动都离不开广大人民群众给予的大力支持和帮助。人民群众的支持和帮助为部队夺取胜利起到了非常重要的保障作用。

此前,叶昌率部队隐蔽在江西边界的浪石村,他们除了做好浪石村村民的工作之外,还到广东仁化长江的圳湖、塘洞等村发动群众,争取群众对游击队的支持。在圳湖,有一位名叫刘墨三(刘文树)的老绅士,他家在圳湖是望族,本人在这一带也有些名望。而且刘老先生很有民族气节,很爱国,对蒋介石发动内战很看不惯,对共产党怀有同情之心。所以,他对叶昌的游击队很是友好。叶昌部队在隐蔽期间,刘老先生对游击队给予了很大的帮助,特别是在粮食方面给予了很大的支持。多年以后,叶昌还总说刘老先生深明大义。

叶昌部队在隐蔽期间,长江的人民群众冒着极大的危险,秘密地为游击队送物资,提供情报,给了游击队极大的帮助。国民党反动武装也曾怀疑山上有共产党的游击队,但是没有确切的证据,也不知道共产党游击队到底隐藏在山里的什么地方,他们只能够派出队伍白天上山去搜查,但是一无所获。

敌人在长江圩镇盘查老百姓,由伪保长带着士兵挨家挨户去盘查,给老百姓施加压力,说:如果不讲出共产党游击队藏在什么地方,就要烧他们家的房屋;如果送了粮食和物资给游击队,就要杀他们全家。相反,只要提供共产党游击队的线索,就会给他们重赏。在这种情况下,长江的老百姓没有一个人出卖共产党游击队。他们冒着被抄家,甚至被杀头的风险,秘密地帮助游击队。

在这种极端艰苦的情况下,叶昌部队在山上安全地隐蔽了两个多月。直到从边总电台里收听到东江纵队部队北撤安全到达烟台的消息之后,黄业才主持召开了隐蔽部队主要领导干部会议,研究斗争的方针、政策和任务。

当时，国民党正在"扩大内战，实行征兵、征粮和征税"，当地老百姓在国民党残酷的"三征"反动政策下，苦不堪言。隐蔽部队决定针对国民党这一反动的"三征"政策开展"反三征"运动，公开与国民党反动派进行斗争。于是，叶昌隐蔽部队打出了崇仁汝人民反征救命团的大旗，公开在粤赣湘边开始活动。叶昌化名刘雄虎，后改为刘冠英带领大部队在仁化长江以及江西大余的内良、河洞，南雄的白云，湖南汝城的东岭等一带活动。

群众与民运干部心连心。1947年2月，叶昌率领崇仁汝人民反征救命团攻打白云圩国民党据点时，民运干部陈瑞明和邱素贞等人，发动民兵常备队，分别通知凌溪、高坪、曾洞、长炉、长岭、黄金寮、朱安堂等村的民兵常备队到凌溪集合，集合60多名民兵常备队员，组成担架队、运输队，跟随部队开赴前线。部队在前方作战，民运干部带领民兵为部队送水、送茶、送饭。部队进驻白云圩时，民兵和群众一起参加祝捷大会，然后开仓分粮，一个个肩挑背扛，凯旋回家。

温和英是凌溪曾洞村人，30多岁，因为她年纪比较大，部队官兵都亲切叫她"大姐"。她在长江圩做一些小买卖，经常来往于凌溪、曾洞、湖洋洞等村庄。曾洞的共产党员温日香是温和英的弟弟。温和英在弟弟的教育和影响下，对革命有较深刻的认识。在部队隐蔽时期，刘裕安武工队在曾洞所需日常生活用品如手电筒、电池、肥皂、火柴、毛巾之类，主要靠她在长江圩购买。部队公开活动后，叶昌带领部队从别的隐蔽地转移到凌溪、湖洋洞、曾洞，与温大姐接触更多。温大姐带着一个养女叫邓顺玉，10多岁，在长江圩采购的各种生活用品，许多时候由她的养女邓顺玉送给部队。

1947年4月，中共五岭地委在凌溪开完会后的一天，温和英从长江圩跑到凌溪向部队提供了一个重要情报，说国民党仁化县政府明天有一个排的武装要护送两担钞票及一批物资到长江。部队领导得知此情报非常高兴，立即在凌溪找来两位老乡做向导，由叶昌带着队伍从高坪出发，沿着山间小道急速前进，在拂晓前赶到扶溪斜周的深圳进行伏击。当敌人进入伏击圈后，叶昌部立即发起攻击，不到20分钟就解决了战斗。这次伏击战共缴获敌人短枪20多支、钞票两担及一批物资，俘虏经教育后释放。这次伏击战的胜利，不仅鼓舞了战士们的士气和扩大了政治影响，更重要的是给当时部队解决经济困难起了很大的作用。

就在部队伏击战不久后5月的一天，温和英又送来了一个情报，说仁化县城来了许多国民党军队，准备向凌溪进攻，扬言要消灭在凌溪的共产党部队。由于事前得到温和英提供的消息，部队做好了充分的准备。敌人的这次进攻，非但没能消灭凌溪的共产党部队，反而遭到共产党部队的有效反击，死伤20多人。敌人到凌溪后烧了房子、抢了东西，就匆匆跑回韶关了。如果没有温大姐事先提供的情报，凌溪的部队和群众将会受到很大的损失。

温和英对长江圩敌人的防备设施了如指掌。当时，敌人为了防备叶昌部队攻打长江，加强了圩内各街道进出口、圩门及驻地的防卫，有的街道进出口加了栅栏和闸门，白天严加查问行人，夜晚紧闭大门，敌驻地还加固了防御工事等设施。温大姐将敌人的防务情况及时地告诉部队，使部队在进攻长江布置战斗任务时有充分的准备。

刘老成土匪队伍被收编为仁汝反征义勇大队，也是通过温和英传递的情报，才得以成功改编的。

刘老成，生于1920年，原名刘芳瑞，长江河田功富村人，家里几代是农民，到了他父亲这辈更因重重压迫和剥削而几乎成了赤贫。民国32年（1943），刘老成忍受不了当地恶霸周文山的迫害，便偷了一支枪投身绿林。

民国32年10月，刘老成得知国民党仁化县党部书记长王毅生从长江乘船返回仁化，便事先埋伏在扶溪牛栏墩的河边。王毅生的船一到，他率领弟兄们一阵乱枪将作恶多端的王毅生击毙，并打伤了好几个王毅生的随从。

国民党仁化当局曾几次派兵对刘老成进行清剿，都没有成功。民国36年（1947）春，刘老成又率领他的绿林好汉们攻入城口乡公所，缴枪5支，抢掠纸商数家，总计法币①1.5亿元。

叶昌率领崇仁汝人民反征救命团攻打长江乡公所的行动，对刘老成影响非常大，他开始认识到只有共产党的队伍才是老百姓的队伍，才真正是替穷人打天下的队伍。刘老成由此萌生了投靠共产党游击队的想法。他认为，自己这支队伍太小了，只有投靠共产党才能更好地生存和发展。于是，刘老成派人四处打听和寻找游击队，并通过地下交通员温和英找到了在凌溪的叶昌部队，提出要求加入游击队之事。

叶昌对刘老成表示欢迎，他亲自到刘老成的驻地汝城东岭三江口去考察刘老成的队伍。经过考察及与刘老成认真交流之后，叶昌认为刘老成率部队改邪归正的态度较为诚恳，而他这支队伍也很少干扰民的事，于是同意接收刘老成这支队伍。随后，边总授予刘老成仁（化）汝（城）义勇大队的番号，任命刘老成为大队长，归叶昌指挥的第一支队领导。边总还派李康寿到该大队任特派员，并派黄祝、黄匡等共产党员任中队长和文化教员，加强对这支队伍的团结和改造。经过短期的政治教育和军事训练之后，刘老成这支队伍的思想觉悟有所提高，在叶昌第一支队的领导下，参加仁化、汝城一带的游击活动。

---

① 法币：国民政府于1935年11月至1948年8月所发行的法定货币。

民国37年（1948），国民党反动武装对游击区开展疯狂反扑。广东仁化、湖南汝城和江西大余、崇义等县的国民党反动武装在粤湘赣边界大肆搜捕中共游击队。叶昌第一支队在国民党仁化县长林锡熊和湖南汝城县长何康民的反动武装竭力搜捕下，日子过得很艰苦。而何康民又大肆开展策反活动，对愿意离开共产党游击队的人员给以很诱惑的待遇，于是，意志不够坚强的游击队员开始动摇。

其时，仁汝义勇大队中一些意志不坚定的人开始动摇，甚至有人脱逃，摆在刘老成面前的局势相当严峻。考虑再三，刘老成向叶昌提出了将队伍暂投何康民、伺机起义的要求。

叶昌经向边总请示后，向刘老成提出三点要求：一是不积极为国民党打内战，不与游击队为敌，不损害人民的利益；二是国民党派其"追剿"游击队时只能消极应付；三是要为我方提供情报，时机成熟时要率部起义。

刘老成对叶昌代表边总提出的条件全部接受。当年10月，刘老成接受了何康民的收编，其队伍被改为汝城县反共"清剿"自卫大队，刘老成担任大队长。

刘老成接受何康民的收编之后，不断壮大自己的队伍，在短时间内发展了两个中队100多人。他一直信守叶昌代表边总提出的三点诺言，经常与游击队联系，提供情报。

1949年4月下旬，人民解放军百万雄师渡过长江，势如破竹。在这种情况下，叶昌让刘老成迅速率队起义，配合解放汝城，刘老成欣然应允。

刘老成要率队起义的举动被何康民察觉。6月，中共崇仁汝工作委员会获悉何康民派保安团一个营的兵力要解决刘老成武装的阴谋后，抢先在何康民之前把陈少华、黄枫领导的崇仁汝武工队联合组成湘南先遣大队。6月25日，湘南先遣大队从外围配合刘老成的汝城县反共"清剿"自卫大队200余名官兵起义，并一举解放汝城县城。

随后，刘老成提供了盘踞在汝城的国民党湘南"剿匪"司令胡凤璋的情况及其筑在下湾村石围碉堡楼的地形情报，为消灭胡凤璋这股顽固势力起到了重要作用。

重回革命队伍后，刘老成所率队伍被改编为北二支主力团第三营，刘老成任营长。改编后的第三营随主力团在解放江西大余、广东南雄的战斗中发挥了重大作用。

1950年春，主力团在韶关整编，刘老成调入教导队学习，其时粤北匪患严重。恰好刘老成在此时又请假回了一趟长江老家，而北江军分区在未做深入调查的情况下，就认为刘老成与匪患有关，便以通匪罪将刘老成处决，造成一桩冤假错案，刘老成时年30岁。1986年12月，刘老成被平反昭雪。

军民合力掩护和护理伤病员。在多年的游击战争中，部队常有伤病员。轻伤轻病的人员继续跟随部队转战四方，重伤重病的人员，由卫生员陪同在村子里或附近山头隐蔽疗养，这些人员都得到当地群众的亲切关怀和照顾。群众为伤病员和卫生员送茶送饭，还到处为伤病员寻找中草药，群众把采摘到的中草药或捣成药饼，细心地给伤病员敷上，或把草药挤压成汁给伤病员喝、搽，天天如此，直到伤病治愈为止。在群众的支持和帮助下，部队的伤病员个个康复如常，精神饱满地走上战斗岗位。1948年8月，敌人进攻凌溪时，战士陈石养腿部受了重伤，三天后才在战场附近的山坑里被找回来，这时他的大腿伤口已化脓生出许多蛆，在医生和群众的治疗护理下，很快恢复了健康。还有战士梁满的阴部受了重伤，那时部队无法做手术，群众就找来牛尾毛，经水煮沸消毒后，捆扎在受伤部位，使其渐渐萎缩脱落，梁满最后恢复了健康，重新与战友们一起并肩战斗。

在游击根据地，部队里的医务人员也经常为当地群众治疗疾病。1947年，凌溪群众温路养身患重病，生命垂危，部队医生麦雅贞等医务人员得知后，把部队仅存的急救药品用在了温路养身上，几经精心的治疗，温路养转危为安，恢复了健康。凌溪群众每逢提起这件事，都说游击队是亲人、是救命恩人。

第二节 新生仁化

一、部署解放仁化

1949年8月，中共中央决定组成以叶剑英为第一书记的新的中共中央华南分局，并确定由中国人民解放军第二野战军第四兵团和第四野战军第十五兵团组成独立兵团，由叶剑英、陈赓统率，进军华南，解放广东。

9月11—20日，叶剑英在江西赣州主持召开中共中央华南分局扩大会议。出席会议的有中共中央华南分局和南下作战的第二野战军第四兵团、第四野战军第十五兵团及两广纵队的负责人，粤赣湘边区党委和中国人民解放军粤赣湘边纵队负责人应邀参加了会议。会议讨论了解放广东的作战计划，党政军各级领导机构的组成和干部的配备，支前工作和接管城市的政策等问题。会上正式宣布成立新的中共中央华南分局，第一书记叶剑英、第二书记张云逸、第三书记方方（原中共中央华南分局书记）。同时成立以叶剑英为首的支前工作小组。

9月28日，叶剑英、陈赓在赣州发布了《广州外围作战命令》，命令第二野战军第四兵团首先歼灭曲江（即韶关，下同）及其外围之敌，并且要求该兵团在10月8日晚完成对曲江的包围，10月9日拂晓发起攻击。

第二野战军第四兵团分三路进军合围曲江。由于始兴县长饶纪绵起义，打乱了敌军的防御部署。第一道防线被迅速突破，第二野战军第四兵团部队前进无阻，提前在10月6日晚从西、北、东三面包围了曲江。

第二野战军第四兵团西路第十四军先头部队第四十师及侦察营于6日早晨从驻地出发，以日奔70多千米的速度急行军，其一部于当晚赶到曲江西南面的下庙背，阻止敌人西逃；其主力部队则控制了曲江西北面的犁铺头，截断曲江、乐昌两地敌军的联系。

第二野战军第四兵团北路第十三军先头部队第三十八师于5日下午5时从汝城出发，于6日下午7时攻占曲江北面50千米的仁化县城，仁化全境解放。部队经过董塘时，拨给仁汝独立大队六〇炮一门、重轻机枪3挺及子弹一批，充实了仁化的武装力量。

二、支援解放大军

南下大军尚未进入广东之前，在北二支司令部的领导和指挥下，粤北各县普遍地建立了支前机构。广泛发动和组织群众筹备粮食、修筑道路，搜集敌方情报，以保证大军顺利进军。当大军进入广东后，沿途都用松树枝扎起"热烈欢迎南下大军"的彩棚，两边贴上"做好迎接大军工作，争取广东全部解放"的对联。沿途还设有许多粮草供应站、茶水站、问事处等，随时为大军提供支援和服务。

自9月下旬至10月上旬，粤北地区所属的南雄、始兴、曲江、仁化、乐昌、乳源等6县过境的南下大军共16万人。6县共向大军提供粮食657.5万千克、柴草144.4万千克、木料2.2万根，组织民工8.5万人，动员运输军需木船430只。粤北人民为支援南下大军解放广东作出了重大贡献，谱写了历史的新篇章。

10月4日，南下大军进入仁化城口圩时，驻城口圩的中共地下联络员杨毅涛主动与解放军接头。一方面，协助解放军做好政治宣传工作，安定民心，动员商贩回来开门做生意；另一方面，组织商贩和当地群众积极筹集粮食支援解放军。因城口缺乏粮食，有史以来一直靠湖南汝城的粮食流入，所以一时在居民中很难筹集粮食。为解决燃眉之急，尽快供应部队急需的大量粮食，杨毅涛当机立断动员有食盐存仓的商贩拿出食盐，采取廉价盐换大米的方法筹集了大量粮食供给解放军。他们打开广街成记行的盐仓，存盐有几万千克，就在成记行的店堂内开秤换米，确定以盐粮对换比差较大、有厚利可图的办法来吸引汝城农民挑米来换盐。换盐回去的农民感到获利很大，便一传十、十传百，踊跃拿出家里的粮食，星夜打着火把赶来换食盐，换盐的人群一时排成长龙。协助过秤的几个店员日夜当班，地上放上几张大竹筐，把过了秤的大米就地堆放，凭条到盐仓称盐，一边换粮一边即把粮食移交给解放军，每位解放军官兵的米袋子都装满了大米。当时，过境解放军的一位首长（政委）住在水巷一居民家里，他目睹以盐换米支援部队的热闹场面，要接见杨毅涛。首长见到杨毅涛后，非常高兴，当面表扬城口商人做得对，大力支持了解放军急需的粮食，要杨毅涛回去传话：解放军感谢城口人民的支持。

三、建立人民政权

10月9日，北江临时人民行政委员会派出以陆一清（已任命为中共仁化县工作委员会书记、仁化县县长）为组长的仁化接收工作组一行共18人，从始兴县到达仁化县城进行接管工作。翌日，发布公告，号召："全县人民同心协力，为彻底完成对旧政权的全面接管及人民民主政权的建设事业而奋斗！"

在接收工作组的召集组织下，于10月11日召开主要干部会议，宣布正式成立中共仁化县工作委员会（简称"仁化县工委"），陆一清任书记，委员有梁奋、李波、李家声、陈少华等人。在会上讨论决定了城关、董塘、长（江）扶（溪）三个区的党政组织机构的组建和领导人选。决定仁化县工委、县政府机关设驻在城关镇县前街24号。

10月16日，中共仁化县工委在县城南较场召开群众大会。正式公告成立仁化县人民政府，陆一清任仁化县县长。仁化县人民政府设民政科、建设科、财粮科。民政科主管干部供给制及生活救济等，建设科主管农业、林业、水利、交通以及城乡建设等，财粮科主管财政、税收、金融、粮油供销等。同时，根据形势发展的需要，中共仁化县工委决定将原中国人民解放军粤赣湘边纵队北江第二支队仁汝独立大队改编为仁化县武装大队，由县工委书记陆一清兼任大队长，工委委员陈少华任副大队长，隶属北江军分区领导。仁化县武装大队的主要任务是：在中国人民解放军的配合下，清剿县内残存的土匪武装，保卫社会秩序和土地改革工作顺利进行。

为迅速完成对旧政权的全面接管工作，于10月下旬至11月初，中共仁化县工委、县人民政府在各界人士的酝酿和支持配合下，依次建立了董塘、城关、长扶三个区级和区级管辖的六个乡级基层政权。董塘区管辖董塘乡、夏富乡；城关区管辖附城乡、城口乡；长扶区管辖长江乡、扶溪乡。同时还派出了各区乡的区长、乡长和部分工作人员。

第五章

建设宏图

第一节 开天辟地

一、接管政权

1949年4月，人民解放军百万雄师横渡长江，23日解放南京。7月，为迎接大军南下，仁化县长江石崟（yìn）村的陈少华武工队奉命改建为仁汝独立大队，并成立中共仁汝独立大队支部，隶属中国人民解放军粤赣湘边纵队北江第二支队主力一团团党委。中共仁汝独立大队支部加强政治宣传工作，动员青年参军参战，很快充实了部队人员和武器装备，活动范围发展到仁化县扶溪圩、城口圩、董塘圩等地。广泛宣传党的政策，发动组织群众打击反动势力，筹粮储物，保卫仓库，做好准备迎接解放大军南下。

按照中共中央华南分局赣州会议的部署，第二野战军第四兵团计划从西、北、东三面包围和解放曲江县。10月5日下午5时，第二野战军第四兵团北路第十三军先头部队第三十八师从湖南汝城出发，进入仁化县城口圩后，兵分两路：一路东上解放长江圩，一路南下。次日19时，解放仁化县城。随后大军马不停蹄，南下与第二野战军第四兵团西路第十四军、东路第十五军分头向曲江逼近，10月7日凌晨解放粤北重镇韶关。

仁化刚解放时，全县耕地面积1.46万公顷，人口4万余人。

国民党统治的最后几年，分城关、董塘、长扶 3 区 6 乡 63 保 791 甲①。

10 月 9 日，北江临时人民行政委员会派出以陆一清为组长的接管工作组一行 18 人，从始兴县进驻仁化县。从 1947 年起，陆一清一直活跃在粤北游击区，历任边总第三支队及北二支第三团、第五团政治处主任，中共始兴县工作委员会、粤北区工作委员会委员。这次到仁化，陆一清被提前任命为中共仁化县工作委员会书记、仁化县县长。

接管工作组到仁化县翌日，立即发布公告，号召："全县人民同心协力，为彻底完成对旧政权的全面接管及人民民主政权的建设事业而奋斗！"紧接着，接管工作组人员面对错综复杂的形势及医治战争创伤的紧迫任务，冒着生命危险，克服种种困难，安定人心，恢复经济，为新政权的建立与巩固而努力工作。

当时，原国民党县政府早有计划，将文件、档案和一切有用的物资与工具全部疏散。接管工作组检查验收时，仅有房屋 11 座、电话机一批、粮仓 8 个，存粮仅 770 担，留下前政府、法院的陈年文件一批，卫生药物少许，原省政府留存的破酒精计一支，原省教育厅留存的钢材 6 吨，留存的缝衣车 1 台。这样一个百孔千疮、穷乡僻壤的小县，百业待兴，人心不安，干部不足，经济困难，维护稳定的政治局面和社会秩序成为首要任务。

1949 年 10 月 11 日，接管工作组召开主要干部会议，宣布成立中共仁化县工作委员会。陆一清任书记，梁奋、李波、李家声、陈少华、潘达、李淑明（女）、罗霖、关明伦 8 人任委员。会议还讨论决定了城关、董塘、长（江）扶（溪）三个区的党政组织

---

① 保甲：国民政府 1931 年恢复保甲制度，规定 10 户为甲、10 甲为保，10 保以上为乡镇，各地又有不同。

机构的组建和领导人选，决定仁化县工委、县人民政府机关设驻在城关镇县前街24号。当时，全县干部只有13人，党员19人。

为完成对旧政权的全面接管，10月下旬至11月初，仁化县工委、县人民政府在各界人士支持配合下，以北江临时人民行政委员会1949年11月6日颁布的《县区乡临时机构组织草案》为准，废除旧社会的保甲行政建制，先后建立董塘、城关、长扶3个区人民政府和区管辖的6个乡级基层政权，派出各区乡的区长、乡长和部分工作人员。其中董塘区管辖董塘乡、夏富乡，城关区管辖附城乡、城口乡，长扶区管辖长江乡、扶溪乡。12月，成立仁化县公安局，县长陆一清兼任局长。1950年3月，中共仁化县工委任命工人运动委员会主席与妇女工作委员会书记。随后，陆续建立县级及各区、乡的工会、农会、妇女联合会、共青团和民兵等群众组织。但因党员、干部太少，3个区每区无法各配备3名有经验的党员干部。1950年4月，仁化县税务局成立后，附城区区长仍未能派出，只能由仁化县人民政府代管。7月，成立中国人民银行仁化县支行。9月，仁化县人民政府将农建科分设为农林科、建设科。是年冬，成立仁化县人民法院，陆一清兼任院长。

仁化县的党、政地方组织在建立之初，面对着复杂的形势与重重的困难，团结各界人士与人民群众，遵循中共第七届中央委员会第二次全体会议的精神，按照北江临时人民行政委员会的部署，有计划、有秩序地做好各项工作，完成各项任务。

仁化县的支前工作，在南下大军尚未进入广东之前，已由北二支下属仁汝独立大队和中共曲江地方秘密组织同时进行。1948年8月，中共五岭地委在韶关市成立曲江工作委员会，负责领导广东曲江、乐昌、南雄、始兴、仁化、乳源及湖南宜章7县地下党组织的秘密工作。不久，在香港达德学院读书入党的仁化学生杨毅涛，受组织指派回到粤北，由中共曲江工作委员会安排工作。杨毅涛回乡后，以经营缝纫店为掩护，在仁化县城口镇建立秘密联络站，主要负责联络边总仁汝义勇大队及后来的湘南支队。1949年9月下旬，实行北二支司令部的计划，大力宣传党的政策，动员商贩与当地群众筹集钱粮和军需物资，做好各项支前工作。

1949年10月5日下午，当大军陆续到达城口时，有人听信地主散播的谣言，以为"共产党要清仓"。所以有人有粮不借，或者事先卖光，一时无法筹得粮食。杨毅涛等人组成的支前工作组，主动协助解放军做好政治宣传工作，安定民心，劝导商户开门做生意。同时，动员顺安、成记行等商店借出食盐1.7万余千克，适当降低盐价，换得大米5万余千克，支援足够供给一个军的粮食。还发动许多水上船户参加军粮运输，使粮食沿锦江、浈江源源不绝运送给作战部队，从而保障军队顺利过境。仁化县成为第二野战军第四兵团广东战役首战曲（江）、仁（化）、乳（源）、乐（昌）中最早解放的县城。

仁化县、区、乡三级政权建立后，仁化县设置支前司令部，各区设置支前工作委员会。支前部门通过召开各界座谈会，成立民工、运输、交通、总务、财粮等科组，落实各项支前任务。截至1949年12月底，两个月内，全县动员民工4300余人、船只215艘为解放军运粮。还超额筹集支前军粮1万担谷，保证南下大军途径仁化的给养，为解放韶关及全广东的战役取得胜利作出一定的贡献。

中华人民共和国成立初期，生产资料主要为地主、富农、资本家所有。山区生产条件较差，交通不便，商业萧条，私商囤积居奇，操纵物价，群众生活极为困难。为加强各级政权建设，组织群众生产自救，首先要建立统一的财政经济制度，统一财政收支，加强秋征和工商税收的领导和管理。并要打击哄抬物价行为，取缔投机倒把活动，稳定市场，平抑物价。为此，仁化县工委、县人民政府执行北江临时人民行政委员会1949年11月11日颁布的《减租减息条例》，及时推行减租减息。至1950年4月，在查租查息的基础上，全县减租减息共4880担谷，发放救济粮980担，农贷谷2890担，组织自由借贷谷2600余担，开展生产自救的群众运动，较好地缓解了广大群众的困难。6月底，结合传达贯彻中共第七届中央委员会第三次全体会议的精神，努力争取国家和地方财政经济从基本好转向根本好转过渡。总结解放以来8个月秋征工作的成绩，转入"夏征夏减"，增强新生政权的凝聚力，提高干部群众克服困难的信心。

仁化县在中华人民共和国成立之初，革命虽然取得了胜利，但反革命的势力还很猖獗。特别是1950年前3个月，城关、董塘、长扶3个区与多个乡政府都遭到匪徒袭击。土匪武装和地方封建势力相互勾结，经常进行破坏活动，给革命工作和人民群众的利益造成重大损失。少数农村还直接或间接地处于地主恶霸的控制之下，社会秩序不够稳定，群众生产、生活的安全未能得到有效保障。为此，仁化县工委和县人民政府采取有力措施，尽快建立和稳定新的社会秩序。

迅速建立健全县、区、乡三级政权，成立仁化县公安局，各区配备公安员，乡村成立不脱产的治保组织，实行群防群治。

落实中国人民解放军粤赣湘边纵队北江指挥部、北江临时人民行政委员会1949年11月1日联合公布《彻底肃清残匪，保障社会安宁》的要求，执行韶关市警备司令部1949年11月9日关于"收缴非法武器"与"反动党团自新登记"的规定，1950年3月，大张旗鼓地开展以肃清匪特为中心的群众运动。狠狠打击一切反革命分子和坏分子的破坏活动，遣送了一批国民党军队的散兵游勇，努力消除社会一切不安定因素。

1950年5月、8月、11月，为贯彻中央新民主主义建政大纲，仁化县首届各界人民代表大会一年内连续三次召开会议，广泛依靠与发动群众，与各界开明人士共商建设大计。会议提出退租退押、生产度荒、巩固基层、健全圩镇、加强群众组织建设等多项议案，作出加强三大建设（工农业生产、水利、公路）、完成三大任务（公粮、税收、公债）、维持地方安宁（包括肃清匪特、禁绝烟赌、加强管理等）几条决议，以及支持抗美援朝等。

1950年12月，仁化县召开第一届民兵代表大会，动员民兵参与稳定社会秩序工作。

1951年，仁化县内大规模开展退租退押和清匪反霸的群众运动，简称"八字运动"。要求进一步查实并废除群众所欠地主的债务，将减租退押的钱谷实物全部归还佃户所有，并对烈属、军属及孤寡之人给予适当的照顾，组织群众生产度荒。仁化县工委首先组织县、区、乡干部认真学习，领会和掌握减租减息的时限、对象和具体的政策：一是土地出租实行"二五"减租，每年退减稻谷或租金的25%；二是放贷必须无条件退还利息；三是抵押财产和多收的赎金一律退还；四是退租退押与减租减息的时限，从1949年往上推算至1947年，一共三年。

1951年，仁化县进行行政区划调整：把中华人民共和国成立之初的董塘、城关、长扶3个区，增设为一区（附城）、二区（董塘）、三区（长江）、四区（城口）4个区；原来的27乡增设到45乡。当年6月，正式成立中共仁化县委。

1952年2月，全县"八字运动"结束。据仁化县农会的统计，合计召开斗争会723次，对象554人。"八字运动"前，退得稻谷2万担；"八字运动"后，退得黄金58.25两，银元11.35元，折谷得粮74.43万千克，人民币5000万元，还有衣物70箱。

当时全县人口5.2万人,参与分配的有2万人,绝大部分是贫雇农。人均分得粮食35千克,最多的有235千克,最少的有25千克。

二、抗美援朝

1950年6月25日,朝鲜战争爆发。美国宣布实行武装干涉,派出第七舰队侵入中国领土台湾,轰炸中国安东(今丹东)等地,用武力阻止中国人民解放台湾。同年10月,中国人民志愿军开赴前线"抗美援朝,保家卫国",与朝鲜人民并肩作战。11月,中国共产党与其他民主党派联合发表宣言,"拥护全国人民在志愿基础上为着抗美援朝保家卫国的神圣任务而奋斗。"

1950年11月15日,中共北江地委发出关于开展抗美援朝运动的指示,号召党政部门、军队、学校迅速掀起热潮,踊跃报名参军与捐钱捐物等。仁化县考选20名知识青年,参加军干校培训。在踊跃报名的青年中,320人应征参加了中国人民志愿军。出现了父母送子、兄弟争先,全村男女老幼敲锣打鼓、彩旗招展、乡亲送兵的动人场面。

1951年1月,仁化县成立人民抗美援朝分会,按照中国人民抗美援朝总会的部署,组织"抗美援朝,保家卫国"的日常工作。开展轰轰烈烈的宣传教育运动,激发广大人民群众爱国主义的热情,扫除美帝国主义近百年对中国侵略遗留下来的"恐美""崇美""媚美"思想,提高民族自尊心和自信心,增强同仇敌忾、打败美帝国主义侵略者的决心。同年6月1日,中国人民抗美援朝总会发出"推行爱国公约、捐献飞机大炮和优待烈军属"的号召。中共仁化县委、县人民政府立即发动群众,全面开展现金优待和帮耕代耕活动,保证烈军属的生产和生活。同时组织宣传队四出活动,掀起捐款捐物筹集购买飞机大炮款的热潮。短短一个多月的时间，共收到捐献钱物折合人民币2.7亿元（相当于1955年3月发行的新人民币2.7万元，10000∶1）。仁化县人民抗美援朝的爱国主义和国际主义的热情还表现在全县上下，包括城镇成年人口90%以上、农村成年人口80%以上，都参与订立和执行爱国公约，把完成各战线的工作、学习和生产任务，作为自己爱国的自觉行动，表现出人民当家作主、团结友爱的精神风貌。

在中朝人民军队的奋勇抗击下，历时三年多的浴血奋战下，朝鲜停战协定于1953年7月27日在板门店正式签字。抗美援朝战争的胜利，维护了朝鲜民主主义人民共和国的利益，也保卫了中国的安全，为中国的社会主义改造和社会主义建设赢得一个相对稳定的和平环境。

三、分田分地

土地制度改革是中国共产党领导广大农民废除封建土地所有制，实现农民土地所有制的革命运动。旧中国的土地制度极不合理，地主利用所占有的土地，残酷地剥削农民，阻碍了生产力的发展。

据土改前的调查统计，仁化县的地主阶级不仅拥有大量土地，而且霸占着大量上好的土地。董塘、石塘、高宅、高坝、麻塘、狮井、夏富、岭田以及锦江流域的长江、城口、扶溪、康溪、黄屋等大片肥沃的土地，绝大部分为地主阶级所占有。

仁化是一个山区县，山地的大部分也为地主阶级所占有。农民租山耕种，木材七成以上归山主，林地间种的旱粮作物，也要交三成至五成。

各地还有相当数量的公尝田，名义上是宗族、寺院、庙宇、学校、团体、教会公有，实际支配权大部分也掌握在地主阶级手中。仁化县的地主阶级，本已占有全县总耕地面积52.9%的土地，加上26.5%的公尝田，实际支配着全县近80%的土地。还有少量的土地，为华侨及工商业地主所占有。华侨地主或华侨小土地出租者，原为多是在国内无法生活下去而被逼出国谋生的农民，他们以在国外出卖劳力或经营工商业所得，在家乡购买少量的土地，作为国内亲属或自己回国后的生活依靠。部分工商业地主，也购买一定数量的土地用于出租或自耕。

地租剥削有分成制和固定制两种：前者按收成比例分成，农民租种地主的土地，一般要向地主缴纳相当于年产量50%~60%的地租，有的甚至高达80%以上；后者不管年成丰歉或灾年荒月，固定租额不变。有些地主还采取货币地租的形式，将实物地租折成货币交纳。农民除交纳地租外，还要交押租金、引耕谷、牛租谷、田信米、送礼，并承担若干无偿劳役。此外，地主还放高利贷。特别是歉收之年，农民缺衣少食，更无资金，只好向地主借粮借钱，还贷金高出本金一倍或几倍，任由地主盘剥。如果加上当时名目繁多、逐年加重的政府赋税、征税、附加税及预征、重征税，农民就更无法承受了。

封建土地所有制除自由买卖和租佃外，还有典当或雇工耕种。典当土地有多种形式：大多数是农民典当土地给地主、高利贷者及其他剥削阶级，受典者转租给其他农民耕种。也有地主、富农之间互相典当，农民与农民之间互相典当，以及少数破产地主给农民典当等。雇工耕种是指有土地的人雇请没有土地或很少土地的人耕种。有钱的土地占有者，往往自己不劳动，专请雇工耕种，收获全归田主。田主只负责受雇者食宿或付给少量工钱（或稻谷）。雇工有长工或短工，完全或主要以出卖劳动力维生的农村雇农，是农村中最迫切要求革命的无产阶级。

中华人民共和国成立前的仁化县，两极分化极端悬殊。仁化县最大的地主是石塘（镇）历林村的刘学精，出租良田66.67多公顷,每年收入租谷2000多担。广大贫苦农民耕者无其田,遭受沉重剥削,过着非常贫困的生活。

1951年4月12日,仁化县成立土地改革委员会,全县各区、乡两级土地改革委员会也在同日成立,仁化县土地改革委员会由县委书记陆一清任主任。仁化县土地改革工作队(简称"土改队")奔赴农村,土改运动正式开始。

1951年4月、8月、12月,1952年4月、11月仁化县先后召开全县各界人民代表大会5次,各区、乡也分别召开区、乡贫雇农代表会议和农民代表大会若干次,大张旗鼓地开展宣传土改各项重要工作,使各项方针、政策深入人心。分配土地时,首先分配给无地少地的贫雇农。部分中农占有土地如未能达到本村每人的平均数,予以补足。中农(含富裕中农)自有土地超过全乡每人平均土地数(产量),也不抽取,保持现状不变。被没收了土地的地主,同样每人分得一份土地,使他们能够依靠自己的劳动维持生活,并在劳动中改造自己。

分配农具、耕畜、多余房屋时,与分配土地分开进行。根据各乡没收得来的农具、耕畜、余粮、房屋之多少,以及农民对这些生产资料、生活资料的缺乏程度,采取适当调剂填补的原则进行分配,多缺者多补、少缺者少补、不缺者不补。在充分酝酿协商、广泛听取群众意见的基础上,由农会研究并提出分配方案,提交农民代表大会讨论通过,然后贯彻执行。尽可能做到公平合理、大家满意,增强农民之间的团结,有利生产发展。

全县分得土地的贫农、雇农、中农以及其他劳动人民共有11872户、46366人。全县共没收地主土地0.17万公顷,房屋1025间,耕牛2282头,农具8209件。无田少地的贫苦农民人均分得土地0.27公顷,还分得房屋、农具、耕牛、粮食、衣物等生产、生活资料。

四、发展生产

经过土改,全县各阶层占有土地的情况发生了根本性的变化,实现了农民土地所有制。土改的全面完成,彻底摧毁了封建土地制度,挖掉了农民贫困落后的穷根,确立了贫雇农在农村中的优势,巩固了工农联盟和人民民主专政,大大解放了农村生产力,有效地调动了广大农民生产劳动积极性,为下一步农村的社会主义改造创造了有利条件,促进了国民经济的恢复和发展。

"三大改造"是指中华人民共和国成立后,中国共产党领导的对农业、手工业、资本主义工商业所进行社会主义改造。

(一)农业合作化运动

1953年2月,全县土改工作完成。3月,中共仁化县委、县人民政府在二区董塘的塔脚下村、一区附城胡坑的岭背村、三区长江的锦江村和四区城口的田心村等地办起农业生产互助组,随后在全县农村推广。

1. 建立初级农业生产合作社。1954年春,仁化县选择二区董塘的董中乡塔脚下村常年互助组作为第一个转为初级农业生产合作社试点。至夏收前,附城的胡坑、董塘的五一与长扶区的锦江均开始初级农业生产合作社试点。在此基础上,先后举办全县互助组组长学习班和办社干部培训班,推广办社试点经验。至1955年3月,全县建立初级农业生产合作社40个。

这些初级农业生产合作社,入社自愿,社员思想基础较好。入社具体问题处理得比较细致周到,坚持互利原则。社员各留一定比例的自留地,劳动力、土地和其他生产资料入股分红,按劳分配;耕牛、农具折价入社,统一使用或私有租用。入社之后,实行统一经营,因地制宜,有计划地组织分工分业劳动,社员热情参加生产,劳动效率高。加上推广良种、推广科学种田技术,取得较好经济效益。

1955年10月，仁化县的初级农业生产合作社发展至232个，参加农户6838户，占全县农户总数的58.1%。到1956年2月，全县建立农业生产合作社103个（其中高级农业生产合作社27个，初级农业生产合作社76个），入社农户11549户，合作化覆盖面达97%。

2. 发展高级农业生产合作社。仁化县采取边发展、边整顿、边巩固的做法开展农业合作化运动。1956年2月，全县已建起高级社20多个，但由于初级农业生产合作社的整顿不彻底，高级农业生产合作社的建立过于仓促，许多工作做得不够落实，存在不少遗留问题。按原来计划，高级农业生产合作社是生产资料归公，取消土地报酬，全面实行按劳分配的农村集体组织。由初级农业生产合作社转为高级农业生产合作社，要有较强的领导骨干，社员要有较高的社会主义觉悟，才能保证取消土地分红后，90%的社员能增加收入。中共仁化县委根据中共广东省委和中共韶关地委的要求，在全县范围内开展了整社工作。一是调整规模，一般一村一社，大村分为数社，邻近小村也可一村一社。社以生产队为基本生产单位，以20户左右、劳动力50人左右为宜。二是实行统一经营、分级管理的经营管理体制，改善经营管理，完善各项制度。全社推行"三包一奖"①制度，生产队包工到组，田间管理包工到户，使每项农活都有人负责和验收，工分计酬更合理。三是加强经济核算，健全财务管理。实行统一结算，社、队两级分配的制度。四是处理好集体生产和家庭副业的关系，允许社员饲养一定数量的家畜，增加自留地。到1957年上半年，全县高级

---

① 三包一奖："三包"指包工、包产、包成本；"一奖"指超产奖励。

农业生产合作社发展到121个，入社农户12854户，占全县农户总数的98.9%。

（二）手工业合作化

仁化县的手工业一直不够发达，中华人民共和国成立初期的主要行业有铁铜锡器加工、木器加工、竹器编织、造（土）纸、粮油加工、红糖加工、饼类食品加工、缝纫、建筑、砖瓦、石灰等。其中铁铜锡器加工多在附城、董塘、长江、城口等较大的圩镇，由工匠开炉手工操作，产品有刀、剪、钳、锁、盆、壶、罐、锄、铲、犁、耙等。1952年，仁化县工商业联合会成立后，对个体手工业实行统一领导，由仁化县供销部门组织产销业务。

1954年，仁化县成立手工业管理科，普查登记县内手工业情况。全县手工业1821户，从业人员3678人。其中城镇手工业321户，从业人员603人。农村手工业1500户，从业人员3075人。

1955年，仁化县内手工业大部分各自归口参加农具、砖瓦、机缝等合作组织，有合作组也有合作社。社（组）员采取工资和劳动分红相结合的分配形式，全部计分按劳分配，大大提高了劳动生产率，在产品的数量、质量与销售方面都取得较好成绩。

仁化县城、一区附城先后建立农具社、机缝社、综合社、五金制品社、木器社5个生产合作社。1955年6月，全县各区圩镇的铁器农具、五金修理、缝纫、粮油加工、木器、食品、竹器、造纸、石灰、建筑、砖瓦11个主要手工业生产行业，相继建立合作社或合作小组。接着，仁化县手工业生产合作联合社正式成立，民主选举产生联合社理事会、监事会。同时，各手工业生产合作社（组）也民主选举产生理事会、监督会（或小组）。

1956年秋，仁化县内各行业的个体手工业者同私人资本的小商小贩一起，在县城敲锣打鼓、游行集会，欢迎和接受社会主义改造。12月，全县组织起手工业生产合作社15个，手工业生产合作小组3个。原仁化县手工业生产合作联社所属的木器、铁器两个手工业生产合作小组合并组成农具生产合作社,有社员200多人,安装有锻、铸、钳、焊、金属切削等小型机械设备,为全县手工业生产合作组织中经营规模最大的单位。到1958年6月,扩建为地方国营仁化县农具厂。后来还更名为农械厂、农机修造厂、通用机械厂等。

(三) 私营资本主义工商业的社会主义改造

中华人民共和国成立初期,仁化县城与附城私营商店有59户,从业人员87人;小商贩121户,从业人员206人;农村集市小商小贩有932户,从业人员1701人。

1952年起,仁化县先后成立百货公司、专卖公司及供销合作社3个公有制商业单位,推进了全县商业的发展。1953年10月起,仁化县增设了土产贸易公司,使全县商业公与私之间的营业额有了明显的改观。

1953年12月15—17日召开的仁化县第四届第二次各界人民代表会议,就专门讨论了私营资本主义工商业的社会主义改造问题。1954年11月,将1951年4月成立的仁化县合作总社更名为仁化县供销合作总社。1955年1月9—12日,召开全县工商界代表大会。经过学习和讨论,代表们统一认识,为全县工商界实行社会主义改造起到带头推动作用。

1956年1月16日,中共仁化县委成立对资改造领导小组和对资改造领导小组办公室,具体领导和组织对私营资本主义工商业社会主义改造的工作。

根据发展国营、供销商业,对私营商业"利用、限制、改造"的政策,按"公私兼顾、劳资两利、城乡互助、内外交流"的原则,县城由国营公司规划,基层由供销社负责,采取经销店、代销店或合作商店的形式,有步骤地对私营资本主义工商业进行社会主义改造。

到 1956 年 2 月,受北京、广州、韶关等地的促动,仁化县对私商采取赎买政策,实行全行业公私合营。先后将百货、棉布、成衣行业的 32 户,副食、糖烟酒行业的 27 户纳入公私合营,由公方代表任经理,私方代表任副经理,私商的从业人员全部量才录用,发挥他们在合营企业中的积极性。其余行业的小商小贩 121 户,分别组成合作商店或合作小组,企业性质属集体所有制,参照集体企业的相关制度进行管理。

"三大改造"的完成,标志着中国成功从新民主主义向社会主义过渡。

第二节 曲折探索

一、建设社会主义的艰辛探索

（一）错误决策

1957年5—10月，根据中共中央指示和中共广东省委的部署，中共仁化县委开展了党的开门整风运动。从1957年10月起，仁化县党的开门整风转为反右派斗争。仁化县的形势与国内其他地方一样，由于反右派斗争扩大化，加上不断的"反右倾"，而且在第一个五年计划期间确实取得好成绩，出现物价稳定、市场繁荣、治安良好的局面，滋生了盲目乐观的情绪。当上级党委要求制订大跃进的目标时，仁化县计划1958年晚造水稻一造跨"纲要"（平均亩产达到400千克，1亩≈666.67平方米），并硬性规定各农业生产合作社实行高度密植，未能达标就虚报浮夸。

面对《人民日报》《南方日报》报道外地1958年晚造一造亩产1.8万千克和3.02万千克的高产"卫星"典型，仁化县内长江河田攀洞脑生产队虚报亩产为4.5吨；丹霞公社高莲大湾坝2.67公顷中造稻，虚报为年均亩产1573千克；石塘八角楼0.29公顷晚造稻，虚报为1852.5千克。

1958年9月，成立仁化县钢铁生产指挥部，成立仁化县民兵师。抽调民兵28630人，按军队编制设置团、营、排、班等组织。在董塘铁屎岭建设炼铁厂，建起28座炼铁高炉。

为完成钢铁生产任务，全县滥砍木材，并将县内各乡镇（后为公社）及各机关单位计划用于其他用途的木材、燃料等无偿调用，又号召人民群众拆铁窗、砸铁锅，到处搜罗铁具铁器，以公社或生产大队为单位集中送到土高炉炼铁。

全民大炼钢铁的结果是，好钢炼成废钢，好铁炼成废铁，耗费人力、物力、财力难以计算。这时正值晚造水稻田间管理后期和秋收冬种的黄金季节，严重影响了农业生产的正常进行，不但全年粮食减产减收，且又延误秋收冬种。

1958年冬季，全县强制推行深翻土地大行动，深翻土层的标准要求达到0.45米以上。结果生土翻到上面，熟土翻到下面，肥田变成瘦田，好田变成劣田。第二年，凡是深翻过的水稻田，都普遍减产。还因高度集中劳动力"大兵团作战"，田头苦干深翻通宵达旦，丢掉冬季积肥和大面积犁田晒冬，导致全县粮食大减产。

1959—1961年三年经济困难时期，仁化县人口减少，生活艰难。耕种面积不断要求扩大，而劳力、肥料不足，扩大耕种是不可能做到的。中共仁化县委于1962年对长江公社的农业生产、人民生活及粮食征购任务落实情况作过一次调查：当年早造下达种植面积620公顷，各大队规划合计540公顷，减少12.9%；而实际种植434.6公顷，比原下达任务减少了29.9%。断粮户1470户，共计5503人，占全社总人口的56.4%。每人以10千克计，共缺粮4.62万千克。层层下达征购粮，又反对私人开荒，不准"单干"，严重影响社员的生产积极性。

（二）十年建设的成就

按照国家的要求，经过1950—1952年的三年恢复，随后实施1953—1957年的"一五"计划，初步实现党在过渡时期总路线规定的经济发展与社会改造的基本任务。1956年9月至1965年的十年间,从中国共产党第八次全国代表大会特别是1958年确定社会主义建设总路线开始,国家进入大规模建设社会主义的新时期,仁化县的经济社会建设步伐大大加快。

1. 农田水利基本建设取得突破性进展。1958—1965年间,仁化县一大批山塘、水库蓄水工程、引水工程及排灌工程相继竣工,并发挥着重要作用。

早期建设完成的小(二)型以上蓄水工程有:丹霞庙背(1956年)、石塘大水坝、董塘黄泥塘、丹霞棺材塘、缺口及仁化镇狐狸岩(1957年)、丹霞董塘迳与赤石迳(1958年)、董塘打石坑(1959年)、石塘胡椒冲(1960年)等处;又有千亩以上的引水工程:石塘龙潭陂(1952年)、石塘官陂(1957年)、胡坑梳罗迳(1959年)等。其中赤石迳工程是韶关地区首座中型水库,总工程费用53.6万元,其中国家投资43.63万元。有效库容1240万立方米,东西二渠灌溉丹霞乡麻塘、狮井、涩田背、大度岭、大田、小田等村农田513.33公顷及董塘乡高宅、傅屋、贵地、五一、五四、红星和董中等村农田473.33公顷。

截至1963年,全县有效灌溉面积0.55万公顷,超过总耕地面积的一半;旱涝保收面积0.22万公顷,接近总耕地面积1/4。但这一年遭遇旱灾,旱情从1962年秋延续而来,遍及粤桂湘三省,对粤北来说是50年一遇的特大灾害。其时,仁化县殃及农田5127.73公顷,当时水利设施难以抵御,成灾面积4578公顷。

1963—1965年,增建董塘东坑迳、黄坭夫(1964年)及董塘欧山、丹霞磨刀坑(1965年)蓄水工程,还有千亩以上的董塘镇五一村石桥墩陂(1963年)等引水工程。1963年,仁化县获得国家投资90万元,在附城、丹霞、董塘、石塘等地架起高压电线,先后在夏富、黄屋、水南、渡落、麻塘、董中、江林等地建起电动排灌站21个,解决了这些地区的水利灌溉和部分农村照明及农产品加工用电问题。

1965年，有效灌溉面积0.56万公顷，旱涝保收面积0.28万公顷，分别比1957年的0.26万公顷、0.09万公顷增长115.38%和211.11%。这一年，仁化县受灾农田1542.73公顷，其中旱灾面积1158.53公顷，而成灾面积481.93公顷，未及一半。

1965年冬，全县以调整排灌系统为中心，治水改土0.33多万公顷：对湖洋田、冷底田开沟排毒，降低地下水位；对山边田开挖环山沟防洪、防涝、防水土流失。较好地改变劣质田的不良状况，为粮食增产创造更有利的条件。

2. 交通电力建设加快发展。20世纪50年代末至60年代中，仁化县内的公路建设仍处在初创时期。公路运输外运主要依靠韶关犁（市）仁（化）线，以城乡交流山区土特产与生产资料等群众必须品货运为主，客运较少。

1957—1965年，建成干线公路3条：扶溪双合水—长江线（1958年），里程16.6千米；董塘格顶—石灰冲线（1958年），里程7千米；仁化胡坑—闻韶漂塘线（1959年），里程17.7千米。建成地方公路22条，其中1956年、1957年、1959年、1963年、1964年5年各建成1条；1958年、1960年、1961年3年各建成3条；1962年、1965年2年各建成4条，里程合计96千米。几个较大的公社和厂矿，逐渐通车。1958年开始使用解放牌汽车，接着还使用手扶拖拉机，客货两用。

仁化县城至长江镇的公路，投资23万元，全程49.2千米。1956年起，先开通仁（仁化县城）胡（仁化镇胡坑）段；1958年，再从胡坑续修至长江镇，将仁长路两段全线贯通。当年4月28日下午7时，长江镇的群众首次看到从县城开来的汽车，热闹非常。

干线公路胡漂线的修筑，政府投资36万元，农民出勤，回队记工分，全部工程由民工完成。1959年竣工通车。

1963年，在漂塘—闻韶公路竣工通车的基础上，同时建成闻韶—江南、闻韶—华坑、闻韶—下徐3条公路，县城—闻韶的班车随即开通。

周田（原属曲江县，2004年7月划归仁化县管辖）至湖南汝城的国道，其中仁化县境青湖塘至城口段，全程50.1千米，1964年开始筹建，投资313.2万元，1965年动工，几年后才建成。

1965年，中共广东省委、省政府领导来县检查丹霞旅游线路的建设规划，保护了一些景点免受破坏。这时仁化县内公路交通状况，已经初步有所改观。

县内曲（江）仁（化）铁路建设，属广东省地方铁路。因煤矿发展的需要，1960年5月完成第一期工程，由韶关市大黄岗至曲江县花坪镇（2004年划入浈江区），里程22.5千米。1963年延伸至仁化县董塘镇格顶与凡口铅锌矿区，仁化境内50.1千米。分别在格顶、云顶设火车站，办理货、客运业务。

县内的水上运输，直至20世纪60年代后期，仍相当兴旺。1965年，全县货运量8.64万吨，产值40.06万元，职工851人，工资总额24.04万元。与1957年相比，货运量增长453.84%，产值增长28.1%；职工减少20人，工资总额却增长28.15%。

1950年，仁化县发电量400千瓦时起步，至1957年发电量2.33万千瓦时，用的是煤油发电机。

仁化县兴办农村小水电站，始于城口、扶溪二镇。1961年，城口镇创办棺材林水力加工厂，安装一台12千瓦的发电机。白天用电加工大米和木板，晚上发电供圩镇居民照明，人们开始认识利用水力资源的好处。

1963年5月，扶溪镇经勘测选在狮头林水头43米、引水流量0.3立方米每秒处，动工兴建仁化县首座永久式水电站。水渠是三面光砌体，采用压力钢管，装一台（后扩大为3台共565千瓦）钢质混流式水轮发电机，出力120千瓦，并建起6千伏、5千米长的升压送电、城镇降压用电的输电线路。1965年5月正式投产，拉开仁化县小水电建设的序幕。

1962年，在全县年发电量6.69万千瓦时中，小水电有1.2万千瓦时。1965年，全县19.3万千瓦时发电量，就靠城口和扶溪两座电站，全是小水电。

这时，仁化县小水电创造的能量虽还不大，但作为经济发展新的增长点，一经实现零的突破，很快就显示了巨大的潜力和广阔的前景。

3. 国民经济发展取得较大成绩。经过1958年以来大规模的建设与后5年的调整，仁化县的农业、工业与商业都有了明显的进步，取得较大的成绩。1965年，仁化县工农业总产值2252.89万元，比1957年1479.35万元增长52.29%，比1952年945.65万元增长138.24%。收购农副产品金额756.1万元，比1957年增长6.21倍。商品零售总额（多是商业和餐饮业）1503.2万元，是1957年361.81万元的3倍多，1952年62.95万元的20多倍。财政收入246.38万元，是1957年133万元的近一倍。

1958年后，仁化县这一时期水稻大幅增产的三大亮点，除了水利建设的保障作用之外，还有农民群众高涨的生产热情和科学种田的巨大进步。以1953年土改分田9715.8公顷为基数，1965年耕地面积增加至10242.87公顷，所增527.07公顷是开荒造田的成果。而在历年水稻增产的数据中，有相当部分是增加复种指数（俗称"单改双"）和单位面积产量（平均亩产），这是科学种田的结果。

1965年，传统中晚造水稻种植面积8429.2公顷，当年耕地面积10242.87公顷，全年水稻种植面积14208.13公顷，复种面积有3965.27公顷，比1957年复种面积3066.13公顷增长29.32%。至于水稻的年均亩产，1965年、1957年、1952年依次为167千克、116千克、104千克，1965年比1957年、1952年依次增加43.97%、60.58%。

由于国民经济的恢复和全面发展，物质产品比1957年丰富，市场供应大量增加。城乡人民的购买力有了明显提高。同1957年相比，人民除了购买棉布、胶鞋、肥皂、毛巾、线袜、背心这些最基本的日用品之外，一些档次较高的家具、家用电器及以自行车为代表的交通工具等，开始进入普通百姓的家庭。

二、在内乱中坚持发展

1966年5月至1976年10月的"文化大革命"，是一场被反革命集团利用，给党、国家和各族人民带来严重灾难的内乱。

（一）内乱始末

1966年6月，中共仁化县委召开扩大会议，传达《中国共产党中央委员会通知》（即"五一六通知"）精神，宣布成立仁化县"文化大革命"领导小组。9月，学校师生学习《中央关于无产阶级文化大革命的决定》（即"十六条"），仁化县召开各界群众万人大会，会后列队游行，"文化大革命"在全县铺开。首先是学生走上街头，开展"破四旧"①"立四新"②活动。在活动中，女人不准梳辫留长发，不准穿"人字"拖鞋，一些街道名称被改，一些旧书籍被烧，一批文物被毁。接着，在全国批判所谓"三家村""四家店"的形势影响下，学校中许多教师被打成"牛鬼蛇神""黑帮"，出身地富家庭的教师被揪斗，学校被迫停课，写大

---

① 破四旧：四旧，指旧思想、旧文化、旧风俗、旧习惯。
② 立四新：四新，指新思想、新文化、新风俗、新习惯。

字报，揭露和批判学校中的"走资本主义道路当权派"和"牛鬼蛇神"。随即陆续成立红卫兵、红小兵组织。10月，各中学学生、机关干部、职工组织红卫兵到县内、全国各地"串连"。受上海"一月夺权"风暴影响，1967年春，中共仁化县委、县人民委员会领导及各部门第一把手均被打成"走资本主义道路的当权派"，受到隔离审查、揪斗、戴高帽游街示众。在揪斗中，有的领导干部被迫害致死。在运动中，由于观点不同，各"造反"组织逐渐分裂成势不两立的两大派，先是辩论，继而发展到对抗。

1967年1月，成立仁化县"抓革命促生产指挥部"，代替了中共仁化县委、县人民委员会的领导工作。3月，仁化县武装部担负"三支两军"①任务，派员进驻主要部门。4月12日，全县中小学师生共554人，在仁化中学召开复课闹革命会议，历时8天。

在"文化大革命"运动中，全县城乡个人崇拜盛行。1966年2月14日，中共仁化县委召开"毛泽东思想是马克思主义的发展顶峰"会议，开展全县"一片红"活动，机关、学校、社员的门户、柱墙涂以红色，人人跳"忠"字舞，处处刷"忠"字语录，个个佩戴毛泽东像章，户户悬挂"忠"字像或毛泽东像，不论机关、学校、生产队都要早上"请示"，并到毛主席像前唱《东方红》，读毛主席语录，晚上要"汇报"，唱《大海航行靠舵手》，并祝"万寿无疆"。这些"早请示""晚汇报"制度雷打不动。同时，学习毛主席著作搞"立竿见影""活学活用"，并以报告会、讲用会等形式在全县推广、普及。

1968年3月25日，仁化县召开了2000多人参加的"加强无

---

① 三支两军："三支"指支左、支工、支农；"两军"指军管、军训。

产阶级专政、巩固革命新秩序"的誓师大会,组织"治安纠察队",刮起"十二级政治台风",彻底清理"阶级敌人"和清理外来人口。全县开展以"清理阶级队伍"为中心的"斗、批、改"运动。8月,县中小学教师集中在仁化中学进行"清理阶级队伍",接着,"工人阶级毛泽东思想宣传队"和"贫下中农毛泽东思想宣传队"进驻学校。10月4日,在麻塘农场成立"一〇四"干校,仁化县机关460余名干部、职工被下放到该校劳动,进行"斗、批、改",对所谓有问题的干部进行审查;11日,仁化县动员1966年、1968年两届初、高中毕业生170人和社会青年115人上山下乡、插队落户"接受贫下中农再教育"。

"文化大革命"期间,许多干部、教师被揪斗、游街,许多人被诬称为"三反分子"①"走资本主义道路当权派""叛徒""特务""国民党残渣余孽",受到监护。全县精简下放许多干部到麻塘"一〇四"干校劳动改造。1976年10月6日,党中央一举粉碎"四人帮"②反革命集团,"文化大革命"才宣告结束。10月下旬,仁化县革命委员会在县城"忠字广场"举行集会,拥护党中央粉碎"四人帮"反革命集团的历史性胜利。会后,游行声讨"四人帮"的反党罪行。

持续十年之久的"文化大革命",使仁化县从上层建筑到经济基础受到严重的破坏。干部群众的思想、工作、生产和社会秩序陷入相当混乱的状态,社会主义建设事业受到极大的挫折和损失。

(二)在乱中前进

"文化大革命"期间,仁化县的国民经济遭到极大的损失,

---

① 三反分子:指所谓的"反党、反社会主义、反毛泽东思想"的人员。

② 四人帮:王洪文、张春桥、江青、姚文元。

教训也极其深刻。但是，仁化县广大干部群众多数能够判别是非，工农业生产并没有完全停顿。从"文化大革命"中期开始，仁化县的经济建设一直在乱中前进。尤其打倒"四人帮"前后的几年，得到省、地各级党政部门的支持，虽然政治思想仍然难免模糊，但经济建设完全没有懈怠，取得一批新的很大的成就。

1. 农田水利基本建设卓有成效。仁化县的水旱田，约为0.97万公顷左右。1966—1978年，在董塘公社欧山、小水、董中、河富、岩头，石塘公社光明，丹霞公社黄屋，闻韶公社河塘等地，建设小（二）型以上蓄水工程13宗；在董塘公社茅陂、新莲、赤石迳西渠等地，建设千亩以上引水工程4宗。耕作机械从151马力（1马力=735.499瓦）发展到7869马力，排灌机械从1070马力增加到1939.9马力；机灌面积从666.67公顷减少到机灌393.33公顷，电灌773.33公顷。高产稳产农田从1973年的1453.33公顷增加到1978年的2720公顷，增长87.2%。有效灌溉面积的增加和机械化程度的提高，是减轻农业劳动强度、抗灾防旱、稳产高产的重要保证。1977年，仁化县水稻年产少量出现超千斤（1斤=500克，下同）；1975年，全县年平均亩产392.5千克；1974年、1975年、1978年3年，全县水稻总产超亿斤。

农田水利建设是仁化县农业经济发展的命脉和基础，取得这样的成就来之不易。

1977年冬、1978年春，仁化县农田基本建设指挥部连续组织两次农田基本建设大会战。其中，1977年冬，投资70多万元，组织全县机关、厂矿及各公社劳力1.4万余人，集中在董塘公社参加岩头河、董塘河改造工程。各公社分为8个民兵团，在8个战区，奋战两个月，投入100万个工日。劳力自带工具，工分自记，伙食自理。

这次大会战，指导思想上实行两个结合：农建和"血（吸虫）防"相结合，改土和改造田相结合。"血防"的要求，是在1957年以来多次"灭螺"运动的基础上，经过"改河"填埋，彻底消灭钉螺孳生地。

整个工程新开一条岩头河，河宽30多米，长7640米；维修、扩大和加固董塘河，长8560米，使原横贯两河的血吸虫病疫区同时得到根治。接着，沿河两岸造田126.67公顷，公路两旁荒山造林153.33公顷。既免除了水、疫（血吸虫疫区）两患，又提高了地力，扩大了耕地面积。1978年春，继续完成岩头河改造工程。由改河指挥部拨款2万元，组织2.1万个劳力，完成土石方270万立方米，建成有效库容40万立方米、增加有效灌溉农田60公顷的莲塘冲水库。

2. 水电建设初具规模。1965年5月，扶溪公社在狮头林建成仁化县首座水电站。1970年，县里的水利工作者在丹霞公社西岸左岸，再建一座县管的装机4台、容量336千瓦更具规模的小水电站。1972—1978年，陆续在丹霞、董塘、闻韶、长江、城口、扶溪、红山等公社兴建了小水电站14宗，其中县管的4宗，装机13台，4470千瓦；联网的乡村电站10宗，装机23台，1595千瓦。此外，还建了数量更多自发自用的电站和装机容量很小的微型小电站。

1970—1978年联网电站的年发电量，第一年105万千瓦时，1975年850千瓦时，1978年2168万千瓦时。一些较具规模的小水电站，开始成为发展前景甚好的新兴产业。全县电力工业的产值，1972年为20万元。1973年联网，向韶关输电。1975年与1978年，迅速发展到53.36万元与121.28万元。后来，仁化县很快就成为国家建设农村初级电气化第一批试点县，部分水电建设项目纳入广东省"七五"计划，水力资源开发率居全省之冠。

3. 为旅游业发展做好前期准备。仁化县境内的丹霞山，与惠州罗浮山、南海西樵山、肇庆鼎湖山并称，被列为广东四大名山之首。此山面积290平方千米，外围保护区400平方千米，是晚白垩纪（止于6700万年前）至早第三纪（止于2500万年前）的红砂岩、砂砾岩经侵蚀、风化而成，呈现出类似"城""墙""塔""寨""崖""柱"等千姿百态的特有地貌。山上有清初澹归（原名金堡）和尚始建的别传禅寺，宋元至清代留下摩崖石刻、碑记、塔铭69处（件），有较高的科学与历史文化价值。清乾隆三十四（1769）年间，发现澹归所著《遍行堂集》有反清文字，别传禅寺遭到一次文字狱的劫难。民国14年（1925），丹霞山又被土匪洗劫，别传禅寺只剩下破败的遗址。

1950年，中共仁化县委、县人民政府在丹霞山兴办林场。1958年，建立丹霞山管理所，在半山建了一座有10多张床位的招待所。1964—1965年，修建一条9千米从县城至丹霞山的简易公路。

1965年5月后拨款3万多元，在山脚建40余张床位的旅馆一座，由仁化县商业局管理。并请原华南工学院的工程师设计山上观日亭和半山御风亭的图样，因"文化大革命"干扰而暂停施工。别传寺的经书文物，更被红卫兵毁弃一空。

中共仁化县委、县人民政府负责人对丹霞山风景名胜的独特魅力及其开发价值有了初步的认识，把旅游业作为县内五大经济开发资源之一，在"文化大革命"中后期做了一些准备。为丹霞山管理所增设电话线路，在翔龙湖建设抽水房，并从车湾架设到丹霞山的供电线路，着手进行景点景区和旅游接待的规划与建设。这样，1980年1月，取得广东省人民政府的认可，随即宣布丹霞山为广东对外开放的旅游区。

第六章

改革开放

第一节 改革大业

一、实行家庭联产承包责任制

中国共产党第十一届中央委员会第三次全体会议召开以后,在中共中央的积极支持和大力倡导下,家庭联产承包责任制逐步在全国推开。

1980年9月27日,中共中央印发《关于进一步加强和完善农业生产责任制的几个问题》,仁化开始实行家庭联产承包责任制的第一轮承包土地。

家庭联产承包责任制是以集体经济组织为发包方,以家庭为承包主,以承包合同为纽带而组成的有机整体。通过承包合同,把承包户应向国家上交的定购粮和集体经济组织提留的粮款等义务同承包土地的权利联系起来,把发包方应为承包方提供的各种服务明确起来,仁化县采用的是包干到户的形式。家庭联产承包责任制是农村集体经济的主要实现形式,主要生产资料仍归集体所有,在分配方面仍实行按劳分配原则,在生产经营活动中,集体和家庭有分有合。

家庭联产承包责任制的实行,取消了人民公社,又没有走土地私有化的道路,而是在生产经营上实行家庭联产承包,统分结合,双层经营,既发挥了集体统一经营的优越性,又调动了农民生产的积极性,是适应中国农业生产特点和当时农村生产力发展水平以及管理水平的一种较好的经济形式。

与此同时，对农业结构进行调整，乡镇企业也得到了发展。仁化县从当地实际出发，扩大了经营范围，办起了一批林副产品、副食品、土特产加工厂。到1980年底，社队企业总产值达1130万元，比1979年增长26%。

1981年2月13日，中共仁化县委书记张帼英在县委全委扩大会议的工作报告中提出，当年重要任务是认真地促进政治安定，进一步搞好经济调整，开展家庭联产承包责任制的试点，发展大好形势，夺取新的胜利。

1981年，中共仁化县委印发《关于加强和完善农业生产责任制的意见》，对群众进行"两不变""三兼顾"的教育。"两不变"是指土地等基本生产资料公有制是长期不变，集体经济要建立生产责任制也是长期不变。"三兼顾"即国家、集体、个人三方面的利益必须兼顾。召开各类会议，对干部进行各类培训，对执行"四不准"①坚决的社队进行分析，批评、刹住随意处置土地的歪风。

1982年，全县农村全面实行家庭联产承包生产责任制，具体表现为农业生产责任制：两户一体，即重点户、专业户、经济联合体。重点户以商品生产为基本特征，以家庭经营为基本形式，在主要经营项目上所耗费的劳动和获得的收入占到全部经营项目的50%左右；专业户以商品生产为基本特征，以家庭经营为基本形式，在专业分工的基础上从其他行业中分离出来，专门经营某种生产项目。简单地说，在商品生产和家庭经营的前提下，经营者的经营项目，由副业上升为主业的是重点户，由主业发展成专业的是专业户。

---

① 四不准：土地等不准买卖，不准出租，不准转让，不准荒废。

发展重点户、专业户，可以充分利用农村分散的劳力、人才、资源、资金、设备等发展生产，逐步实现生产专业化、商品化、社会化的要求，促进生产的专业分工和多样化的经济联合。是走"包、专、联、改"路子的重要步骤，是引导农民劳动致富、合作致富的必由之路，是进一步开创农村新局面的重要标志之一。

家庭联产承包制的建立，出现了大批专业户、重点户，同时又促进了多样化的经济联合体，这些新经济联合体的特点是"六自"，即自由组合、自筹资金、自主经营、自愿互利、自选干部、自负盈亏。这种新的经济联合体是比较稳定的经济实体，是独立经营、独立核算的经济单位。它既区别于一般经济合同性的联营，也区别于一般的劳动协作，生产队社员参加这种新经济联合体，但不放弃土地承包，因此他们既是生产队的社员，又是新联合体的成员，在资源利用上依赖社队，在行政上接受社队的领导。

1981年1月，中央就工业责任制、城镇就业发出有关指示，进行了必要调整，重点抓了支农工业、轻工业和能源运输业，提高管理水平，实行一定的经济责任制。1982年1月，中央工业整顿。经几年的整顿，根据条例，实行必要的奖惩措施。1981年重点是抓生产氮肥、水泥、石灰，继续发展农村小水电、煤炭等能源工业。高坪水库重点能源工程，施工进度得到加快。

农业科学技术的研究和推广工作，得到了各级党委的重视和支持，农业增产的效果尤为显著。1978年以后，全县开始研究水稻杂交育种和推广杂交稻种植，开展植物生理知识普及，重视化肥的试验和应用，使全县水稻单产和总产节节上升。1982年的水稻生产把推广优良品种和推广先进栽培技术结合起来，改变了"秧田密播，大田疏插"的老习惯，以及"插满月秧，耘满月田，施满月肥"的老传统，也改变了用肥结构和施肥的老方法，使良种、技术都发挥优势，结果，单产过千斤，总产超一亿斤。

实行家庭联产承包责任制后，极大地解放了生产力，全县粮食生产连续 5 年丰收，1979 年总产达 53676 吨，1983 年总产达 73608 吨，比 1979 年增产 19932 吨，增长 37.1%。以种养为主的多种经营也取得了可喜成绩，其中生猪饲养量 5.54 万头，比 1979 年增加 3403 头，增长 6.6%。林业生产得到恢复和发展，全年育林 0.87 万公顷，抚育幼林 0.34 万公顷，人工造林 0.17 万公顷。社队企业得到巩固和发展。全县社队企业总产值 1150 万元，比 1979 年增长 26%。

二、习仲勋到仁化调研

1980 年 7 月 5 日至 15 日，中共广东省委第一书记、广东省人民政府省长习仲勋和省委常委兼秘书长杨应彬、省委副秘书长张汉青等到韶关地区检查工作并调查研究，先后走访、调查了清远县、阳山县、乳源瑶族自治县、韶关市、仁化县、佛冈县等地。[①] 7 月 13 日，习仲勋一行人到仁化高坪水库工地考察调研。

中共仁化县委书记张帼英接到习仲勋到仁化视察的通知时，来不及做任何准备，穿着凉鞋卷着裤腿匆匆从田地里回来。上了习仲勋乘坐的中巴车，习仲勋亲切地招呼张帼英与他同坐在一排座位上，向她问起了仁化有多少个生产队，全县生产总值、粮食产量、群众分配水平等一些基本情况。张帼英都一一作了回答。接着，张帼英就仁化的几大优势向习仲勋作了汇报：一是仁化人少地多，人均生产、贡献粮食全省第一；二是仁化地矿资源丰富，

[①] 华一元：《习仲勋在韶关调研》，《韶关文史资料》第三十七辑（《党和国家领导人在韶关专辑》），中国人民政治协商会议广东省韶关市委员会文史和学习委员会编，粤内准字 2010 第 0099 号，2011 年 11 月，第 302 页。

有煤、铅锌、铀矿生产；三是仁化水电资源丰富，已开发小水电造福人民，而且名列全国前茅；四是仁化的旅游资源丰富，全国闻名的丹霞山就在仁化县城内，正在开发；五是仁化的木材、毛竹生产全省第一；六是农民人均分配水平、山区文化建设走在全省前列。同时，张帼英还向习仲勋汇报了军工企业与地方关系、工农关系、水库移民与当地农民的关系等存在的亟需解决的矛盾和一些困难，以及中共仁化县第四次代表大会不搞预选，不设常委候选人，由党代表直接选举书记、常委的民主做法。

听了张帼英的汇报，习仲勋对仁化县的工作给予了肯定，当即表扬张帼英："帼英啊，你是当代的穆桂英、花木兰。从前的穆桂英只懂得打仗，不如你知识多。"还称赞张帼英有自知之明、谦虚谨慎，有了成绩不骄傲自满。以"荷花虽好，也要绿叶扶持"表扬仁化县委班子团结，对仁化党代表直接选举书记、常委的做法大为赞赏，评价仁化县党代会开得很好，民主气氛浓，大家畅所欲言，选出的新班子年龄、知识结构都比较好。习仲勋还对张帼英汇报的困难和问题极为重视，当即指示随行人员整理成书面材料向省委、中央反映，对污染严重的厂矿，指示随行的省委常委兼秘书长杨应彬直接打电话给厂矿领导，限期解决问题。①

习仲勋一行视察了仁化县下面的公社、大队，看了厂矿企业、农科所、群乐大队、高坪水库。在工厂、田间找了一些干部、工人、技术员、社员进行座谈，了解情况。在仁化县农科所，习仲勋说当前的"双夏"② 工作，一定要有强烈的季节观念。时间紧，任务重，25 天时间，要很好安排。早插一天秧就能多打好多粮

---

① 中共广东省委党史研究室编：《习仲勋主政广东忆述录》，中共党史出版社 2013 年版，第 43—45 页。

② 指夏收夏种。

食,迟插一天秧就要少打好多粮食。① 在高坪水库,当张帼英向习仲勋详细地汇报高坪水库是中国第一个用水冲积而成的水坠坝,比一般的水库坝头质量、功效都高,是从西安秘密请的水利工程师来设计、施工和指导时,习仲勋称赞张帼英能甄别是非、大胆用人,对她的工作给予全面肯定,鼓励她大胆、努力工作。杨应彬当场赋《高坪水库赞》诗一首:"疑是瑶池移粤北,更从东海请蓬莱。人民自有量天尺,锦绣山河任剪裁。"省委副秘书长张汉青也写了一首《女书记》来赞扬张帼英的优秀品德:"雨后新松绿满枝,丹峰锦水不为奇。自来华夏多俊杰,巾帼不肯让须眉。"

在丹霞山视察时,习仲勋坚持要求登上丹霞山的别传寺视察开发情况。他说:"丹霞山旅游资源丰富,发展旅游业时不我待。首先给韶关厂矿企业职工、人民群众有个游览休闲的地方,再是广州的人民群众来这里游玩也不远,再就是港澳同胞、华侨华人回来可以观光祖国的美好河山。总之,旅游业是为人民服务的,必须从这一点出发。搞旅游建设一定要为子孙后代着想,注意保护自然生态,不要在风景区内乱砍、乱伐、乱建,不要大搞菩萨,原有的可以作为文物保存下来。适当搞点供人民群众小休、小吃的地方。旅游景区一定要规划好、管理好。"② 1984 年春,习仲勋

---

① 中共广东省委党史研究室编:《习仲勋主政广东忆述录》,中共党史出版社 2013 年版,第 45—46 页。

② 中共广东省委党史研究室编:《习仲勋主政广东忆述录》,中共党史出版社 2013 年版,第 47 页。

为了支持丹霞山旅游业的发展，还亲笔题写了"丹霞山"三个字。①

仁化是粤北山区小县，改革开放初期遇到的最大问题就是农村要不要搞家庭联产承包责任制。对这个问题，省委、地委、县委各级领导干部都有不同的看法，思想分歧很大。韶关地区清远、仁化两个县的包产到户搞得最快，但是仁化县的改革遭到韶关地委个别领导的反对、批评，勒令要改回承包前的状态。习仲勋到仁化调研，给基层干部撑了腰②，促进了农村家庭联产承包制度改革，促进了仁化旅游业的发展。习仲勋平易近人、工作务实的态度，也深深地影响了张帼英等仁化县的基层干部。

三、推行经济体制改革

（一）农村经济体制改革

中共仁化县第四届委员会第六次全体（扩大）会议于1983年3月11—12日在丹霞山中国旅行社举行，会议传达中共广东省第五次代表大会精神是改革、前进、开创新局面，为实现四个现代化③，必须进一步实行一系列改革，坚定不移地贯彻执行党中央的方针，从实际出发，全面系统地改，坚决有序地改。为抓中央1983年1号文《当前农村经济政策的若干问题》的贯彻落实，

---

① 苏秉炽：《关于请习仲勋老书记题字的情况》，《韶关文史资料》第三十七辑（《党和国家领导人在韶关专辑》），中国人民政治协商会议广东省韶关市委员会文史和学习委员会编，粤内准字2010第0099号，2011年11月，第299—301页。

② 中共广东省委党史研究室编：《习仲勋主政广东忆述录》，中共党史出版社2013年版，第48页。

③ 四个现代化：工业现代化、农业现代化、国防现代化、科学技术现代化。

重点抓准几点。

农业方面，仁化县提出坚定地沿着包、专、联、改的路子前进。首先，在完善大田联产承包责任制的同时，把包字推广到林、牧、副、渔各业中去，实行开发性的大包干，把荒山、荒地、荒田、荒山塘、荒水库、荒河涌等包给个人开发，生产出更多的社会商品；其次，在包的基础上，扶持发展专业户、重点户。

工业、财贸等经济部门，都要全面推行包干制。实行经济承包，要兼顾国家、集体、个人利益，做到国家得大头，集体（企业）得中头，个人得小头，奖金不封顶。在经济改革中，一定要抓大头，各种承包一定要包得合理、准确，承包的合同必须经过县批准。包干形式，工业可包到企业、车间、班组、个人或厂长（经理）；商业可包到门店、集体、个人或经理。商业的改革，要解决供销不对路、渠道不畅通、经营不灵活的问题。整个商业体制应当以国家为主导的"两多一少一建立"，即多种经营（国家、集体、个人）、多种流通渠道，少环节，建立经营责任制。商业小商店、服务行业、建筑业、修理业等行业，可以包给经理，也可以包给小组、包给个人，并要扩大企业的自主权，试行厂长（经理）承包责任制，企业所有和积累仍然是国家和集体的。厂长（经理）在国家或集体授权范围和承包期限内，有一定的人权、财权、物权，处理企业事务。超额的利润实行分成，厂长（经理）的报酬可高二三倍。

机关行政单位，着重抓好岗位责任制的落实，把奖金同出勤多少、工作表现好坏结合起来，进一步调动广大干部、职工的积极性和创造性，完成各项工作任务。无论哪个领域、哪条战线、哪个部门、哪个单位，在推行承包责任制时，都要从实际出发，不要搞一刀切。

1984年8月28日，中共仁化县委常委扩大会议召开，时任县委书记李国新作总结发言。要求"立即行动,扎实工作,组织翻番"。要加快改革步伐,主要是搞好工商企业的改革。如400万元以上固定资产的企业,实行利改税①第二步工作;300万元以下固定资产、30万元以下利润的企业和8万元以下或2万元以下的门店,各部门通过试点,逐步全面铺开。

在1983年9月仁化县三级干部会上,有几个大队发展企业的材料,在全县有较大影响。黄屋大队办起了9个企业,如电站、沙场、小食店、装卸队等,购买拖拉机、汽车加入运沙,办鸭子养殖场,年收入10.15万元,不再从农民身上抽钱调粮,大队承担了大队干部、民办教师、赤脚医生的工资。

1987年11月6日,中共仁化县委发文《关于加快乡镇企业发展的若干意见》,文件提出由于县乡镇企业发展的步伐比较缓慢,与形势发展的要求和乡镇企业在农村经济中的重要地位很不适应,因此要把发展乡镇企业作为振兴仁化县经济的重大措施和突破口来抓。文件提出了要加强领导、健全机构;改善宏观管理,提高经济效益;培养和引进人才,提高素质;实行优惠政策,进一步加速乡镇企业发展等几项措施,以鼓励发展乡镇企业。

在广大农村以联产承包责任制为主要内容的农村第一步改革取得成功以后,逐步转到以发展商品经济为中心任务的第二步改革。

贯彻中央关于把农村改革引向深入的精神。改革开放的头几年,仁化所取得的成效是初步的。如何把农村改革引向深入,就

---

① 利改税:指国营企业原来向国家上交利润的大部分改为征收所得税,于1980年开始实施。第一步主要是对有盈利的国营企业征收所得税,即将利润改用所得税的形式上交国家;第二步是将国营企业原来上交国家的财政收入改按不同税种向国家交税,即由税利并存逐步过渡到完全以税代利。

要从体制改革入手。在农村巩固联产承包责任制,把基层供销社改革作为突破口,恢复合作经济的本来面目,改姓"官"为姓"民"。加快其他部门的改革,改变关卡林立、渠道不通等问题。进一步放宽政策,给农民"松绑",指导思想是国家、集体、个人利益三兼顾。国家、集体、个人一齐上。如煤炭生产,允许多种形式联合办矿,井巷基金使用放宽。发展水电方面,实行"谁建,谁有,谁管,谁受益"的政策,"以电养电"。引进外资、技术进行改造。林业方面,自留山可扩大到0.33公顷。区、乡、村林场实行联产承包责任制。

改革农产品统购派购制度。改革开放后,农产品统购派购制度逐步实行改革。1979年以前,商品购进是按计划分配的。1990年以后,随着市场开放,打破了购进界限,向五个省、市采购日用工业品、针织品、副食品等,为减少商品购进环节、降低成本,采取直接到工厂采购或为厂家代销、联营展销、协助推销、专营专销、联购分销等方式供应市场。

1978年,全县完成粮油定购任务7895吨。1981年改变粮油统收、统支的管理体制,实行粮油购销调拨大包干,一定三年。1985年取消粮食统购,实行合同定购。全县共8个区、1个镇、3个林场(含72个乡、575个村)15438户农民与国家签订了粮油定购合同。1991年5月起,按国务院要求,合同订购改为国家定购,仁化粮食任务是贸易粮9250吨,其中公粮1763吨,总任务比1990年减少了775吨。曾出现第二周期的卖粮难、谷贱伤农问题。1992年,经国务院批准,广东率先放开粮食购销市场,取消合同定购,改为市场调节。上级政府不再下达指令性任务,由原韶关市计划委员会下达指导性粮食收购计划,各县有权自己定价,议价粮敞开收购,不挂牌,也没有保护价。

粮油销售1978年仍按1955年国务院颁布的6种类别定每人

每月粮食标准，1992年3月26日，广东省人民政府发出《关于改革粮食购销管理体制的通知》，放开粮食购销价格，即取消粮食定量供应，保留城镇居民的粮食关系，原粮食关系迁移管理方法不变。之后，除军供粮油按规定凭证供应外，结束了城乡居民凭证供粮的历史。

木材采伐在1982—1984年据计划部门下达的任务，逐级下达到镇、村民委员会、村小组，由基层林业部门核发林木采伐证，与林木单位和个人具体签订材种、数量及规格等购销合同，按照合同进行采伐和收购，1985年起执行限额采伐、凭证采伐和凭证收购制度。

调整产业结构。在1979年的社会总产值中，农业占48.8%，工业占32.1%，其他各业（商贸流通服务业）占19.1%。各业占社会总产值的比重从大到小的排列顺序是农业、工业、商贸流通服务业。仁化是一个农业大县，农业占了较大比例，其中种植业产值占农业总产值的比重为46.8%，调整产业结构，要把过去"以粮唯一"的单一结构，初步调整为农、林、牧、副、渔协调发展，农、工、贸初步结合的多层次的产业结构。转移部分劳动力，发展第二、第三产业，调动农民搞商品生产的积极性。1986年商品率达到58.4%。

调整农业生产结构，就是调整种植业同林、牧、副、渔的比例，使五业兴旺发达。调整农村产业结构，就是随着商品农业、创汇农业的发展不断调整农村产业结构，把农业剩余劳力转向发展第二、第三产业。第二、第三产业产值从1978年的1∶0.5，发展到后来的1∶1.3。

培植专业户和重点户。中共仁化县委1983年3月31日发布《关于发展重点户、专业户的意见》指出，据不完全统计，全县有各类重点户、专业户约1000户，占总农户的5.8%，中共仁化县委要求1983年全县重点户、专业户达到2500户，占总农户数的15%左右，并根据仁化县实际，提出了标准：第一，在种养方面，养猪20头以上，养牛10头以上，养羊20头以上，养鱼0.33公顷以上，养"三鸟"500只以上，养兔100只以上以及造林1.33公顷以上，或育林0.13公顷以上，或管理林木6.67公顷以上；第二，经营烧砖瓦、做土纸、割松香、放香菇、木耳、搞运输等专业性生产，其收入占总收入50%以上。各公社要根据这些要求，把发展重点户、专业户的任务落实到农户。

发展重点户、专业户必须坚持自愿互利，因地制宜，产销对路的原则，充分发挥本地优势，种养、加工、流通同时进行，尤其要多搞些开发性的专业，如大力开发利用荒山、荒地、荒塘搞种养等，还要大力疏通流通渠道，确保产销对路。

发展农村集市贸易。在发展生产的同时，认真办商业，做好生意。国营商业供销合作商业，围绕适应百家经商、竞争激烈的新形势，克服官商作风，改善服务态度，提高竞争能力。为发展农村集市贸易，中共仁化县委召开专门会议，重视集镇建设。提出把城镇办成政治、经济、文化、商业中心，办成商品交换的主要基地。要求各地以战略高度来认识集镇建设的问题。第一，规划好小乡镇的建制。在凡口圩建立区级镇，行政领导属县管辖，干部配备由凡口负责。第二，防止乱占、乱建。私人在圩镇建房要纳入圩镇建设规划。第三，搞好城市的清洁、卫生和公路两旁的绿化工作。各地下决心改变镇容镇貌，仁化镇（2006年撤销）在环卫方面曾受到中共韶关市委领导的表扬。第四，为群众办一些公共事业和建一些公共设施。建一批柴米油盐供应点、公共厕所、娱乐场所、文化科技活动中心等。第五，做好为农民进城（镇）的各项服务工作。如解决一批农民入城镇的临时户口，帮助解决他们做生意的门店地盘，帮助解决销售产品的交通、投宿、吃饭、产品卖剩寄存等问题，使农民进城（镇）从事其他行业得到方便。恢复了各乡镇圩日，三天一圩，平原与山区叉开，便于流动经商者扩大业务范围。由于一系列扶持政策出台，全县集市贸易繁荣起来，到 1987 年，个体商户林立，村边、路旁随处可见，全县从商人员达数千人，门店达 2000 多间，流动经商人员数百人。

（二）启动城镇经济体制改革

城镇经济体制改革，贯彻"调整、改革、整顿、提高"的方针。要转制的尽快转集体、个人或联办。首先，抓现有企业的改革挖潜工作。更新设备，改进技术，扩大生产力和规模。其次，多种形式兴办一批新企业。大力发展小煤窑、小矿山、小水电，以及建材业、加工业、运输业、服务业。再次，突出办好一批重点骨干项目。乡镇企业需克服"大鸡不吃小米"的思想，在资金、技术不足的前提下，抓外引内联。

1983 年 8 月下旬，中共仁化县委、县人民政府召开三级干部会，强调要充分认识政企分开，建立乡政权的重要意义。长期以来，经济管理单纯依赖行政手段，忽视经济手段的运用，导致政企不分。在政治体制方面，造成权力过于集中，党政不分，以党代政，党不管党，甚至出现瞎指挥、劳民伤财等严重问题。在总结试点经验后，全面铺开政企分开。在城口进行试点近 2 个月，学习新宪法，学习有关文件，明确选配班子按"四化"要求，对原有干部进行全面调查了解，召开各类型的座谈会，并广泛开展谈心活动，党委成员、工作组主动找大队干部谈心。经几上几下，拟出选配乡三套班子的方案。

1979 年，全县仍是 8 个人民公社和 1 个镇，共辖 84 个农村生产大队，2 个圩镇大队，797 个生产队。1984 年 5 月，实行区乡建制体制，公社改称区公所，大队改称乡（镇）政府，生产队改为村民委员会。全县改区后划分为丹霞、董塘、石塘、红山、城口、长江、扶溪、闻韶8个区公所和仁化镇（区级镇），共辖76个乡，1个管理区，2个乡级镇，797个村民委员会，3个居民委员会，进一步健全和完善了农村政权机构和管理机构，加强了基层政权建设。

改革长期以来政企不分、政府包揽一切的做法。对国营工商企业实行全民所有，集体承包，独立核算，按章纳税，自负盈亏。大力改革计划管理体制，缩小指令性指标，放宽政策性的不必要的限制。供销系统改官办为民办，改全民所有制为集体所有制，把它办成发展商品生产的综合服务中心，充分发挥其在商品流通中的主渠道作用。基建和建筑业实行经济包干责任制和招标责任制。在人事、劳动、工资制度的改革方面，国营、集体企业的领导干部任免制改为选举制，能上能下；改招固定工为合同工，能进能出。

1984年8月28日，时任中共仁化县委书记李国新在县委常委会上指出，要积极做好外引内联工作。发展区乡企业，解决区乡企业存在资金不足、设备落后、人才缺乏的问题。大力发动群众做"红娘"，将国外的、县外的资金、技术、人才引进来，以他人之长，补本县之短。同时，多争取驻仁化的中央、省、市厂矿支持。对本县各种技术人才、社会上的能工巧匠进行一次全面的普查，挖掘潜力，充分发挥他们的作用。县及区乡尽可能多抽人力安排分管外引内联工作。

采取"借梯上楼"的办法，积极引进资金、技术、人才和设备。到1986年，有13个企业与香港、广州等地区开展了横向经济联合，引进资金600多万元，较好地改造了一批企业，促进了本地资源的开发和利用。1982年4月，仁化对外贸易公司与香港剑兴园珠宝石公司签约兴办丹霞园珠宝石厂，到位外资40万美元。投产两年后，经过技术创新，使产品从单一墨石类 3 个品种，增加到 5 个种类，30 个品种。为仁化"三来一补"[①] 企业开了个好头，也为仁化横向经济协作开拓了道路。同年在仁化建成了广东省第二个生产远洋产品基地，生产的木制家具、酒吧凳、五层架、鞋架、伞架、藤制挽篮、提篮、小饰件、竹筷等竹木藤制品 10 多个品种销往美国、德国、加拿大、日本和港澳地区，藤木制品创产值首次突破百万元大关。1983 年，仁化汽修厂与香港剑锋贸易公司合作兴办仁化第一家"三资企业"——丹霞进口汽车维修中心，利用外资 50 万美元（1984 年合作者改为香港华人贸易行罗锦明）。同年，仁化制衣厂与香港圣力亚贸易公司签订服装来料加工合约，当年生产服装 28.9 万套，价值 81.4 万元。尔后因制衣厂的产品质量好、信誉好，生产的成衣远销美国、瑞士、加拿大和港澳地区，生产不断发展，效益不断提高，企业也获得了较快的发展。

实行财政收支包干制。财政包干制度是财政管理体制中处理中央与地方关系的一种制度，指地方的年度预算收支指标经中央核定后，由地方包干负责完成，超支不补，结余留用，地方自求平衡。对少数民族地区，中央予以特殊照顾。这种制度是中国 20 世纪 80 年代末到 90 年代初的财政模式。

其具体办法在不同年度不同，财政包干的方法在 1971 年开始实行，在当时情况下是一种传统有效的方法，它扩大了地方的财政收支范围和管理权限，调动了地方筹集财政基金的积极性，有利于国家财政的综合平衡。从 1980 年起，中国财政部门又采用"划分收支，分级包干"的新体制。这一体制的特点是：明确划分中央和地方的收支范围，以 1979 年各地方的财政收支数为基

---

① 三来一补：来料加工、来料装配、来样加工和补偿贸易。

础，核定地方收支包干的基数，对收入大于支出的地区，规定收入按一定比例上缴；对支出大于收入的地区，将工商税按一定比例留给地方，作为调集收入；工商税全部留给地方后仍收不抵支的，再由中央给予定额补助。收入分成比例或补助支出数额确定后，5年不变。地方多收可以多支，少收可以少支，中央不再增加补助，地方财政必须自求平衡。这种办法改变了吃"大锅饭"的现象，所以又被称为"分灶吃饭"的财政体制。从1989年起，又调整基数，实行"划分税种，核定收支，分级包干"的体制，使得财政包干制度更加完善。

但随着市场在资源配置中的作用不断扩大，其弊端日益明显。主要表现在：税收调节功能弱化，影响统一市场的行程和产业结构优化；国家财力偏于分散，制约财政收入合理增长，特别是中央财政收入比重不断下降，弱化了中央政府的宏观调控能力。在此背景下，在国务院推动下，分税制改革出台，主要内容是：按照中央和地方的事权划分，合理确定各级财政的支出范围；根据事权与财政结合的原则，将税种统一划分为中央税、地方税和中央地方共享税，并建立中央税收与地方税收体系，分设中央与地方两套税务机构分别征管，实行规范的中央财政对地方税收返还和转移支付制。

改革开放后，工作重点转移到经济建设上来，逐步实行了改革，社会事业得到较快发展，新风貌的出现大大鼓舞了广大干部群众，人们对国家的复兴充满了希望。1986年9月5日，中共仁化县委、仁化县人民政府共同发出了《仁化县经济体制改革总体方案》，总的指导思想是：坚持有计划的商品经济与市场调节相结合的方向，围绕搞活企业这一中心环节，巩固、消化、补充、改善已经出台的改革措施，大力开展横向经济联合，为企业发展创造良好的条件，逐步完善市场体系，探索宏观经济间接管理的调控手段。促进全县商品经济的繁荣发展。宏观调控体制改革方面，主要抓了几项改革：第一，流通体制改革；第二，财税金融体制改革；第三，投资体制改革；第四，计划管理体制改革；第五，物价管理体制改革。此外还进行了企事业制度改革：第一，商业制度改革；第二，农村信用制度改革；第三，企业管理制度改革；第四，教育事业体制改革；第五，医疗卫生体制改革。

1989年，在中共仁化县委员会召开的第一次县委常委（扩大）会议上，时任中共仁化县委书记周沛然在讲话中强调，扎扎实实抓好经济工作，促进各项事业的发展。加速经济建设步伐，继续抓好治理整顿工作，严格审核、审批国有资产控资规模，把基建投资规模压下来；继续清理整顿各类公司，让流通领域更流畅；严控非生产性的开支，确保必要的生产流动资金。切实加强工业工作，保持合理的发展速度。主要扩大电的来源，增加适销对路的产品，抓好煤、水泥、结晶硅和硅铁等产品的销售。深化企业内部改革，开展"双增双节"[①]活动，提高劳动生产率，提高产品质量，降低生产成本。加强财税工作，严控财政支出，确保资金投入合理性。

鼓励发展私营企业。改革开放初期，仁化县私有经济发展较缓慢，全县社会商品零售额仅三四万元。1984年，仁化县人民政府颁布了《关于鼓励扶持个体私有经济发展的规定》，1986年开始出现私营企业。对私营企业，中共仁化县委、县人民政府给予许多优惠政策，如新办企业3年免收管理费，私营企业较迅速发展起来。

从个体商业来看，个体私营经济由小变大、由弱变强，城乡分布格局发生重大变化。20世纪80年代前，个体私营商业主要

---

① 双增双节：增产节约、增收节支。

分布在农村，进入20世纪90年代，布局发生显著变化。1989年底，仁化县农村的个体工商业占全县总数的78.4%，而20世纪90年代中期，则城市个体工商业占全县总数的58%，说明20世纪90年代起，已逐步向城镇发展个体工商业。主要行业是商品销售、餐饮、旅游业与娱乐业及特种服务行业。如个体工商户、私营企业1987年商品销售1192.32万元，占全县商品销售6540万元的18.2%，到20世纪90年代，占六七成以上。进入20世纪90年代，餐饮业出现了聚英楼、鸿运酒家、锦都饭店、百合酒家、长江饭店等规模较大的餐饮企业。又如特种服务行业，到1990年止，有360户从事该行业，是1979年登记管理以来的62倍。

四、完善市场体系

（一）初步建立社会主义市场经济体系

按社会主义市场经济体系的要求，市场机制是价格、供求、竞争、利率、工资等市场运行要素所形成的有机联系和运动功能。市场机制包括价格机制、供求机制、竞争机制、风险机制、利率机制等等。

1993年4月6日，中共仁化县委召开全县经济工作会议，时任中共仁化县委书记邓苏夏作《认清形势，真抓实干，力争我县经济上一个新台阶》的报告。强调扫清思想障碍，勇于开拓。当时人们对抓机遇赶上先进地区的观念较淡化，缺紧迫感和危机感，被姓"社"姓"资"的抽象争论仍困扰着，束缚了手脚。该会议要求全县上下认清形势，彻底澄清错误的认识，要把小农经济的观念转变为商品经济的观念，纯计划经济的观念转变为市场经济的观念，平均主义的观念转变为按贡献大小领取报酬的观念，热衷于全民所有制的观念转变为适应多形式混合型所有制、股份制的观念，求稳怕乱的观念转变为只要符合"三个有利于"① 的原则就大胆干的观念。

正因为全县上下动员，克服了绝大部分人陈旧思想认识的障碍，使仁化各项经济工作上了新台阶。工业方面，抓紧"跑"新项目，上有一定规模、有档次、有效益的项目。乡镇企业抓项目因地制宜，积极发展有特色的产业。发展农业，再调整优化农业结构，发展"三高"农业②。山下蚕桑、沙田柚、花生、蔬菜，山上白毛茶、松香、油桐、毛竹等。推广新品种，抓好农产品流通。发展经济，引进资金、人才、技术等，引进外资，发挥外经、外贸、外事、侨务、统战等部门"穿针引线"的作用，大办股份制企业。对已有国有企业进行改造，如群乐塑料厂按股份制建立起来，从兴建起一年不到，生产 10 多个产品，市场广阔，职工的主人翁精神得到体现。县办丹霞旅游经济开发试验区也引起不少投资商前来投资。通过举办旅游观光活动，进一步提高了该开发区的知名度。社会主义市场经济体系在与计划经济体系的激烈较量中逐步形成起来。

（二）理顺政企关系

要使企业成为自主经营的法人，就要转换经营机制。首先，落实企业的经营自主权，成为依法自主经营、自负盈亏、自我发展、自我约束的经济实体。其次，精简机构，转变职能。围绕转换企业经营机制和发展市场经济的要求，政府机构改革，就是不能再用计划经济的尺度来衡量市场经济的事物。大力支持地方发展经济，各单位要保驾护航。实现政企关系由以往的政企不分向

---

① 三个有利于：是否有利于发展社会主义社会的生产力、是否有利于增强社会主义国家的综合国力、是否有利于提高人民的生活水平。

② "三高"农业：指高质、高产、高经济效益的农产品或项目。

无行政上级隶属的企业转变，过去政府管理经济由实物的、直接的、一对一的管理向价值的、间接的、行业性的管理转变，国有资产的管理由实物化向价值化、货币化、证券化转变，企业经营者由政府任免向董事会转变，经营战略由依赖型向自我发展型转变，等等。总之，企业打破"大锅饭""铁饭碗"的状况，政府改变包揽一切的做法，让企业真正作为自主经营的法人，仁化已迈出一大步。

1993年4月，仁化县体制改革委员会、经济委员会共同起草了《仁化县贯彻执行〈全民所有制工业企业转换经营机制条例〉试行办法》，由中共仁化县委、县人民政府联合发文各镇党委、政府、县直各机关部、委、办、局和企业落实执行。为了加快工业企业转换经营机制的步伐，中共仁化县委、县人民政府1997年4月18日专门制定了《关于加快工业发展的若干规定》的文件，对国有资产实施战略重组、企业实行"抓大放小"等国有资本退出一般性竞争性领域、小企业实行兼并、承包、租赁、破产、拍卖、股份责任制等多种形式转换经营体制作了明确的规定，有力地促进了工业企业经营机制的创新。

党的十五大后，市场经济建设全面推进。农村完善统分结合的双层经济体制，联产承包又迎来新周期。山林产权明确，调动治山的积极性。工业、主要县属国企进行改制，通用厂、水泥厂、印刷厂、医药公司等转制后，安排工人下岗再就业。在流通体制改革方面，鼓励集体、个体、私营企业参与流通的竞争，搞活经济。加大医疗、住房、失业、养老等社会保障制度的改革，住房进一步市场化，促进房地产业的大发展。医疗改革，使老百姓能看得起病。对失业者、退休人员、老人建立基本社会保障制度，维护了社会的安定。

在实施深化改革的进程中，由于有整体的规划方案，有系统有步骤地进行改革,坚持渐进改革的模式,而不是一步到位,谨慎从事,较好地稳定了人心,稳定了经济。从仁化的实际出发,先易后难,把容易解决的先攻下,一步步完善起来,如住房商品化,对购房一时有困难的,采取争取住房公积金支持等办法,鼓励购买商品房,改变了初期单位建集资房的做法。人们收入因行业、地方、专技不同等有较大差距,为缩小差距,对困难的群众进行扶贫,扶贫力度加大,改变了不少地方的生产生活条件。

(三) 现代市场体系建设的成效

1998年后,市场体系进一步建立,攻坚克难,使产业结构有了较大变化。2000年,仁化县社会总产值构成是工业占47.6%,农业占28.8%,流通服务业占23.6%。从人民群众来看,城镇居民收入总体增长较快,且个体劳动收入及工资收入外的其他劳动收入,财产收益明显增长。以2000年为例,全县国有职工年均工资为9633元,集体单位职工为5292元,其他类型单位职工年均工资6695元。城镇居民人均可支配收入7051元,人均储蓄存款为13905元。

从消费情况看,以2000年为例,城镇居民消费支出达6062元。全县农村,由于村与村、户与户之间收入存在较大差距,但较高地来看,2000年董塘五一村人均纯收入达3106元。家庭住户人均纯收入最高的为3718元。较低的一些村人均收入1627元,家庭住房人均纯收入最低的在800元以下。但普遍来说,农村人均收入还是较改革开放前期有了较大的提高。

社会主义市场经济体系建立后,精神文明建设也随之有变化。职业道德教育引起各级的重视,评选出各行业"十佳"一大批。"门难进、脸难看、话难听、事难办"的衙门作风有了改变,人民公仆的精神得到弘扬。各行业创经济效益的同时,注重社会效益的新风尚得到了发扬。

随着仁化县改革不断深入,经济不断发展,人民生活水平不断提高,人民生活从温饱跨入小康,1999年顺利通过了广东省的小康达标验收,成为韶关市首批实现小康达标县之一。

2000年以来,中共仁化县委、县人民政府十分重视以科技进步来推动仁化县可持续发展战略的实施和外向型经济的发展,通过加强领导、增加投入、购置先进设备、强化监督管理等,全县环境和资源保护、外向型经济发展等工作再上了一个新台阶。仁化县不再追逐粗放型的经济增长,而是更加注重保护环境与经济增长相结合,努力建设成为一个绿色的宜居县。

第二节 "生态、活力、幸福"新仁化

一、诚信仁化,连获中国最具投资潜力特色魅力示范县

2017年12月31日,爱国华商投资促进机构美中经贸投资总商会(USCGC)、世界品牌组织(WBO)、世界城市世界企业研究会(WWRA)、欧美亚工商界投资开发联盟(EAAIU)、亚投世界基金管理联盟(AIWFU)、全球战略经济发展委员会(GSEDC)等机构,联合推选2017中国最具投资潜力特色魅力示范县200强名单,在法国巴黎向世界公布,仁化县光荣上榜,这也是继2010年、2011年、2016年后仁化县第四次成功入选。

2017年,爱国华商投资促进机构美中经贸投资总商会、世界品牌组织等机构,组织世界权威专家通过独立公众问卷调查、统计数据分析、实地考察调研和权威专家函评等程序,认为仁化县不仅具有交通区位优势独特,投资潜力巨大,乡村振兴政策支持明显,县域经济由高速增长转向高质量发展成效明显,投资者关注度高等特点,而且还是大力实施乡村振兴战略,带领农民实现美好生活的重要引领者和示范者,在"产业兴旺、美丽宜居、乡风文明、治理有效、攻坚精准脱贫、生活富裕、对外开放、新经济发展、创新发展、生态文明、营商环境、促进区域协调发展"等方面表现突出,起到了积极的引领示范作用。为此,把仁化县推选为"2017中国最具投资潜力特色魅力示范县"。

（一）仁化具有区域经济发展优势

仁化人文底蕴深厚、民风淳朴。汉初，南越王赵佗就在仁化北端隘口筑有城池。南朝齐年间（479—502），始建仁化县，距今1500多年。仁化是一块红色的土地，"仁化暴动"打响粤北湘南暴动第一枪，受到中共六大和共产国际的关注，为中国革命提供了宝贵经验；毛泽东、朱德、彭德怀、陈毅、邓小平等老一辈无产阶级革命家曾在此留下过光辉的足迹，是红军长征的重要一站。仁化人杰地灵，历代杰出人物层出不穷，古代有唐朝著名政治家、文学家、诗人、名相张九龄，当代有开国中将谭甫仁等。文化风情独特，民间舞龙舞狮、唱山歌、唱"月姐歌"等群众文化活跃，其中"月姐歌"被列为省级非物质文化遗产。

仁化山清水秀、风光旖旎。境内有"丹霞地貌"命名地、世界自然遗产、世界地质公园、国家风景名胜区、国家AAAAA级旅游景区、国家自然保护区——丹霞山，仁化县丹霞源国家水利风景区，中国历史文化名村、中国传统村落、国家AAA级旅游景区、中国最美古村落——石塘古村，全国重点文物保护单位、广东省爱国主义教育基地、广东省中共党史教育基地——双峰寨，省内唯一的唐代古塔、全国重点文物保护单位——云龙寺塔等；有唐、宋、明、清历代不同风格的宝塔14座，有中国"古塔之乡"的美誉。

仁化物产丰饶、交通便利。仁化生态环境优美，森林覆盖率达78.92%，是广东省重点林业生态县，素有广东省"毛竹之乡""白毛茶之乡"的美称。水力资源丰富，是全国首批农村初级电气化达标县。自然资源丰富，铅、锌等矿产资源蕴藏量大。交通区位优势明显，随着武深高速（仁化段）建成通车，仁化县形成一铁（赣韶铁路）、两高（韶赣高速、武深高速）、三国（G323、G106、G535）、四省（S246、S342、S244、S517）的四通八达、纵横交错的交通网络，锦江河与浈江河交汇后流入北江，再汇入珠江，是连接珠三角和内地的桥头堡。

（二）仁化积极优化营商环境，提高招商引资实效

1. 强化资源整合，压实工作责任。一是广大干部牢固树立"经济要发展，招商是关键"的观念，切实把招商引资工作作为第一要事来抓，采取中共仁化县委、县人民政府主要领导抓总，一个牵头县领导挂点一个产业、一个责任部门组建一支产业招商小分队进行招商。二是找准招商引资的切入点，针对优质项目迟迟不能落地的问题，由分管副县长亲自跟踪协调，并由仁化县人大、县政协、县委县政府督查室对全县招商引资工作推进情况定期督查督办，确保招商项目顺利推进。

2. 强化环境优化，提升服务水平。仁化县高度重视招商引资的政策制定和优化，一是先后印发了《仁化县促进招商引资工作实施意见》《关于进一步优化仁化县投资营商环境的具体措施（试行）》《仁化县招商引资奖励方案》《关于建立仁化县产业发展联席会议制度的通知》等优惠政策；二是进一步提高行政审批效率和企业办证效率，仁化县有244项行政许可事项办理时间平均缩短了12个工作日。同时，全面开展"减证便民"行动，实施"马上办""跑一次""零见面"服务模式，不断提高政务服务效率。

3. 强化要素保障，加快项目建设。一是不断完善工业园区基础设施，合理规划布局，确保用地保障，提升园区竞争力，为引进高质量项目奠定坚实的基础。二是加强项目跟踪服务，执行好县领导及相关单位联系重点项目责任制度，对招商项目真正做到"贴身保姆式"服务。同时，定期召开项目联审联批会议，研究审核企业落地事宜，对已在仁化县落地企业，建立健全"企忧档案"和县领导挂点联系制度。

（三）仁化全力推动乡村振兴工作

按照省、市"3年取得重大进展、5年见到显著成效、10年实现根本改变"要求，结合"一三九"发展战略目标任务，仁化县提出到2020年，乡村振兴取得重大进展，农村高质量全面建成小康社会；到2022年，乡村振兴取得显著成效，农村人居环境明显改观；到2027年，乡村振兴取得战略性成果，农村落后面貌实现根本改变。

以提升基层组织力为关键，推动乡村组织振兴，全面形成抓基层党建的整体合力。以示范园区为依托，推动乡村产业振兴。以落实"河长制"为突破，推动乡村生态振兴。以创建全国县级文明城市为抓手，推动乡村文化振兴。

仁化县入选中国最具投资潜力特色魅力示范县后，将会受到海内外投资商的广泛关注，不仅是全球金融投资机构关注的焦点，而且也将成为中外游客竞相前往的旅游首选地和海外华人回国创业投资的热土。仁化县将继续全面深入学习贯彻中共十九大精神和中央经济工作会议、中央农村工作会议精神，以及中共中央和省、市、县委各项工作部署，坚持以习近平新时代中国特色社会主义思想为指导，坚持以供给侧结构性改革为主线，坚持以人民为中心的发展理念，坚持全面深化改革，落实高质量发展的要求，积极转变发展方式，坚决执行中共仁化县委"一三九"发展战略，深入开展"九大任务"攻坚行动，把唱响红色主旋律、打造绚美大丹霞、产业共建、城镇提升和乡村振兴发展作为今后重中之重的工作，坚决打好"防范化解重大风险、精准脱贫、污染防治"三大攻坚战，推动质量变革、效率变革、动力变革，促进经济社会持续健康发展，着力建设"生态、活力、幸福"新仁化，为确保如期全面建成小康社会、开启全面建设社会主义现代化新征程奠定坚实基础。

二、全景仁化，誉为中国最美县域

在第十四届中国（深圳）国际文化产业博览交易会上，仁化县入选"2018中国最美县域"，是广东省获得此殊荣的7个县之一。"中国最美县域榜单"是一个不受商业因素影响的公益榜单，评价的核心标准是"丰富的旅游资源""很好的生态环境""地方政府对旅游业的高度重视"和"较好的消费者口碑"。目的是"发掘美、传播美、享受美"，成就全域旅游品牌，助推全域旅游的发展，用旅游业带动区域经济的发展。

仁化县山清水秀、风光旖旎，极富自然之美。这里有世界自然遗产、世界地质公园、国家AAAAA级景区——丹霞山，仁化县丹霞源国家水利风景区，省级地质公园——万时山，四季如画的丹霞灵溪景区以及有"广东最美梯田"之称的扶溪蛇离梯田。仁化县底蕴深厚、民风淳朴，极富人文之美。这里有中国首批传统村落、全国历史文化名村、国家AAA级景区——石塘古村，全国重点文物保护单位、广东省爱国主义教育基地——双峰寨，省内唯一的唐代古塔、全国重点文物保护单位——云龙寺塔；有唐、宋、明、清历代不同风格的宝塔14座，是中国"古塔之乡"。留下了毛泽东、朱德、彭德怀、陈毅、邓小平等老一辈无产阶级革命家的光辉足迹，是红军长征突破第二道封锁线的重要战场。仁化县物产丰饶、交通便利，极具后发之美。森林覆盖率高达78.92%，是广东省重点林业生态县，素有广东省"毛竹之乡""白毛茶之乡"的美称。是中国"有色金属之乡"，境内有亚洲最大的铅锌矿生产基地——凡口铅锌矿、世界单产最大的铅锌冶炼企业——丹霞冶炼厂。是连接珠三角和内地的桥头堡，有一铁（赣韶铁路）、两高（韶赣高速、武深高速）、三国（G323、G106、G535）、四省（S246、S342、S244、S517）的便利交通网络。

依托丰富的资源优势，仁化县以丹霞山为龙头全力创建国家级和省级全域旅游示范区，全域旅游呈现快速发展态势，仁化县先后荣获中国最佳生态休闲旅游名县、全国最美生态旅游示范县、中国最具投资潜力特色魅力示范县、全国县级文明城市提名城市、中国最美县域等称号。在仁化县，生态旅游、红色旅游、乡村旅游、农业体验游等呈现勃勃生机，2017年，全县接待游客总人数951.28万人次，旅游收入54.82亿元，分别同比增长11.61%和11.70%。2018年1—8月，全县接待游客总人数611.87万人次，同比增长10.92%，其中过夜人数209.18万人次，同比增长22.32%，实现旅游收入37.49亿元，同比增长17.92%。

（一）强化顶层设计，全域统筹布局

根据习近平总书记提出"绿水青山就是金山银山"的发展理念，立足自身优势和资源特色，2016年仁化县提出了打造全域旅游的战略构想，并于2017年1月成功入选广东省首批41家"省级全域旅游示范区"创建单位名单。组织编制了《仁化县全域旅游发展规划》和《仁化县旅游发展总体规划》，对标创建国家和省级全域旅游示范区要求，出台了《仁化县旅游发展专项资金管理暂行办法》，成立了由中共仁化县委书记担任组长、县党政班子领导成员任副组长的仁化县旅游工作领导小组和专门办公室。召开了创建动员会、推进会、现场会，建立了旅游工作联席会议制度，加强统筹协调，率先在韶关市建立了"1+3"[①]全域旅游综合管理体制，制定了《仁化县创建国家和省级全域旅游示范区三年攻坚行动方案》，并将全域旅游工作列入党委政府绩效考核

---

① 1+3："1"指设立旅游发展委员会，"3"指设立旅游警察、旅游巡回法庭、工商旅游分局。

内容。构建"党委统筹、政府主导、部门联动、市场运作、社会参与"的旅游发展运作机制,形成"全面抓、全面管、全面建"的全域旅游推进工作格局。

(二)实施项目带动,打造全景仁化

坚持规划引领,项目带动。至2018年,仁化县成功打造了徒步丹霞、绿色骑行、南粤微长征、环丹马拉松、南粤古驿道定向大赛等户外运动项目,全力打造山地户外运动基地。结合乡村振兴、田园综合体建设等,选取旅游资源禀赋较好的乡村,积极开展A级旅游景区、乡村民宿和农家乐建设,推进乡村建设与旅游产业同步发展。累计发展AAAAA级景区一家、AAA级景区3家,农家乐370余家、民宿近300家,极大带动当地的劳动就业,促进农民增收致富。2018年,仁化县实施了11项环丹霞山旅游项目建设,计划完成年度投资总额近10亿元。引进了亿航丹霞无人机、丹霞丰源温泉等一大批优质旅游项目,主动作为吸引优质资本助推大丹霞以及全域旅游发展。当前,正在全力加快推进丹霞灵溪景区项目、丹霞山南门古洋水乡度假区、丹霞国医(康养)小镇项目等8个重点生态旅游配套项目建设,积极推进丹霞灵溪景区、五马寨创国家AAAA级景区工作进程。推动有条件的镇(街)申报"特色小镇"和"广东省旅游风情小镇"。

(三)推进多业融合,坚持共建共享

全面实施"旅游+",结合乡村产业振兴,大力发展乡村旅游,推进农业与旅游、文化、教育、康养、体验等融合。在"旅游+红色文化"方面,全力推进红军长征粤北纪念馆、城口红色特色小镇、省定党建示范工程第一批"红色村"示范点董塘镇安岗村等项目建设,建成了铜鼓岭红军烈士纪念园,举办了红色古驿道、迷你微长征徒步活动,着力将仁化打造成广东省传承红色基因、唱响红色主旋律的红色革命胜地、爱国主义教育基地,树

立仁化红色品牌。在"旅游+体育"方面,立足丹霞山和仁化丰富的资源,大力发展徒步行、骑行赛、马拉松赛、定向越野等户外运动项目。2017—2018年,仁化先后承办了南粤古驿道定向大赛、以"善美韶关·棋逢丹霞"为主题的"丹霞杯"围棋城市邀请赛、广东省第四届自行车绿道联赛韶关丹霞山站比赛等10多项较大型体育活动,开发了迷你穿越丹霞山、迷你微长征等户外运动项目。2018年还成功举办了首届丹霞山半程马拉松赛。丹霞山脚下的夏富和车湾村沿线道路成了徒步和骑行赛跑道,石塘古村成了定向越野运动基地。在"旅游+工业"方面,依托凡口国家矿山公园等资源,培育工矿遗迹游等特色工业旅游。同时发展以传统工业技术展示、工业文化传承为主体的工业旅游,让企业将生产工艺、品牌产品和企业文化转换为旅游产品,使工业设计、生产、营销过程成为一道旅游风景线。在"旅游+科普"方面,充分利用丹霞山自然学校、南岭生态气象中心科普教育基地等资源,引入中山大学、华南农业大学、中国地质大学、东华大学、韶关学院等30多所院校开展研学基地建设,积极推进各项做强科普名山系列活动,发展研学科普教育旅游,接待境内外研学团队、亲子团队上百个,提供的课程和服务备受好评,研学游学团队成为仁化旅游一大亮点。在做强"旅游+农业+林业"方面,打造了长坝沙田柚等一批生态观光园以及火龙果、贡柑等一批生态采摘园,大力发展休闲农业,培育特色观光农业。通过"旅游+"新业态,实现旅游产品从过去单一的观光游向观光、休闲、度假、体验并重的结构转型,让游客听到仁化故事,看到仁化美景,玩到仁化的特色活动。

(四)优化旅游环境,提升服务质量

2018年,仁化大力实施省道、国道、高速公路、重点景区公路等交通干线沿线路域环境风貌提升和旅游环境综合整治工作,以景区服务质量提升为主题,在旅游综合环境、安全生产状况、游客接待服务等方面常抓不懈,大力提升仁化旅游公路基础配套设施,做好9条旅游公路规划,建设总里程106.7千米,总投资额约11.66亿元。不断完善全县各主要交通干道、各景区的旅游交通标识标牌、观景台、旅游驿站、停车场等配套设施,实现全县主要酒店、民宿、宾馆、农家乐、重点景区无线网络(Wi-Fi)全覆盖。不断完善仁化县游客集散中心及各镇(街)旅游咨询服务中心的服务功能和管理水平。投入300万元建设了仁化县智慧旅游综合管理系统(一期),建成旅游大数据平台、旅游应急指挥中心、短信群发平台、微信小程序、旅游管理应用程序(APP)等智慧旅游子项目。积极推进"厕所革命",截至2018年,完成新、改建旅游厕所53座。建立涉旅企业信用评价机制和"红黑榜"制度,定期发布"红黑榜",从软硬件方面不断提升旅游服务质量。

(五)加大宣传营销,树立城市品牌

注重品牌宣传特色化,营销形式多样化,连续多年成功举办自行车绿道联赛、徒步穿越丹霞、南粤古驿道等旅游品牌赛事,并以半程马拉松赛事、大桥金柚节、红山茶文化节、扶溪禾斋节、黄坑贡柑节、"最美仁化"摄影创作大赛等体育赛事和旅游节庆活动构建品牌特色,扩大仁化县及丹霞山知名度。不断加强与《中国旅游报》、《南方日报》、《韶关日报》、韶关广播电视台、"南方+"客户端、微信公众号、微博等传统和新媒体的合作,组织旅游企业积极参加各类旅游博览会,宣传推介仁化优质旅游资源,不断增强活动的影响力和吸引力。同时,发挥丹霞山龙头带动作用,利用高速公路、高铁、赣韶铁路,以及未来建成的韶关机场等交通优势,把更多的国内外游客吸引到仁化、汇聚在仁化。

（六）发展远景

仁化正在打造一个全域化的旅游目的地，仁化人民将通过优质服务、便捷交通、公共设施领域的全面提升，致力于满足游客对旅行的全部期待，进一步提升仁化旅游吸引力和核心竞争力，打造绚美大丹霞，把大丹霞打造成国内外知名旅游重要目的地、珠三角旅游休闲度假首选地，着力将仁化打造成广东户外运动天堂、休闲旅游观光农业乐园和精品特色民宿集聚地。仁化将以全域旅游为统揽，把全县作为一个大景区整体打造，着力在"旅游+"上做文章，大力推进景区、城区、产业一体化发展，力争用三年的时间，实现旅游业对当地 GDP 综合贡献率达到 15% 以上，旅游新增就业占当地当年新增就业的 20% 以上，辐射带动旅游与一二三产业融合发展，使旅游业成为全县供给侧结构性改革的新引擎，从而实现县域经济的新提升。

站在新的起点，仁化旅游业将不忘初心、牢记使命，追赶超越，以创建省级全域旅游示范区为引领，奋力谱写全域旅游新篇章，为仁化经济建设、乡村振兴发展作出新的更大贡献。

三、立德树人，荣获广东省推进教育现代化先进县

为深入贯彻落实《国家中长期教育改革和发展规划纲要（2010—2020 年）》《广东省中长期教育改革和发展规划纲要（2010—2020 年）》精神，进一步推动仁化县教育事业实现新发展、新变革、新跨越。根据《广东省人民政府关于推进我省教育"创强争先建高地"的意见》和《韶关市创建广东省推进教育现代化先进市实施方案（2015—2020 年）》以及《仁化县国民经济和社会发展第十三个五年规划纲要》中"确保如期全面建成小康社会为目标"的要求，仁化县 2015 年 11 月制定了《仁化县创建广东省推进教育现代化先进县实施方案》，2015 年 12 月正式启动

仁化县创建广东省推进教育现代化先进县（简称"推现"）工作。在推现过程中，因中共仁化县委、县人民政府高度重视，推现措施得力，效果显著，2018年4月18—20日，仁化县创建广东省推进教育现代化先进县工作顺利通过广东省人民政府教育督导室组织的专家组督导验收。2018年5月22日，广东省教育厅授予仁化县"广东省推进教育现代化先进县"荣誉称号。

（一）教育基本情况

一是仁化县2018年有高中阶段学校3所，其中普通高中1所、完全中学1所、中等职业学校1所；有义务教育学校28所，其中初级中学6所、九年一贯制学校8所、完全小学14所，另设有教学点41个；特殊教育学校1所；有幼儿园41所，其中公办幼儿园13所、民办幼儿园28所。全县中小学在校学生26940人，其中普通高中3898人、中等职业学校762人、义务教育阶段22280人（全县义务教育三残适龄儿童113人随班就读，特殊教育学校21人），全县在园幼儿9652人。全县幼儿园教职工890人，小学专任教师1038人，初中专任教师665人，普通高中专任教师325人，中等职业学校专任教师62人。2017年，仁化县学前三年毛入学率为98%；小学适龄儿童毛入学率105.2%；初中毛入学率为116.4%，辍学率为零；高中阶段毛入学率为99.1%，优质学位达100%。二是积极推进社区教育机构建设，构建学习型社会新格局。仁化县建设了仁化县开放大学、仁化县中等职业学校两所社区教育指导中心，11个镇（街）建设了成人文化技术学校（社区教育学校），90%以上的行政村（居）建设了社区教育学习站。三是仁化县图书馆、博物馆、青少年宫、体育中心、美术馆、学生综合实践基地等社会教育机构健全，设备完善，为青少年学生参加研究性学习、综合实践提供了保障，较好地满足社会群众的教育和文化生活。

（二）推进教育现代化的简要历程

仁化县始终坚持科教兴县和人才强县战略，落实教育优先发展，把教育纳入全县经济社会整体规划，积极探索农村教育向城市教育、传统教育向现代化教育的发展之路，坚定不移地推进教育现代化建设，经历了基础、发展、跨越三个阶段。

1. 基础阶段：1990—2007年，实施普及九年义务教育，改善贫困地区义务教育薄弱学校办学条件，调整学校布局，拉开教育现代化序幕。

中共仁化县委、县人民政府贯彻落实上级决策，把教育作为推动县域经济社会发展的百年大计来抓，出台了一系列关于普及九年义务教育、改善贫困地区义务教育薄弱学校办学条件等教育改革的决定，调动县、镇（街）、村三级办学积极性，加快校舍建设，改善办学条件，1994年实现普及九年义务教育，1997年实现"教者有其居"。随后，着力开展改造薄弱学校，并与推进中小学布局调整、农村义务教育学校危房改造、高中阶段教育扩容促优、教育信息化建设等结合起来，极大地改善办学条件，整合优化了教育资源配置，拉开了推进教育现代化的序幕。

2. 发展阶段：2008—2013年，创建教育强镇、强县，增强教育现代化基础。

2009年，仁化县启动创建广东省教育强镇工作，大力推进规范化学校建设，抓好农村教育资源均衡调配，进一步缩小了城乡教育差距，董塘、城口于2010年5月成功创建为广东省教育强镇。2011年初，中共仁化县委、县人民政府作出了全面创建广东省教育强县的决策，2013年3月成功创建为广东省教育强县。到2013年9月，全县11个镇（街）全部创建成为广东省教育强镇（街），实现教育强镇（街）全覆盖，县域教育现代化水平得到增强，夯实了教育现代化的基础。

3. 跨越阶段：2014—2017 年，推进教育现代化，提升教育综合发展水平。

2016 年 2 月，仁化县被教育部认定为"全国义务教育发展基本均衡县"，基本实现城乡教育发展一体化，城乡孩子享受到前所未有的优质教育资源。中共仁化县委、县人民政府抓住机遇，顺势而为，瞄准教育现代化目标，继续抓好城乡教育资源均衡配置，加强教育装备建设和师资培训，着力抓好标准化学校建设，不断促进教育均衡化、优质化、信息化、多样化、国际化发展，积极创建特色学校，深化教育内涵发展，全力加快推进教育现代化。

（三）推进教育现代化的主要做法

"党以重教为先，政以兴教为责，民以支教为荣"是仁化历届党政领导的共识，仁化县始终把教育摆在优先发展的战略地位，把思想统一到"抓教育就是抓发展、抓教育就是抓未来"的高度，牢固树立"重教为先、兴教为责"的意识，切实保证经济社会发展规划优先安排教育发展，财政资金优先保障教育投入，公共资源优先满足教育和人力资源开发需要，确保全县教育事业优先适度超前发展。

1. 完善发展规划，描绘教育蓝图。仁化县始终把教育纳入经济社会发展总体规划，先后制定了《仁化县教育事业"十二五"发展规划》《仁化县教育事业发展"十三五"规划》等文件，为发展教育事业作出了科学的规划和合理的部署。

2. 加强组织领导，统领教育发展。中共仁化县委、县人民政府根据韶关市的统一部署，在 2015 年明确提出了要在 2017 年将仁化县创建成为广东省推进教育现代化先进县的奋斗目标，成立了以县长为组长，县分管教育领导为副组长，各镇（街）党（工）委书记和相关职能部门主要负责人为成员的仁化县创建广东省推进教育现代化先进县工作领导小组(简称"仁化县推现工作领导小组")。为深入贯彻落实2016年11月2日韶关市推进教育现代化工作会议精神,中共仁化县第十三届委员会第三次全体会议明确提出,把创建广东省推进教育现代化先进县列入仁化县"一三九"发展战略的"九大任务"三年攻坚行动之一。

3. 制定方案出台政策,保障推现有序进行。仁化县推现工作领导小组,通过研读创建标准,经过反复调研,制定了《仁化县创建广东省推进教育现代化先进县实施方案》,先后出台了《仁化加快推进教育现代化建设的工作意见》《仁化县推进教育现代化工作三年攻坚行动方案》《仁化县教育基础设施建设专项规划》《仁化县房地产开发项目配套公共服务设施建设管理规定》《仁化县教师学历提升助学奖励暂行办法》《仁化县创建广东省社区教育实验区实施方案》等文件。全县各单位按照推现方案和相关文件,倒排工作时序,实行挂图作战,有效推进推现工作。先后邀请省市教育部门领导视察、指导推现工作,聘请省市教育专家担任推现工作顾问,组织人员赴成功创建广东省推进教育现代化先进县(区)考察学习,切实增强推现工作针对性。

4. 坚持上下联动,增强推现合力。仁化县通过召开全县性推现工作动员会、推进会,会上,中共仁化县委、县人民政府主要领导作讲话,强力宣传创建广东省推进教育现代化先进县的目的、意义、目标任务、措施策略、工作要求;通过组织人大代表、政协委员视察推现工作,通报推现工作成效,营造人人关心推现、个个参与推现的浓烈氛围。各镇(街)、县直各单位既各司其职,又通力合作,高效推进推现工作。

5. 以广东省教育强镇复评为抓手,以学校、幼儿园内涵发展为主线,全面提升推现水平。仁化县11个镇(街),分三年开展广东省教育强镇复评工作,结合《全面改善贫困地区义务教育薄弱学校基本办学条件底线》《广东省义务教育标准化学校》标准，以及全国"五无"① 学校要求和《广东省推进教育现代化先进县（市、区）督导验收方案》，全面开展推现工作。全县中小学、幼儿园以全面落实"立德树人"的根本任务，大力推进内涵发展，全面提升推现水平。

6. 实行领导先行，成立推现工作督导组。实行领导分片包干推现工作督办落实制度，将全县所有教学单位和重点社会、社区教育机构分成三个责任区，由县教育局班子成员牵头成立三个督导组，下到基层，全面实行面对面、点对点的督查和指导，实现指导、落实、检查一竿子插到底的工作机制。督导组将每次对中小学、幼儿园和社会教育机构进行专项督导结果形成督导通报。在通报问题的整改中，督导组将不定期深入各中小学、幼儿园和社会教育机构督办整改进度和整改质量，督导室根据整改进度情况形成每月问题清单报县人民政府和教育局，为制订下一步整改措施提供有效参考，确保问题整改工作按时间节点有序推进。

（四）推进教育现代化的主要成效

1. 改善办学条件，夯实教育基础。一是投入 3.18 亿元大力推进校舍建设。异地新建仁化县田家炳小学、县第二小学、县特殊教育学校和扶溪镇中心幼儿园、长江镇莲河小学、红山镇中山小学以及扩建周田中心小学、大桥中心小学、黄坑中心小学教学楼等，新增学位 4410 个。二是投入 4300 多万元，不断优化教育装备。全县所有学校、幼儿园建成多媒体教室、网络教室，大部分学校建有多功能录播教室、网络电子备课平台和网络管理中心；所有学校千兆光纤连通，班级配备数字式电教平台，实现"校校通""班班通""人人通"，专任教师每人一台办公电脑；所有学

---

① 五无：无保安、无围墙、无校门、无监控报警设备、无证照。

校、幼儿园安装校园安全网络监控系统、数字化校园广播和校讯通家校联系系统。

2. 提升教师素质，提供人才支撑。仁化教育人秉承"厚德立己，以仁化人"的仁化教育精神。一是加强师德建设。开展争做"'四有'好老师"①"师德建设巡回宣讲团"等主题实践活动，制定出台《仁化县中小学师德评估方案》和《关于进一步加强师德建设的意见》，将师德作为教师考核、聘用和评价首要内容，切实提高全县教师整体师德水平。二是完善培训体系。2014年起，统筹规划、系统安排教师培训工作，落实年度培训经费，仁化县财政每年按全县教师总工资总额1.5%的比例划拨教师培训经费。三是抓好校长、名教师、教师三支队伍建设，实施师德修养提升工程、校长专业提升工程、名师培养工程、教师继续教育工程，全方位提升现代化教师的教育文化思想、职业道德、专业教学、心理健康、师表人格等"五新"品质。教师素质的不断提升，为全县推进教育现代化提供人才支撑。

3. 打造特色品牌，推进内涵发展。坚持内涵发展，提升办学品质，落实"立德树人"的根本任务，把培育和践行社会主义核心价值观融入课堂教学、社会实践、校园文化建设、学校管理全过程，聚焦学校内涵特色，营造"仁爱、书香、达理"的校园文化育人氛围。"活力文化""足球文化""红色文化""乒乓球文化"等校园文化日益凸显，学校内涵特色发展品质得到有效提升。

4. 坚持优质发展，大力提升教育现代化建设品位。夯实基础，促进学前教育规范化。不断完善学前教育发展、管理和服务

---

① "四有"好老师：指有理想信念、有道德情操、有扎实学识、有仁爱之心的好老师。

体系，出台了《仁化县三年学前教育发展规划》《仁化县规范化幼儿园评估方案》等文件；健全学前教育优质发展体系，率先在韶关市实现一镇一中心幼儿园目标；探索"学前阶段以身心健康为先，着力开发儿童智力"；大力开展广东省规范化幼儿园创建活动。2017年，全县公办和普惠性幼儿园覆盖率达82.9%，学前三年毛入园率达98%以上。

整合资源，促进义务教育均衡化。仁化县认真贯彻《中华人民共和国义务教育法》，按照"全面覆盖、制度对接、标准提高、差距缩小、质量改善、持续高效"的要求，着力提升基本公共教育服务均等化水平，大力改善薄弱学校的办学条件，提升管理水平和教育质量。全县教育资源配置趋于合理、科学，城乡、镇域、校际间的差距不断缩小，城乡义务教育均衡发展水平明显提高。2016年2月，仁化县被国家教育部认定为"全国义务教育发展基本均衡县"，如今满怀信心向全国义务教育优质均衡目标迈进。

彰显特色，促进高中教育优质化。仁化县有1所普通高中和1所完全中学。仁化中学是国家级示范性普通高中，以新理念、新模式彰显办学特色。仁化县第一中学是韶关市一级学校，以图音体"小三门"彰显办学特色。普通高中优质学位充足，教育教学质量稳步提高。高中学业水平考试成绩C级以上比例达77.12%以上，高考成绩连续11年稳居韶关市前茅，成为仁化教育的品牌。

立足服务，促进职业教育特色化。仁化县有1所中等职业学校，既是仁化县中小型企业培训中心教学基地，也是仁化县社区教育指导中心。该职业学校坚持面向市场、面向社会、面向当地经济发展的办学理念，适应市场经济体制，与劳动就业紧密结合，建立和完善开放灵活、结构合理的培训体系和毕业生就业体系，培养学生"学会选择""学会服务""学会创新"的学习品质，积极走校企合作、工学结合、"订单式"特色发展之路,办学规模不断扩大,为社会培养大批人才。

搭建终身学习平台,促进社会教育、社区教育大众化。仁化县积极健全全民终身教育体系,不断改革创新全民终身教育的机制和方法。一是不断加强社会教育机构的建设与管理。开展"教育强县"以来,在图书馆、博物馆、美术馆、青少年宫、文化宫、体育馆、多个学生综合实践基地的基础上,依托世界地质公园、世界自然遗产丹霞山成功创建国家级学生科普基地、广东省中小学石塘双峰寨德育教育基地以及仁化县气象科普园、气象科学馆等建设,各场馆每年累计接受学习和参观人数达10万人次以上,充分发挥社会教育机构引领作用。二是构建了以县社区教育指导中心为龙头,以镇社区教育学校为骨干,以村(居)社区教育学习站为落脚点,以中小学校为辅助的社区教育网络。建立定点培训的工作机制,建成集学历教育、岗前培训、专业资格证书考核、康复、娱乐于一体的社会教育体系,基本形成学习型社会,为仁化县全面建成小康社会奠定了坚实的基础。

四、仁爱仁化,喜获全国县级文明城市提名城市

仁化县高度重视创建全国县级文明城市工作,自2012年9月启动创建全国县级文明城市工作以来,以习近平新时代中国特色社会主义思想为指导,深入贯彻落实中共十八大、中共十九大及其历届全会精神,贯彻落实中共中央总书记习近平参加第十三届全国人民代表大会第一次会议广东代表团审议时的重要讲话精神以及关于精神文明建设的重要论述,落实中央精神文明建设指导委员会《关于深化群众性精神文明创建活动的指导意见》,紧紧围绕《全国县级文明城市测评体系》和《全国未成年人思想道德建设工作测评体系》,结合仁化县"一三九"发展战略,始终坚

持以人民为中心，以培育和践行社会主义核心价值观为根本任务，以打造"仁爱仁化"为目标，深入推进创文各项工作，继2014年成功获得全国县级文明城市提名城市后，2018年2月再次获得全国县级文明城市提名城市资格，取得较好成效。

（一）党委政府高度重视，加大统筹力度

仁化县把文明创建纳入"一把手"工程，成立了以中共仁化县委书记为组长，仁化县人民政府县长为执行组长的文明创建工作领导小组，科学设置了创文办公室，由县长负责统筹，中共仁化县委常委、县委宣传部部长担任创文办公室主任，全面负责全县创文工作的组织、协调、指导、督促、落实等工作。创文办下设综合创建组、城镇提升组、未成年人思想道德建设工作组、红色文化组、全域旅游组、资金保障组、督导组7个小组。

（二）加强公民思想道德建设，全面提高社会文明程度

1. 深化培育和践行社会主义核心价值观。仁化县通过开展社会主义核心价值观为主题的基层巡演、"我们的节日"系列活动，力促社会主义核心价值观融入人们日常生活。加大宣传力度，在保证传统媒体宣传覆盖的同时，利用"文明仁化"微信公众号等新媒体动态推送信息。大力刊播公益广告，在城市出入口、车站、宾馆、学校、主次干道、商业街区、公园、广场、旅游景点持续扩大公益广告覆盖面，在全县所有建筑工地的围挡设置了公益广告，在镇（街）着重增加移风易俗的公益广告数量等。共设立社会主义核心价值观公益广告500余幅，面积达2.3万平方米，在三大出口路段制作社会主义核心价值观灯箱和灯旗300余个。持续开展社会主义核心价值观"六进"①活动，创建社会主义核心价值观示范点14个，周田镇周田村被列为省级示范点，董塘镇高

---

① 六进：进机关、进乡村、进社区、进学校、进企业、进单位。

莲村被列为市级示范点。积极推进社会主义核心价值观主题公园（广场）建设，建成了"仁园"社会主义核心价值观公园，在城南公园广场建设社会主义核心价值观主题公园系列之法治文化主题公园，各镇村也积极推进社会主义核心价值观主题小广场、小公园、文化祠堂或街巷建设，有力推动社会主义核心价值观融入百姓生活。

2. 常态化开展系列典型选树活动。注重选树"时代楷模"，常态化开展"道德模范""仁化好人""新时代好干部""仁化好医生、好护士""仁化好乡贤"和最美系列人物推荐评选等典型选树活动。每两年开展仁化县道德模范推荐评选活动，已连续举办三届，共评选表彰了30名"道德模范"。每季度开展"仁化好人"评选活动，共评选表彰了49名"仁化好人"。积极推荐上报先进典型，共有4人被评为"韶关道德模范"，19人被评为"韶关好人"，2人被评为"广东好人"，1人被评为"韶关好乡贤"，9人被评为"仁化好乡贤"。建好用好"善行义举榜"和"乡贤榜"，大力宣传凡人善举，引导群众崇德向上，见贤思齐。

3. 大力开展志愿服务活动。积极开展文明礼仪、文明交通、文明餐桌、文明旅游、网络文明等文明引导行动。大力开展"仁爱仁化"系列志愿服务活动，推动学雷锋志愿服务覆盖城乡和各行各业。特别是全县80多个单位的公职人员率先垂范，全员常态化定期参与文明劝导志愿服务活动。全县实名注册志愿者人数5544人，累计服务总时长达17041.78万个小时。

4. 常态化推进诚信制度化建设。积极推进诚信建设制度化，引导人们以诚实、仁爱之心做事，打造诚信社会。建立了诚信"红黑榜"信息发布制度，累计开展诚信"红黑榜"发布会10场，发布红榜企业170多个，黑榜企业或个人50余个，营造褒扬诚信、惩戒失信的社会环境，形成齐抓共管的长效机制。

(三)加强城镇基础设施建设

1. 农贸市场提升改造建设。按照中共仁化县委、县人民政府确定的重点工程建设项目,仁化县经济和信息化局认真组织实施城市建设工作和惠民工程,投入1300多万元大力开展县城农贸市场改造和升级。第一农贸市场和第二农贸市场于2017年6月正式启动,分别于2017年8月、2018年1月底完成改造,县城第一、第二农贸市场基础设施、购物环境得到较大改善。丹霞新城肉菜市场获得"广东省文明诚信市场"荣誉称号。

2. 交通设施建设。一是仁化县周田镇至韶赣高速丹霞出口市政道路改建工程已基本完成,准备组织相关部门进行竣工验收。二是北门片区市政工程。北门片区市政工程项目分两个阶段实施,共建设6条路,分别为建设路(城市次干路)、规划一路(城市支路)、规划二路(城市支路)、沿江一横巷(城市支路)、解放东路(城市次干路)和新东横街(城市支路)。2018年,北门片区一期工程已完工,完成验收手续,二期工程已完成总工程的97%,准备进行最后的沥青铺设。

3. "五小"惠民工程。推进县城"五小"惠民工程,建好一批市政道路、园林绿化、医疗教育等重点项目,全面提升公共设施配套服务水平。2017年完成了园林所前小广场、中行门前小广场、新市场小停车场、原住建局前小广场、供电局篮球场旁小停车场、丹霞步行街前小广场、丹霞新城至仁中桥小公园、丹霞新城小公园、小太阳幼儿园旁小广场、二小路旁小公园、新东花园后侧小停车场等惠民工程。满足居民生活需求,提高城市公共服务能力,提升人居环境品质。

4. 绿化、美化、亮化工程。一是绿化管理方面。对县城公共绿化进行整治,主要对锦城公园文化广场、城南公园入口、绿道一期、丹霞大道、锦山公园等绿化缺失部分进行补种。二是实施周田产业基地公共绿化一期园林绿化3.5千米道路绿化工程,现正在进行紧张的绿化施工中。三是路灯管理方面。在省道246线董塘八一路口至大富村段安装了路灯692座,并于2018年春节前亮灯使用;为方便大富村至白莲村沿线群众夜间出行,又将路灯再延伸2.8千米至白莲村,安装路灯72座;将国道106线仁化宝能路段路灯接收纳入城市公共照明统一管理,并对该路灯部分设备及线路进行修复,安装了路灯用电设施和更换了LED灯具。

（四）树立"仁爱仁化"城市创文品牌

为提升全县精神文明建设品牌的影响力,创建文化厚重的全国县级文明城市,结合本县实际,确定了仁化县"仁爱仁化"六大文化品牌,即"仁爱文化""红色文化""丹霞文化""移民文化""工矿文化""绿色文化"。

"仁爱文化"品牌建设方面:运用"仁"文化元素,采用多种艺术表现形式,形成一系列表达仁化地域文化的公共载体,提升城市空间艺术,丰满"仁爱文化"品牌建设;常态化开展系列典型选树活动,培育"仁爱"典型;大力开展"仁爱之城+志愿服务"系列活动,深化"仁爱文化"品牌建设。"红色文化"品牌建设方面:以城口红色特色小镇为重点,建设红军长征粤北纪念馆;举办了"传承红色基因,共叙鱼水情深"庆祝建军91周年文艺晚会,以及首届"红歌传承,歌声嘹亮"红歌赛活动。"丹霞文化"品牌建设方面:在图书馆开设"丹霞讲学堂",开展各类公益讲座,弘扬本土文化。"移民文化"品牌建设方面:以董塘镇移民村的历史文化为发掘重点,建设移民文化馆,弘扬移民文化。"工矿文化"品牌建设方面:弘扬"艰苦奋斗、甘于奉献、坚韧实干、追求卓越"的工矿精神,培育和发展独特的有色金属工矿文化。"绿色文化"品牌建设方面:以创建国家级和省级全域旅游示范区为目标,积极发展乡村休闲旅游。

(五)深化文明村镇、文明单位、文明家庭创建

仁化县获得市县级文明单位70多个,获得市县级文明镇9个,获得各级文明村70多个。2018年4月,在全县范围内全面启动了新一轮文明创建,全县各镇(街)、县各单位积极开展2018—2019年度文明创建申报工作,其中省级文明单位、镇、村创建申报项目26个,市级文明单位、镇、村、社区、示范窗口创建申报项目112个,含县级文明单位、镇、村、社区创建申报项目共计200多个。

突出家风家教,树立家庭教育理念,扎实推进家庭、家教、家风建设。围绕传承"好家风好家训"主题,举办了2017年度仁化县"文明家庭"命名仪式暨"传承好家训,建设好家风"赠书活动、纪念三八妇女节108周年群众歌会展示活动;组织开展了2018年"相伴共读 书香润德"家庭亲子阅读系列活动2期,早期阅读公益讲座2场,引导广大家庭以德治家、以学兴家、文明立家。累计创建各级"文明家庭"260多个,推动形成社会主义家庭文明新风尚。

(六)加强未成年人思想道德建设

1. 实施校园文化建设。2013年开始全面推进校园文化建设,走内涵发展之路,成果丰硕。2017年,田家炳小学以"仁"文化为主题,开展"仁德"教育;实验学校以"活力文化"为主题,以"龙狮""足球"活动为抓手,让每一个生命都绽放活力;董塘中学、双峰寨中学、石塘镇新华书店希望小学以"红色文化"为主旋律,创建红色特色教育;扶溪学校以"诗文化"为主题,以诗育人,以美启真,弘扬诗韵,传承文明;周田中心小学的"九龄文化"活动,正做人之根、养儒雅之风等,形成"一校一特色"发展格局。

2. 开展身边榜样学习活动。学校以《中小学生守则》、中小

学生日常行为规范为准绳，开展文明班级、文明宿舍、新时代好少年、美德少年评选，组织文明礼仪大检查等，加强文明行为养成教育。定期每年开展"美德少年""新时代好少年""三好学生""优秀学生干部"等评选活动。

3. 多措并举大力开展中华文化经典诵读进校园、进课堂的优秀传统文化教育。一是形式多样，找准载体开展经典诵读。"一校一品"打造特色名片，在学校特色文化建设活动中，不少学校深挖学校校史和中华优秀传统文化的思想内涵，把经典渗透在"一训三风"[①]中，打造校园文化品牌。全县各校结合晨读、午读、校园广播、校园经典诗文比赛等深化经典诵读活动，涌现了一批学校特色品牌活动。每年定期举办"扣好人生第一粒扣子"系列活动，组织未成年人开展丰富多彩的教育实践活动。

（七）建立健全工作机制

1. 加强督查督办机制。县四套班子主要领导亲自督查督办创文，营造以上率下的浓厚氛围。成立了中共仁化县委、县人民政府专项督查队伍，为县人大、县政协相关领导颁发专员聘书，对标创文考核指标，按时间节点、任务进度、责任单位进度开展督查，督促创文责任单位尽快落实整改任务。建立创文约谈制度，严肃查处推动工作不力、推诿扯皮的人和事，直接约谈责任单位领导乃至分管县领导，大力压实责任，切实解决问题。

2. 建立常态长效工作机制。制定出台《仁化县关于加强创建全国县级文明城市工作的实施意见》《仁化县创建全国县级文明城市三年攻坚行动方案（2018—2020年)》《仁化县2018年创文工作要点及任务分解表》《仁化县2018年创建全国县级文明城市工作考核评价办法（试行)》《仁化县2018年创文网格化管理

---

① 一训三风：指校训和校风、教风、学风。

实施方案》等一系列创文工作长效制度，从强化领导、机构设置、督查考评、保障措施等方面加强创文工作力量，明确分工，逐项逐层分解任务，落实工作责任。

3. 建立督导考核机制。建立创文专项调度会、联席会、季度工作进度向常委会汇报制度。建立仁化县曝光台，组织暗访督查记者组，对突出问题随时曝光，印发通报限期整改，每周一期创文简报制度建立信息沟通渠道。组织开展专项督查督办，严肃处置干部不作为、工作不落实现象，对工作推进不力、落实不到位的，作为典型予以曝光，对在督查督办中发现的不担当、不作为的干部（含县分管领导），视情节轻重，落实问责、诫勉谈话、纳入考验性管理、组织处理或纪律处分，切实调动工作积极性、主动性。

4. 推行网格化管理模式。2015 年 8 月开始，仁化县创新开展创文网格化管理工作，将县城划分为十六个网格小区，采取县领导挂点、丹霞街道主抓，社区为主体、网格小区为单位，部门重点帮扶、网格理事会管理的工作机制，通过组织开展各类精神文明建设活动，活跃了网格小区精神文明建设，促进了城市精细化管理，拓宽了群众表达利益需求的渠道和途径，营造了良好的创文氛围。

第七章

走进新时代

第一节 大力发展生态经济

中共十八大后,仁化县坚决贯彻习近平生态文明思想,落实"创新、协调、绿色、开放、共享"的新发展理念,大力发展生态经济。特别广东省委提出以构建"一核一带一区"①区域发展格局为重点,加快推动区域协调发展的战略部署以来,仁化县准确把握"一核一带一区"新发展格局的内在关系,转变过去依靠珠三角产业溢出带动梯次发展的单一发展思路,突出北部生态发展区的生态功能引领者定位,充分发挥仁化生态优势和资源禀赋,牢固树立"保护绿水青山也是政绩"的政绩观,坚持创新驱动发展,追求科技含量高、环境负载少的高质量发展模式,坚持发展生态经济,坚持构建以高水平生态保护实现高质量发展为主导的发展模式。

一、大丹霞经济圈建设持续推进

认真贯彻落实韶关市委、市政府提出的"2+2"工作思路②,加快旅游产业发展的决策部署,按照"大力拓展空间、深挖韶文化内涵、丰富旅游产品"的工作思路,聚焦"一片两线"③建设,

---

① 一核一带一区:珠三角核心区、沿海经济带、北部生态发展区。
② "2+2"工作思路:即以大丹霞、大南华、大南岭、大珠玑四个景区为重点。
③ 一片两线:指南门片区及水路、陆路"两条线"。

积极配合市委、市政府引进战略投资者,以市场为导向,以项目为抓手,做强北门联通南门,通过水陆两路将南门和北门有机联接起来,提升丹霞山景区吸引力,加快推进大丹霞旅游经济圈建设。

第一步,积极强化要素保障。组织领导方面,成立了仁化县旅游工作领导小组,下设旅游发展委员会、旅游营商工作、旅游文化对接和宣传策划、大丹霞景区建设规划对接等9个工作小组,统筹推进旅游工作。规划统筹方面,编制《仁化县全域旅游发展规划》《关于加快推进大丹霞旅游经济圈建设工作实施方案》。资金保障方面,设立旅游发展专项资金,保障大丹霞景区项目建设和仁化全域旅游项目建设。创新假日旅游管理工作机制,建立仁化县与丹霞山、浈江区国庆中秋假日旅游全域联动工作体系。

2017年,大丹霞旅游度假规划已初步形成,夜丹霞规划方案正修订完善中,南门片区项目详细性、控制性规划已确定。积极配合市政府丹霞山景区项目整合工作谈判领导小组做好丹霞山核心资源项目整合工作,停车场、观光车项目已签订收购协议或解除合同协议,水上丹霞和喜头村、索道项目整合工作也在稳步推进当中。完成丹霞山南门片区项目二期征地169.6公顷(与一期征收的133.13公顷土地连成一片,共302.73公顷土地可供开发使用),正进一步完善相关手续以及筹备发放征地补偿款。认真谋划水路和陆路交通、国道旅游公路和县乡村道旅游公路等,积极推进环丹旅游交通建设,其中5条县乡道旅游公路已被纳入全市旅游公路PPP融资项目库。环丹产业园初具规模,宝能旅游度假项目一期、丹霞山北门水上入口综合服务区等项目已基本完成,丹霞山博士生态园等环丹旅游项目建设正加快推进。扎实推进丹霞山自然保护区调整工作,开展环丹片古驿道开发的调研及利用规划,启动了自然保护区界线核定。

第二步，按照既定的工作思路和规划方案，积极稳妥推进丹霞山核心资源项目整合，打造一批高端康养项目，完善旅游配套服务设施。聚焦"一片两线"建设，配合市政府引进战略合作方，细化建设规划，全力以赴推进丹霞山南门片区建设，做好韶乐演出舞台规划，在南门片区新建一批丹霞民宿，发展一批观光农业，切实提升南门片区周边的接待能力。同时，做好联通南北门的水路和陆路"两条线"建设工作。开辟一条直通丹霞山核心区观光游览水道，沿浈江边新建一条仅供非机动车及行人通行的高级慢行系统。

二、全域旅游健康发展

2017年，"全域旅游"首次写入国务院总理李克强向第十二届全国人民代表大会第五次会议作的政府工作报告中；2018年，国务院办公厅印发《关于促进全域旅游发展的指导意见》，就加快推动旅游业转型升级、提质增效，全面优化旅游发展环境，走全域旅游发展的新路子作出部署。

2018年1月，原广东省旅游局将仁化县列入首批"省级全域旅游示范区"创建单位名单，并支持仁化县申报国家全域旅游示范区；中共韶关市委、市人民政府出台《关于加快发展乡村旅游的指导意见》，并将"韶关高铁站—丹霞机场—丹霞山"云轨建设提上议事日程。仁化县紧紧把握全域旅游发展有利契机，依托丹霞山，全力创建全域旅游示范区，并作为发展生态经济的重中之重。以丹霞山景区为龙头，以发展乡村休闲旅游为重点，大力推进旅游与文化、休闲、体育、农业、养生等融合发展，推动仁化县观光型旅游向观光体验型旅游转变，全面提升旅游综合能力。

结合乡村振兴、美丽乡村建设、田园综合体建设等，选取了一些旅游资源禀赋较好的乡村，积极开展 A 级旅游景区、乡村民宿和农家乐建设，推进村庄与旅游产业同步发展，打造仁化乡村休闲旅游业。石塘古村 AAA 级旅游景区配套服务设施不断提升，丹霞灵溪、五马寨、金喆园等景区创 A 级旅游景区工作稳步推进。大力推进旅游公路建设，规划建设县内景点景区与高速公路、国省道连接的道路，逐步开通县城至主要景区的公交线路。落实体育与旅游融合发展战略，规划建设完善全县旅游指引标识、停车场、户外运动设施、汽车营地和游客集散中心等配套服务设施。推进宝能旅游综合体、保利文化旅游、丹霞山南门古洋水乡度假、丹霞湖山温泉度假村、石塘古村、灵溪森林旅游度假区、红山湖旅游开发等项目建设。整合各镇（街）特色旅游资源，加大历史人文资源的保护和利用，大力发展森林、温泉、古村、古塔、红色、人文、农业体验、运动休闲、文化体验等乡村休闲特色旅游，打造一批各具特色的乡村旅游名村。大力推进旅游行业供给侧结构性改革，开展"百店千家办旅游"活动，新培育一批星级"丹霞仁家"农家乐以及特色民宿客栈，打响"丹霞仁家"品牌。全县共建成大小农家乐、民宿 350 余家，其中"丹霞仁家"星级农家乐 23 家，特色民宿 10 家，丹霞民宿客栈 171 家。加快完善旅游交通标识标牌、旅游厕所、旅游驿站等旅游配套基础设施和公共服务体系，开展了丹霞山环境百日综合整治大行动，旅游环境得到提升。智慧旅游工作扎实推进，县人民政府与途家网签订了战略合作协议，创建了仁化旅游网站、微信公众号、微博等电子信息平台，开通了县级旅游文化电视频道，建立了丹霞旅游电子商务平台，"互联网＋旅游"推广势头良好，改善旅游业服务质量。

　　仁化成功举办"南粤微长征·红色古驿道"大赛、首届丹霞山半程马拉松赛、"上山下海"广东人嗨游乡村、"环丹霞山十大景点"评选和首届"中国农民丰收节"暨生态农业博览会等赛事和活动，有效促进农旅结合，推动乡村文化旅游产业发展，打造特色旅游品牌。荣获了"中国最佳生态休闲旅游名县""全国最美生态旅游示范县""中国摄影创作基地"等荣誉称号，丹霞源水利风景区成为国家级水利风景区。石塘古村成功创建国家AAA级旅游景区，仁化旅游的知名度和美誉度得到较大提升。

三、城镇提升效果明显

中共十八大后，仁化县以创建全国县级文明城市为抓手，坚持政府引导、市场运作，吸引各类社会资本多方式、多层次参与城镇建设，大力推进城镇提升项目实施。

（一）中心城区扩容提质不断加快

坚持规划引领、适度扩容原则，积极推进县城改造提质，增强县城服务功能。仁化县城区框架不断拉大，中心城区扩容提质不断优化，公共服务设施不断改善，丹霞绿道一期、火车站广场已投入使用，新田家炳小学、县城生活垃圾填埋场等项目已建成，十六冶棚户区改造等工程正有序推进；盛世铭庭一期、丹霞新城一期、二期等房地产开发项目基本建成；县城与丹霞山融合发展进度加快，山水县城格局初步形成，县城亮化、美化、绿化水平进一步提升。成立了仁化县规划委员会和镇（街）规划办公室，开展了规划到镇、规划到村的"规划双到"工作，城乡建设与管理水平逐步提升；周田镇县城次中心及长江、董塘中心城镇建设稳步推进。县城北门片区市政工程等一批工程稳步推进，县域城镇生活污水处理厂及管网升级改造工程、县城防洪排涝整体疏导改造工程建设正有序推进。启动实施环卫服务市场化委托运营项目（试运行），全县11个镇（街）圩镇区域环境卫生管理、道路清扫保洁及各自然村垃圾清运工作纳入市场化管理。

（二）公共服务设施日益完善

市政公共服务设施日益完善，县城防洪排涝整体疏导改造工程稳步推进，大力提升改造县城农贸市场，加强"五小"惠民工程项目建设，县财政每年投入4000万元建立城乡一体化的垃圾清运处理和保洁体系。交通基础设施建设不断完善，武深高速（仁化段）建成通车，国道106线县城至周田段、省道246线改造以及董塘至周田国省道亮化工程全面完成，周田镇至韶赣高速丹霞出口市政道路改建产业聚集地滨江路、主干线北延段等道路建设工程完成。县城北环路工程、瑶山至芙芷坝旅游公路改建、云龙寺至石塘旅游公路改建等7个交通路网工程，县城公交车停车场项目等正在加快推进。

（三）镇（街）提升稳步推进

特色小镇建设稳步推进，城口红色特色小镇和丹霞特色小镇被列为韶关市第一批特色小镇示范点，其中，城口红色特色小镇及丹霞丰源温泉项目举行了动工奠基仪式。扎实推进"丹霞彩虹"省级新农村示范片建设。完成农村危房改造建档立卡贫困户860户，已开工423户，竣工81户。大力开展农村人居环境整治，建立全县农村人居环境综合整治项目库，投入资金6.9亿元。加快推进"三清三拆"，33个省定贫困村及沿线村庄"三清理"基本完成，"三拆除"正在加大力度推进中。大力推动全国县级文明城市创建，精心打造"善美韶关，仁爱仁化"创文品牌。

四、产业共建稳步推进

中共十八大后，中央农村工作会议提出"大力推进农业供给侧结构性改革，加快现代农业建设"，广东省委、省政府大力推进珠三角与粤东西北产业共建，将部分工业产业迁出珠三角地区；韶关市委、市政府积极实施丹霞冶炼厂扩产增资。仁化县积极把握发展机遇，抓住国际有色金属特别是铅锌矿的价格持续上升利好和全市唯一的国家现代农业示范区优势，稳步推进工业、农业产业共建。

仁化县积极对标构建现代产业体系要求，立足仁化资源、区位、文化、产业优势，主动对接粤港澳大湾区市场需求，积极开展产业共建工作。仁化县有色金属循环经济产业基地基础设施逐步完善，已入驻企业23家，志成冠军等17家企业已建成投产或试产，被认定为省级产业集聚区，并被广东省经济和信息化委员会批准为广东省循环化改造试点园区；成功举办了仁化县（虎门）特色经济产业招商推介会等一系列招商引资活动，引进了志成冠军、广纤实业、阳光电源、杜氏玻璃等一批投资额大、带动能力强的项目。制定实施《仁化县产业共建三年攻坚行动方案》，把丹霞冶炼厂扩产增效、凡口铅锌矿尾矿综合提升、凡口铅锌矿选矿厂技术升级改造等项目及中金岭南有色金属产业集聚基地等作为仁化县产业共建重大工业项目有序推进，形成了以有色金属新材料、新型动力电池、有色电子信息材料等战略性新兴产业为主导的产业集群发展模式。武深高速（仁化段）建成通车，加快了融入珠三角的步伐。县产业集聚地园区基础设施及配套设施建设有序推进，虎门—仁化产业共建园规范建设有条不紊。开展经济建设"百日攻坚"行动，全力推动产业发展、重点项目建设。

与此同时，仁化县立足国家现代农业示范区及农业产业资源优势，发展农产品深加工，打造新型农特产品产、供、销运营模式。农业重点项目建设进展顺利，贡柑、沙田柚、山茶油、铁皮石斛、茶叶等特色农业产业初具规模，长坝沙田柚和仁化白毛茶通过了国家农产品地理标志认定，先后获得国家农业示范区、国家农业科技园区、农业部农村实用人才培训基地等荣誉称号，现代农业布局初步形成。环丹农业观光游发展态势向好，共有规模以上休闲农业、乡村旅游企业7家，红山镇被评为"广东十大茶乡"。成功举办首届农村电商节，并与京东集团签署了合作协议，"互联网+农业"发展进入快车道。以农业园区产业化为驱动，推进科技农业、观光农业、设施农业、休闲农业建设，辐射带动全县农业产业转型升级，现已建成以大桥金喆园、红山茶园、周田灵溪河森林公园等一批生态休闲观光基地为代表的新型休闲农业与旅游观光产业带，初步实现农旅结合与产业共建共享。

第二节 全力打造幸福民生

仁化县始终坚持民生优先发展理念，加大对民生领域的财政支出，从2011年的6.05亿元提高到2017年的17.64亿元，占总支出的比例从70.43%提高到85.01%，解决了一大批人民群众关心的就业、社保、住房等热点问题，公共文化服务水平不断提高，被中央精神文明建设指导委员会确定为全国县级文明城市提名城市，是韶关市唯一获此殊荣的县（市、区）。

一、大力实施教育"推现"

仁化县积极对标教育强镇复评、"推现"标准，推进标准化学校建设，新田家炳小学正式投入使用，县第一小学、县特殊学校、扶溪镇中心幼儿园等重点项目顺利开工建设。大力实施科教兴县战略，高考成绩综合排名连续8年名列韶关市10县（市、区）第一，被评估认定为全国义务教育发展基本均衡县。实施教育装备现代化建设工程，智慧课堂、同步课堂、云平台应用逐步普及。加强"平安校园"创建，全县学校（含教学点）、公办幼儿园统一安装校园监控和一键报警装置。通过招聘、政府购买服务等形式，逐步完善教师队伍补充机制，缓解教师结构性缺编和两孩政策放开导致教师不足的问题。2018年，仁化县顺利通过广东省推进教育现代化先进县暨省教育强县复评督导验收，成功获得"广东省推进教育现代化先进县"荣誉称号。教育精准扶贫工作稳步推进,健全建档立卡,对学前教育、义务教育、高中、职高等阶段家庭经济困难学生进行补助。

仁化县将坚持优先发展教育事业,巩固和利用好"教育推现"成果,推动教育事业稳步发展。稳妥推进"县管校聘"改革试点工作。全面改善薄弱学校基本办学条件,通过新建或改建、扩建校舍,加快完善寄宿制学校,不断提升义务教育学校办学条件,积极完善各镇(街)中心校生活配套设施,着力解决乡村学生寄宿难问题。加大公办幼儿园和普惠性民办幼儿园供给,优化资源配置,缩小城乡差距,保障教育公平,完善教育硬件设施建设,解决优质教学资源分配不均衡的难题,加快推进义务教育区域、城乡、校际优质资源均衡发展。

二、扎实推进卫生创强

仁化县高度重视卫生创强工作,积极争取卫生强省项目资金,乡镇卫生院、中医馆和公建民营村卫生站等项目建设稳步推进,县人民医院新门诊综合楼建设项目及县急救体系建设项目、妇幼保健计划生育服务中心迁建项目等重点项目已挂网招标。拟定《仁化县人民医院与韶关市第一人民医院医联体框架协议书》,积极推进县人民医院与市第一人民医院的深度合作。加强卫生人才队伍建设,探索基层卫生医疗机构绩效奖励机制改革。积极开展广东省卫生监督执法全过程记录试点工作,公共卫生保障和监督执法能力得到进一步加强。公立医院改革进展顺利,综合配套改革初见成效,一般诊疗费制度与基本药物制度深入人心,基层医疗卫生机构公益性的管理体制和运行机制基本建立,基本公共卫生服务能力明显增强,群众对医疗卫生的满意度明显提高。全力巩固全省计划生育先进县成果。建立精准贫困户健康档案,抓好精准扶贫村妇女"两癌"① 免费筛查，配合社保部门着手落实城乡居民大病保险制度，人力推进健康扶贫。

仁化县将大力实施"健康中国"战略，加强医疗卫生人才的培育和引进，落实公共卫生策略，提升医疗服务质量。推进县域医疗卫生资源优化调整，推动妇幼保健计划生育服务中心向二级甲等专科医院的方向发展，巩固和提升仁化县人民医院二级甲等综合医院医疗服务能力。提升基层医疗卫生服务水平，开展中心卫生院标准化和村卫生站规范化建设。深化医药卫生体制改革，加强公共卫生服务体系建设，全面铺开家庭医生式服务工作。开展公立医院薪酬制度改革试点工作，完成县级远程医疗平台建设。开展医联体建设，实现优质医疗资源下沉到基层，提高基层医疗机构的服务能力。

三、全力实施脱贫攻坚

仁化县新时期精准扶贫建档立卡相对贫困户有3208户9262人，其中，33个省定贫困村贫困户为1432户4530人；81个村（居）民委员会分散相对贫困户为1776户4732人。中共十八大后，仁化坚决把打赢脱贫攻坚战作为重大政治任务，全面落实中央和省、市精准扶贫政策措施，围绕"两不愁三保障一相当"②和"八有"③标准，全力解决好贫困村项目及资金到村到户等问题，努力补齐脱贫短板，确保如期完成脱贫攻坚任务。

---

① 两癌：指宫颈癌、乳腺癌。

② 两不愁三保障一相当：指即稳定实现农村相对贫困人口不愁吃、不愁穿，义务教育、基本医疗和住房安全有保障，基本公共服务主要领域指标相当于全省平均水平。

③ 八有：指有稳固住房、有饮用水、有电用、有路通自然村、有义务教育保障、有医疗保障、有电视看、有收入来源或最低生活保障。

健全"县有中心、镇有办公室、村有平台"大数据平台信息监测体系，实现对全县贫困对象动态精准管理。制定《仁化县新时期精准扶贫精准脱贫三年攻坚行动方案》，配套出台产业帮扶、教育帮扶、医疗帮扶等23个配套文件，落实县、镇、村党员干部挂点联系制度和县直单位帮扶制度，并积极与省、市挂点单位以及东莞帮扶队伍沟通对接，选优配强驻村工作队和驻村第一书记，从各单位抽调优秀干部充实仁化县扶贫工作办公室和分散贫困村驻村工作力量。坚持以产业帮扶为核心，大力推广"企业+合作社+农户（贫困户）"的企业带动模式、"能人大户+合作社+贫困户"的能人帮扶模式和"支部+党小组+合作社+贫困户"的党建引领模式，突出特色产业促脱贫、资产性收益促脱贫、创新金融模式促脱贫"三大举措"，切实增强贫困村贫困户自我造血功能。

依托国家现代农业示范园区，大力拓展奈李、山楂、猕猴桃等特色产业扶贫，通过种植贡柑、沙田柚、松花菜、白莲及肉鸭养殖等特色产业，带动509户1128名贫困人口脱贫。统筹扶贫资金4774万元投资入股金裕新能源公司，实施广东省最大的光伏扶贫电站项目。加强金融扶贫，向93户精准扶贫建档立卡贫困户发放346.6万元贷款。

聚焦教育帮扶、医疗卫生帮扶、危房改造"三大保障"，不断补齐民生短板。全县建档立卡贫困户全部纳入医疗帮扶对象，所有建档立卡贫困家庭1679名的在校就读学生给予全覆盖资助。危房改造进展顺利，全县危房改造贫困户1948户，2018年贫困户危房改造存量为650户，已开工540户，竣工214户。加强扶贫领域专项督导、审计和巡察，加强各项保障措施。2016年完成脱贫数为1335户2807人；2017年脱贫数为974户3368人；2018年预脱贫户为976户3205人。

四、建立完善便民服务

中共十八大后,仁化县积极落实各项就业政策,每年都举办"春暖行动"等主题招聘会,促进城乡群众充分就业。建立完善统筹城乡的社会保障体系,实现基本养老保险、基本医疗保险制度全覆盖,基本社会保险覆盖面不断扩大,全县参加城乡居民基本养老保险7.6万余人,参加企业职工养老保险2.2万余人,参加城乡居民基本医疗保险18万余人。建设完善了11个镇(街)和125个村(社区)的便民服务中心和便民代办点,搭建了县、镇、村三级便民服务网络。加强城乡特困人员供养的管理,完善敬老院、福利院的制度和院务公开。全面落实"河长制",锦江河、董塘河流域环境综合整治工作有序推进。按照"绿盾2018"专项行动部署完成100处点位整改,大力推进锦江河综合治理和畜禽养殖清理工作,积极与中金岭南有色金属股份公司协调做好饮用水源保护区保护范围调整工作。全面落实新一轮绿化广东大行动,扎实推进碳汇林、生态景观林、森林公园、乡村绿化美化等林业生态建设工程,森林覆盖率从2012年的76.1%提高到2017年的78.92%。

继续推进物质文明和精神文明协调发展,双轮驱动精神文明创建与城镇提升工作。大力培育和践行社会主义核心价值观,教育引导广大干部群众特别是青少年坚定理想信念,培养担当民族复兴大任的时代新人。积极选树模范典型,聚焦基层一线深挖好人线索,着力提升全县道德模范、仁化好人、美德少年、最美家庭、"好医生、好护士"等品牌质量,力争在省、市推介更多仁化模范。把精神文明建设和乡村振兴、城镇提升工作有机结合,强化县、镇、村三级联动,努力提升乡风文明建设水平。以统筹城乡协调发展为目标,建设规模适度、山水相依、功能完善的县城和中心镇。

五、共建共享平安仁化

中共十八大后,仁化县积极推进社会综合治理和"平安仁化"建设,深入开展扫黑除恶专项斗争,依法严厉打击各类违法犯罪,着力解决影响社会和谐稳定的突出问题,营造安全稳定社会环境。

(一) 加快依法治县进程

聘请法律顾问参与政府各项事务研判,不断健全完善政府重大决策听证制度、重大决策专家咨询制度、行政执法评议考核制度,切实增强党政机关的依法办事能力。大力开展法治建设"四级同创"[①]活动,扎实开展普法宣传工作,积极组织法律进机关、进乡村、进社区、进学校、进企业、进单位等法律"六进"活动。加强基层民主法治建设,109个行政村全部创建为民主法治村,其中黄坑镇高塘村被评为"全国民主法治示范村"。加大矛盾纠纷排查化解力度,实行领导信访包案制,积极探索律师参与接访来访群众工作制度,有力促进社会和谐稳定。推动党委建立涉法涉诉信访事项退出普通信访领域后的有效善后衔接机制,着力推进诉访分离。公共法律服务体系进一步完善,实现"一村一法律顾问"全覆盖,聘请23名律师进驻全县125个村(社区)担任驻点法律顾问,为村(社区)及群众调解各类矛盾纠纷并提供审查合同、代书合同等各类法律服务。

(二) 深化社会矛盾排查和综合治理

坚持定期排查和重点排查相结合,做到村每周排查一次,镇

---

① 四级同创:指法治城市、法治县(市、区)、法治镇(街道)、法治村(社区居委会)"四级同创"。

（街）每半月排查一次，县每月排查一次，确保情况早掌握、矛盾早发现。健全综合治理信访维稳形势分析研判联席会议制度和领导干部接访工作制度，及时传达上级有关精神，分析研判县域维稳情况并做好工作部署。抓住重点领域社会矛盾纠纷问题，加强敏感时期稳控工作，实现了广东省委提出的"四个不发生"[①]目标和韶关市委提出的"五个确保"[②]目标。推进扫黑除恶专项斗争。实行县党政领导班子挂点联系镇（街）、单位指导扫黑除恶工作制度和镇村班子成员分片包干挂点制度，压实各级责任，做好工作宣传、线索摸排和执法打击等各项工作。在韶关市统一组织、联动打击下，查处了黄坑镇小溪村滥伐林木案件，广东省公安厅将该案列为年度十大典型涉黑案例。扎实推进"平安仁化"建设。坚持"以点牵线，以线盖面"，条块结合、分层落实，扎实推进"平安细胞"创建工作。加强社会治安视频监控体系建设，推进"一村居一视频监控"建设。大力开展平安镇街、平安校园、平安医院、平安交通、平安家庭、平安企业等创建活动。中共十八大后，仁化全县未发生重大危害的刑事、治安案件和重大交通事故、火灾事故。在2017年广东省民意调查中，仁化县群众安全感和公安工作满意度在韶关市排名第三，政法公信力得到提升。

---

① 四个不发生：指确保不发生危害国家安全和社会稳定的重大事件、确保不发生严重暴力恐怖和个人极端事件、确保不发生重大群体性事件、确保不发生重大公共安全事件。

② 五个确保：确保不发生危害国家安全和社会稳定的重大政治事件，确保不发生严重暴力恐怖和个人极端事件，确保不发生重大群体性事件，确保不发生重大公共安全事件，确保不发生大规模集体越级上访事件。

六、全力打造和谐仁化

中共十八大后，仁化县坚持以习近平新时代中国特色社会主义思想为指导，坚持以供给侧结构性改革为主线，坚持以人民为中心的发展理念，坚持全面深化改革，落实高质量发展的要求，强化三大保障，全力打造和谐仁化。

（一）加强生态保障

严格落实自然资源资产和生态环境保护责任，严格控制生态保护、永久基本农田、城镇开发边界三条红线，筑牢粤北生态安全屏障。

强化自然资源保护。严格保护耕地和矿产资源，开展国土绿化行动，严厉打击"两违""非采"和乱砍滥伐行为。稳步推进高标准农田建设，把旱地园地改造为水田，提升耕地质量等级。加强造林绿化，推进森林碳汇、森林进城围城、生态景观林带、乡村绿化美化四大重点生态工程建设，切实打造韶赣高速、仁（化）新（丰）高速交通枢纽的景观林带。稳步推进丹霞山人工林赎买流转工作，积极引导全县桉树林有序退出。充分发挥全县4万公顷竹类的效益，将资源优势转变为经济效益优势。加强丹霞山、高坪、粤北华南虎等自然保护区的保护与管理。加大饮用水源保护力度，确保县城和农村饮用水源水质安全。

打好污染防治战役。全面落实"河长制"，并延伸到村级，完善水治理体系，加强河流生态管护。推进锦江河流域综合治理，积极开展锦江河流域网箱养殖、水浮莲清理以及两岸1000米范围内的养殖场清理整治，实施农村生活垃圾和工业企业污染整治；加快县域污水处理厂及配套管网建设，将锦江河流域范围内生产生活污水纳入管网收集体系。深入推进环丹霞山环境综合治理、畜禽养殖清理整治。继续抓好中小河流治理重点县综合整治和水系连通试点等水利工程建设。加强大气、土壤污染防治，促进县城空气质量达到国家二级标准、土壤环境质量稳步提升。实施矿山环境治理修复、土地整治与污染修复，推进环境污染第三方治理，改善全县生态环境。

（二）加强社会保障

落实就业创业扶持政策，加大技能培训力度，推进就业创业。统筹做好"40、50"[①]就业困难人员、农民工、高校毕业生等群体就业工作，确保城镇登记失业率控制在3.5%以内。加快人才公寓建设进度，创造有利条件，加大人才引进力度。完成闻韶、扶溪、长江镇干部交流楼建设任务3个，改善镇干部住宿条件。开展欠薪、欠保等专项治理，努力构建和谐劳动关系。深化续保和扩面工作，健全完善城乡低保、"五保"、城乡医疗和优抚对象的网络动态监控系统，实现应保尽保。落实城乡居民社会保险养老保险"四统一"[②]要求，完善信息整合工作。完善城乡低保标准与价格上涨联动机制，提高低保、"五保"、老年优待标准。积极开展第四次全国经济普查工作。完善县综合应急指挥信息平台，构建大应急综合指挥平台体系，提升突发事件应急处置能力。严格落实消防安全和安全生产主体责任，坚决预防和遏制重特大火灾和安全生产事故发生。完善食品药品监管机制，保障"舌尖上的安全"。加强"扫黄打非"工作，净化文化市场。推进"平安仁化"建设，健全排查和治理工作机制，打击严重刑事犯罪和黑

---

① 40、50：是政府促进困难群体就业的一项重要措施，旨在为特殊历史时期形成的女性40岁以上、男性50岁以上的下岗协保失业等就业困难群体度身定制就业岗位，以市场化、社会化的运作机制，促进其就业。

② 四统一：指实施机关事业单位养老保险制度改革，推动全国所有县级行政区建成制度名称、政策标准、经办服务、信息系统"四统一"的城乡居民养老保险制度。

恶势力犯罪，夯实"中心+网格化+信息化"基层综治基础建设，提高社会治理水平。对标全面建成小康社会指标，认真做好县"十三五规划"中期评估、修编工作。

（三）加强民生保障

深化国税、地税征管体制改革，规范税收执法，构建分类科学、权责清晰、流程优化、监控规范的现代化征管模式。建立稳定持续增长的财政收入机制。加大协税护税力度，对各税种应收尽收。规范非税收入管理，依法足额征收矿产资源费、土地资源费、水资源费等费用。严格执行新《预算法》，深化预算改革，进一步规范和细化预算编制方法和内容，强化预算约束。加强预算支出管理，加快支出进度，提高预算执行的严肃性、均衡性和时效性。加强和规范地方政府债务管理，加大清理盘活财政存量资金力度，有效防范金融风险。加大政银企合作力度，充分利用PPP、政府购买服务等多种方式，搭建平台，拓宽投融资渠道，集聚资本要素支持民生项目建设。

第三节 全面建设美丽乡村

中共十八大后,仁化县把美丽乡村建设作为三大重点工作之一,坚持规划引领,因地制宜,根据村庄的区位条件、自然禀赋、文化特色、产业基础等差异,进行分类指导、梯次推进,逐级打造干净整洁村、美丽宜居村、特色精品村。以加快补齐农村基础设施短板、提高农民生活质量和促进农村社会文明进步为目标,积极创新,开展农村人居环境整治,全域推进生态宜居美丽乡村建设。打造了一批环丹美丽乡村,其中大桥镇长坝村被评为"广东名村";董塘镇安岗村被广东省农业农村厅列为美丽乡村示范村;龙坑新村被评为省级宜居村庄;周田镇张屋、丹霞街道夏富村入选韶关市十大美丽宜居村庄创建试点村。

一、全域推进生态宜居美丽乡村建设

仁化县大力开展"三清三拆三整治"工作,33个省定贫困村采用施工总承包(EPC)模式,分为五个片区开展道路、饮水、污水处理等基础设施项目建设,稳步推进贫困村村庄整治工程。省、市、县级各方积极统筹资金用于开展农村环境整治,特别是开展33个省定贫困村、6个国省道沿线村庄农村人居环境整治项目。制定出台了仁化县农村人居环境整治项目工程施工、贫困村集中供水项目建设、村内巷道施工等方案、实施意见和工作机制,对项目管理、资金使用报批、项目实施及监管都进行了明确规定,

优化工作流程，从制度上规范全县农村人居环境整治工作。全县开展农村人居环境整治村庄721个，占全县整治目标村庄的76.5%。全县942个20户以上自然村全部建立了村民理事会，并制定村民理事会章程、村规民约及卫生保洁等长效管理机制。

紧紧围绕"四个100%"① 整治要求，基本完成33个省定贫困村318个自然村整治创建规划，建立全县农村人居环境综合整治项目库。以33个省定贫困村和环丹7个省定贫困村为重点，大力开展"三清三拆"工作，完成清理巷道、沟渠等5800条，总面积21万平方米；清理存量垃圾1.5万处，共1.8万吨；拆除危旧弃房、乱搭乱建等3800处，共25万平方米；恢复绿化面积1.3万平方米，种植绿化树3.9万株。同时，县人民政府每年投入4000万元，引进环卫公司，实行环卫服务市场化运营。全县修建农村垃圾收集点939个，聘请农村保洁员655人，建立起城乡一体化的垃圾清运处理和保洁体系，实现县域全覆盖。扎实推进"丹霞彩虹"省级新农村示范片建设项目，片区内共投入资金1.52亿元，其中省级专项资金规划投入近1亿元，主体村河口、众坝、青湖塘、瑶塘、断石、夏富村村道硬底化、夏富古村外立面改造、河口众坝外立面改造和污水处理站基本建成。"丹霞彩虹"省级新农村示范片基本建成，并在2017年12月底广东省绩效评估中被评为优秀。

二、扎实推进环丹生态宜居美丽乡村连片创建工程

仁化县围绕广东省委"全域推进生态宜居美丽乡村建设，分

---

① 四个100%：指在仁化县33个省定贫困村建设中，100%实现村民理事会全覆盖，100%完成农村人居环境整治创建社会主义新农村示范村规划编制，100%完成"三清三拆"工作，100%完成垃圾清运处理和保洁体系建设。

梯度、分类型创建美丽乡村"的部署和韶关市委"突出重点连片建设,大力实施环丹霞山片区等新农村示范建设连片示范工程"的工作要求,按照"一个中心,两大环线,三个主体功能区,四大门户"①的工作构想,以交通系统为纽带,以现代特色产业为支撑,以公共服务连片为基础,以文化传承为连接,对环丹霞山23个行政村250个自然村实行道路连片、设施连片、产业连片、文化内涵连片"四个连片"建设,实现环丹地区整体发展,打造成为全省社会主义新农村工程样板片区。

仁化县高度重视环丹生态宜居美丽乡村连片创建工程建设,遵循"六个原则、四个明确、三个结合"②,算好"三类账"③,对环丹生态宜居美丽乡村连片创建工程建设工作的基本模式、责任主体、编制单位、工作时限、保障机制、多产业结合推进以及经济效益、社会效益等进行了明确,确保环丹生态宜居美丽乡村连片创建工程建设得到稳步推进。完成环丹生态宜居美丽乡村连片创建工程总体规划和长坝村、河富村、岩头村、新龙村等15个

---

① 一个中心:指充分发挥丹霞山的中心驱动地位、带动作用。两大环线:是以国道323线、106线形成外围环线,县乡道形成内围环线的两大环线。三大主体功能区域:指生态休闲度假产业区、城镇综合服务产业区、现代农业与休闲农业产业区。四大门户:指大桥古洋南部门户、周田张屋东南门户、丹霞街道黄屋东部门户、董塘河富西北门户。

② 六个原则:一是要围绕新农村建设标准规范建设,二是要依托现有环丹资源、原生产业链、特色产业优势开展建设,三是要结合规划引领开展建设,四是要高标准组织实施,五是要突出以点带面开展建设,六是要力争上级政策支撑。四个明确:明确责任,明确编制工作单位,明确工作时限,明确保障机制。三个结合:结合国家现代农业示范园区建设组织实施,结合仁化县旅游产业发展引导农业产业发展,结合政策支撑打造主体产业。

③ 三类账:经济账、社会账和上级政策支撑账。

村庄的规划设计工作，建成了瑶塘新村、夏富古村、河口村、众坝村等一批设施完善、产业兴旺、乡风文明的特色新农村。完成了环丹片区村庄基础设施整治项目入库1243项，"丹霞彩虹"省级新农村示范片3个主体村、环丹片区内6个省定贫困村及3个国省道沿线共12个村的整治提升工程已进入施工阶段。"丹霞彩虹"提升工程基本完成，环丹片区内6个省定贫困村及3个国省道沿线重点村庄按照农村人居环境整治要求已先行开展污水处理、饮水、道路、公共服务设施等项目建设，统筹资金，对片区内7个省定贫困村实施了绿化示范工程。

三、有序开展农村综合改革

中共十八大后，仁化县以转变农业发展方式为主线，加快农村改革发展步伐，聚焦农村集体产权制度、经营制度、投融资体制、公共服务体系、社会治理体系等五大领域改革，全力补齐短板。

稳步推进农村综合改革工作，由县财政投入资金建成县级公共服务中心、11个镇（街）公共服务中心和125个村（社区）公共服务站。扎实推进农村土地确权工作，颁证到户35503本，颁证率97.69%。完成不动产统一登记的平台建设、数据整合建库，颁发不动产权利证书8159本，其中证书3258本，证明4901本。深化国有林场改革，把6个国有林场整合成4个，优化资源配置，稳步推进环丹人工林赎买流转工作，受理林农赎买流转申请二期面积1980.87公顷。

农业供给侧改革取得新进展，成功申报广东省"十大名牌"9家，广东省名特优新农产品区域公用品牌5个、经营专用品牌4个，实现"三品一标"农产品48个，建成省级农业龙头企业4家、市级农业龙头企业13家、国家级农民专业合作社示范社2家等一批新型农业经营体主体。拓宽财政支农资金渠道，积极争取上级涉农专项资金，制定并实施《农村普惠金融实施方案》等文件，109个行政村全部评为信用村，共评定信用户32911户，对已入库农户发放贷款1900笔，金额14745万元。全县20户以上的自然村全部建立村民理事会，并建立完善相应章程、村规民约、卫生保洁等制度。所有超过50名党员的村均已改设为党总支，并根据实际需要下设若干党支部。

四、稳步推进国家现代农业示范区建设

仁化县2012年被认定为国家现代农业示范区，是韶关市唯一一个国家级现代农业示范区。2015年被国家科学技术部评为国家级农业科技园区。示范区按照"一核两带三区"① 总体布局，重点发展优质粮食、油料、蔬菜、特色种植、生态休闲农业等五大主导产业。

中共十八大后，仁化县依托国家现代农业示范区，大力发展"一镇一业、一村一品"现代农业产业，精心打造了沙田柚、茶叶、山茶油3个产业基地，建成年产29万吨、产值33亿元的1.33万公顷贡柑基地，并成为广东最大贡柑生产基地。截至2017年，仁化县农业企业增加到453家，建有国家级示范社和国家级农机合作社示范社各1个，国家地理标志保护产品2个，国家名特优新产品2个，广东省名牌农产品17个，广东省著名商标2个。建成全市首个标准化贡柑无病毒繁育苗基地，初步完成黄坑

---

① 一核：指大桥镇农业科技综合园。两带：指以生态休闲农业产业为主的生态农业产业带和以优质农产品加工为主的现代农产品加工产业带。三区：指以生态特色农业为发展方向的生态特色农业区、高效现代农业区、创新农业示范区。

镇互联网农业小镇建设和金喆园物流、仓储、展示综合项目等项目建设。特色农业产业加快发展，初步建成大桥长坝沙田柚、红山茶叶2个农业生态观光园，大桥镇、丹霞街道被评为广东省休闲农业与乡村旅游示范镇，红山镇鱼皇村被列为全国"一村一品"示范村。

新型农业经营主体不断扩大，红山镇富农茶叶专业合作社被认定为国家农民合作社示范社，截至2017年底，全县县级以上农业龙头企业24家，专业合作社288家，家庭农场98家。依托丹霞山辐射带动作用，大力发展乡村休闲旅游产业，建成省级休闲农业与乡村旅游示范镇2个、省级示范点7家、规模以上休闲农业及乡村旅游企业7家、现代农业科技园10家、农业观光采摘园147家、休闲农庄136家。大力实施农业科技创新，实验推广了鸭稻共作、稻鱼共生等实用技术。农村普惠金融、农业"政银保"① 项目等试点工作扎实开展。

---

① 政银保：指一种以政府财政投入的基金做担保，银行等金融机构为符合贷款条件的担保对象提供贷款，保险公司对上述贷款提供保证保险的新型融资产品。

第四节 推动乡村振兴发展

仁化县坚决贯彻落实中共中央和省、市关于乡村振兴工作部署，把实施乡村振兴战略摆在优先位置，坚持县、镇、村三级书记抓乡村振兴，围绕"3年取得重大进展、5年见到显著成效、10年实现根本改变"的工作目标，出台《仁化县推进乡村振兴战略的实施方案》以及产业、生态、文化、组织、人才"五大振兴"和环丹生态宜居美丽乡村建设等"1+5+1"方案，成立了以中共仁化县委书记为组长的中共仁化县委实施乡村振兴战略领导小组，整合中共仁化县委农村工作领导小组办公室工作职能，在各镇（街）设立农业生态办公室，组建乡村振兴工作队和科技人才服务队，努力在产业振兴、人才振兴、文化振兴、生态振兴、组织振兴上抓重点、补短板、强弱项，力促农业全面升级、农村全面进步、农民全面发展。

一、推动乡村组织振兴

仁化县坚持树立大抓基层的鲜明导向，切实抓好《广东省加强党的基层组织建设三年行动计划（2018—2020年）》贯彻落实。

推动力量往基层下沉。组建乡村振兴工作队，工作队队长由联系镇（街）的县领导干部兼任。健全党管农村工作组织机构，整合县委农村工作领导小组办公室工作职能，在各镇（街）设立农业生态办公室，加强党管农村工作力度。依托中共韶关市委双

"113"工作机制①，结合领导干部驻点普遍直接联系群众制度创新开展"一线双联"活动，建立"三包"工作机制②，推动县镇工作重心向基层下移。投入800多万元奖补乡镇交流楼建设，妥善解决乡镇交流干部的住宿问题，确保乡镇干部安心基层工作。

推动宣传往基层铺开。创新学习宣传方式方法，积极利用新时代讲习所、新时代文明实践中心、红色文化讲习所做好群众性宣传教育，开展中心工作宣传月活动，印发图文并茂、通俗易懂的《仁化县中心工作宣传资料汇编》（包括扫黑除恶篇，精准扶贫、精准脱贫篇，农村人居环境整治篇，畜禽养殖整治篇，现代农业产业篇，文明创建篇，基层组织建设篇）至各镇（街）村（社区），全体党员群众进行宣传宣讲，推动党的十九大精神和各级党委政府各项方针政策和重点工作家喻户晓、深入人心。

推动资金和政策向基层倾斜。由县管党费、县财政投入资金，将33个省定贫困村打造为基层党建示范点并对全县村级党建阵地进行全面提升，县财政每年投入200万元，分三年对危旧狭小的村级办公场所进行新建或改扩建。积极实施村党组织"头雁"工程和"青苗"培养工作，举办村党组织书记各类培训班和大专学历班；由县财政投入资金统一为每个村（社区）配备1名年轻素质能力较高的公共服务平台系统操作员，并作为后备干部进行培

---

① 双"113"工作机制：第一，建立包片挂点联系"113"工作机制，即乡镇（街道）班子成员每人包干负责1个片区，所有干部每人挂点指导至少1个村（社区），联系帮扶至少3户村（居）民，确保所有村（社区）都有挂点指导干部，达到全覆盖。第二，建立研究解决问题"113"工作机制，即各乡镇（街道）每周至少召开1次党（工）委班子会议专题研究村（社区）工作，乡镇（街道）班子成员每周至少召开1次片区会议专题研究村（社区）工作，乡镇（街道）领导干部每周直接到村（社区）解决群众问题、指导基层工作时间不少于3天。

② "三包"工作机制：指领导包镇、镇领导包村、县镇干部包户。

养。创新以实绩为导向的考核方式,每年安排不少于100名年度考核优秀指标用于基层党建、乡村振兴、精准扶贫等工作中表现突出的工作人员。建立村班子和村干部绩效考核实施意见,在保障村干部基本补贴的基础上,由县财政投入100万元资金按考核等次发放绩效补助。2017年以来,在全县深入开展了"六讲六比"①作风建设活动,通过开展此次活动,全县机关工作效能得到提升,干部干事创业精气神得到提振,为推动仁化县"一三九"发展战略和乡村振兴战略顺利实施提供了坚强的组织和作风保障。

二、推动乡村产业振兴

中共十八大后,仁化县紧紧依托国家现代农业示范区这一载体,围绕"一镇一业、一村一品"大力发展现代农业产业,推动乡村产业振兴。

大力发展特色产业。全县贡柑种植面积达1.33万公顷,茶叶0.17万公顷,沙田柚0.19万公顷,打造了沙田柚、茶叶、山茶油3个产业基地,建成了年产29万吨、产值33亿元的1.33万公顷贡柑基地,已成为广东最大贡柑生产基地。初步建成了大桥长坝沙田柚、红山茶叶、黄坑贡柑3个集现代农业生产示范、生态农业旅游观光、农业科普教育和推广、生态休闲度假等于一体的万亩农业生态种植基地和观光园。大力推广猕猴桃、丹霞山楂等新兴特色产业,推广种植猕猴桃20多公顷、丹霞山楂666.67公顷,其中丹霞街道新东村的猕猴桃亩产达2500千克以上,进一步带动全县猕猴桃产业发展。

---

① 六讲六比:讲学习、比能力,讲宗旨、比服务,讲正气、比党性,讲发展、比创新,讲奉献、比实绩,讲落实、比担当。

农业产业扶贫扎实推进。通过"公司（合作社）+基地+贫困户"的模式，以产业扶贫带动贫困户精准脱贫，各村都建设一个以上3.33公顷连片的扶贫产业基地。初步形成了黄坑镇贡柑、大桥镇沙田柚、红山镇茶叶、周田镇奈李、董塘镇河富村蔬菜、扶溪镇鸭稻和鱼稻、城口镇油茶、丹霞街道百香果、长江镇山楂等农业产业扶贫特色。在扶溪镇、董塘镇河富村、周田镇麻洋村建设打造了36.13公顷的花生产业精准扶贫花生产业种植示范基地，并取得了丰收，每亩增收3600元。2017年，通过实施农业产业项目，带动贫困户3844户，贫困人数12546人。

新型农业经营主体不断壮大。全县有县级以上农业龙头企业31家，专业合作社已达306家，家庭农场116家。农业品牌建设成效显著，2017年，全县获得"三品一标"产品认证登记48个，广东省名牌农产品17个，广东省"十大名牌"2个，省级名特优新农产品区域公用品牌5个、经营专业品牌4个，省级著名商标2个。与此同时，依托丹霞山辐射带动作用，大力发展乡村休闲旅游产业，建成省级休闲农业与乡村旅游示范镇2个、省级示范点7家、规模以上休闲农业及乡村旅游企业7家、现代农业科技园10家、农业观光采摘园147家、休闲农庄136家，发展特色民宿客栈、星级农家乐等一批乡村旅游休闲度假产品，已建成主题特色民宿300余家，可接待游客床位数1万余个。

三、推动乡村生态振兴

根据省市关于全域推进农村人居环境整治、建设生态宜居美丽乡村工作部署，仁化县以改善农民群众生活生产条件为主，以镇为责任主体，统筹资金，开展33个省定贫困村人居环境整治，创建社会主义新农村示范村。各职能部门按照既定方案有条不紊推进各项工作，广东省专项资金采取勘察、设计、EPC模式，分片区重点推进村道建设、垃圾处理设施建设、集中供水、污水处理及雨污分流设施建设、卫生站等部分公共卫生设施建设、部分公共文化设施建设等6项公益性基础设施建设。

紧紧围绕"四个100%"整治要求，在全市率先完成33个省定贫困村和318个20户以上自然村的村庄整治规划编制与"三清三拆"工作。"丹霞彩虹"省级新农村示范片基本建成，主体村河口、众坝、青湖塘、瑶塘、断石、夏富村村道硬底化、夏富古村外立面改造、河口众坝村外立面改造和污水处理站基本建成，并在2017年12月底广东省绩效评估中被评为优秀。深入推进生态宜居美丽乡村建设，重点推进环丹生态宜居美丽乡村建设，截至2017年年底，建成美丽乡村示范点56个，其中石塘古村成功创建国家AAA级景区，城口镇上寨村和大桥镇长坝村被评为"广东名村"，董塘镇安岗村被广东省农业农村厅列入美丽乡村示范村。

实行环卫服务市场化运营机制，每年由县财政投入资金，建立城乡一体化的垃圾清运处理和保洁体系，实现保洁县域全覆盖。认真落实"河长制"，铁腕推进锦江河、董塘河等县域主要河流综合整治工作，如制订畜禽养殖"三区"划定方案，开展畜禽规模化养殖污染治理，完成第一批81家养殖场整治任务。以绿化广东大行动为抓手积极推进林业生态工程建设，森林覆盖率达78.92%。加强森林资源管理，制定网格化管理制度，通过"定区域、定人员、定职责"，实现森林资源管理网格化全覆盖，维护森林生态安全。严厉打击各类破坏生态环境违法行为，为粤北生态屏障保驾护航。

四、推动乡村文化振兴

作为全省7个全国文明城市县级提名城市之一，仁化县始终坚持以培育和践行社会主义核心价值观为主线，着力提高农民素质和农村文明程度。制定了《仁化县推进农村文明乡风建设的实施方案》，组织召开仁化县文明村镇创建暨农村文明乡风建设推进会，对文明乡风建设工作人员进行了集中培训，明确了乡风文明建设工作的目标任务和各单位职责。省定贫困村各示范村于2018年5月份前已基本完成文明村建设任务，其他村于2018年年底完成文明村建设任务。积极开展省级民主法治村创建工作，以社会主义核心价值观为引领修订完善新时代村规民约，开展"传家训、立家规、扬家风"活动以及"好人"推荐评选、"仁化好乡贤"宣传推广等系列典型选树活动，积极推进好乡风、好民风深入各村各户，引导群众崇德向善、见贤思齐，营造社会主义乡村文明新风尚。建成由仁化县文化馆、仁化县非物质文化遗产保护中心、石塘怡德堂月姐歌队组成的仁化县省级非物质文化遗产保护项目石塘月姐歌传授班，通过传唱民风民俗形成和谐文明乡风。充分挖掘九龄文化、韶文化、移民文化等大丹霞文化内涵，持续办好"禾斋节"等民俗文化节庆活动，让优秀传统农耕文明历久弥新，在新时代展现出新魅力。大力弘扬韶关市委提出的工矿文化精神，结合仁化县深厚的红色文化底蕴，引导全县上下以艰苦奋斗、甘于奉献的精神推动乡村振兴。借鉴学习河源市挖掘弘扬移民文化经验，编写修订《仁化县移民历史文化汇编》。深入推进文化惠民工程，基本完成125个行政村（社区）基层综合性文化服务中心建设。

五、推动乡村人才振兴

仁化县大力扶持培育乡村工匠，建立党政领导干部"一对一"联系乡土人才制度，大力弘扬工匠精神。组织实施基层医疗卫生"千人计划"和"希望乡村教师计划"，组建农业、教育、卫生、文化、建筑业等科技人才服务队，引导优秀人才"上山下乡"。

成立了由中共仁化县委书记任组长、中共仁化县委组织部部长任常务副组长的县人才工作领导小组，切实将党管人才工作聚焦到乡村人才振兴上来。大力扶持培育乡村工匠，注重在基层农技人才、文化能人、民间技艺传承人、农村建筑工匠中培养认定农村实用人才，开展基层农技推广员、新型职业农民和农村青年创业人才轮训工作，建立党政领导干部"一对一"联系乡土人才制度，广泛宣传优秀典型事迹，大力弘扬工匠精神。建立镇村外出人才动态管理台账，通过组建联谊会、乡贤会和举办座谈会、节庆活动等形式，鼓励外出人才积极参与家乡产业建设和公共事务。组织实施基层医疗卫生"千人计划"和"希望乡村教师计划"，组建农业、教育、卫生、文化、建筑业等科技人才服务队，引导优秀人才"上山下乡"。深入实施"双百"人才工程，2018年评选出15名服务基层一线的仁化县首期享受县人民政府特殊津贴人才。深入开展农村实用人才技能培训和职称评定工作，激励农村实用人才增强创业致富的本领。依托仁化县生态产业优势和乡村振兴潜力，与韶关学院、丹霞印象客栈合作共建"丹霞人才驿站"，靶向引进各类县外专家人才，充分发挥外来智库服务科技创新、推动乡村振兴的积极作用。

第五节 唱响红色主旋律

仁化是革命老区,具有光荣的革命传统、丰富的红色文化资源,境内留下了朱德、彭德怀、陈毅、罗荣桓、聂荣臻和党的第二代领导核心邓小平等老一辈无产阶级革命家的光辉足迹。红色革命遗址共有82处,主要集中在县域北部城口镇、红山镇、长江镇、扶溪镇及中部丹霞街道、董塘镇、石塘镇。其中,国家级文物保护单位1处,县级保护文物单位14处。中共十八大后,仁化县深入贯彻落实中共十九大提出"传承红色基因"要求和中共广东省第十二届委员会第四次全体会议提出"要实施红色基因传承工程,加强红色革命遗址保护利用,大力弘扬革命精神,教育引导一代代人不忘初心、继续前进"、中共韶关市第十二届委员会第七次全体会议提出"高标准建设好红军长征粤北纪念馆,积极打造仁化县城口红色特色小镇"工作要求,把加快红军长征粤北纪念馆建设、打造城口红色特色小镇作为当前一项重要政治任务和重点工作,明确责任、强化举措,稳步推进各项工作,取得初步成效。

一、大力传承红色基因与弘扬红色文化

中共十八大后,仁化县积极按省、市工作要求开展红色文化遗产维修保护,成功举办"弘扬苏区精神,促进改革发展——纪念仁化暴动87周年暨红军长征过境粤北80周年学术研讨会",有

序推进申报享受原中央苏区振兴发展政策、革命老区工作。制定出台了《仁化县红色革命文化遗址保护利用三年工作方案（2018—2020年）》，按照"抢救一批、保护一批、提升一批"的工作思路，扩大保护范围，对全县82处红色革命遗址进行编制保护利用规划。成立了由中共仁化县委书记任组长的红色革命遗址保护利用工作领导小组，各镇（街）党（工）委、各有关单位均成立由一把手任组长的领导小组。建立工作联席会议制度，及时总结、研究、解决推进过程中遇到的问题。

制定出台了《红色革命遗址普查登记通知》，加强对全县红色革命遗址进行编制保护利用规划，完成了对82处红色革命遗址普查工作，并公布了名录；开展红色革命遗址登记标示行动，设置标示牌12个；开展红色历史挖掘整理行动，撰写红色故事及各种宣传材料、碑文、讲解词，编写城口镇20处、各镇共11处红色革命遗址的解说词初稿，已收集整理史志材料500余份，编撰书籍10余部；开展重点革命遗址的保护修缮行动，按照"一次性规划，分步骤实施"的思路，修缮保护革命遗址8处；开展红色文化传播和红色教育基地打造行动，建成石塘双峰寨、董塘镇安岗村思诒堂、铜鼓岭红军烈士纪念园、城口镇红军街等党员教育基地4处。

认真梳理了城口毛泽东旧居、谭甫仁将军旧居、铜鼓岭红军烈士纪念园、正龙街、城口广州会馆等19处红色革命遗址，通过邀请党史专家和民间文化学者深入开展红色文化资源普查工作，发动群众参与保护，加强对外推介城口红色文化等措施着力破解红色文化保而不护、护而不修、修而不宣的问题，扎实开展对红色革命遗址进行保护修缮和利用。其中，铜鼓岭红军烈士纪念园已完成第一期基础维修；红军长征纪念广场完成基本修缮和红军雕塑、红军标语展示栏制作；中共城口特别支部秘密交通联络站旧址胜一理发店完成初步修缮；完成了毛泽东旧居、胜一理发店等5处红色文化遗址转让协议的签订和实地测绘、财产评估工作。开展红色旅游发展和红色志愿服务行动，通过举办南粤古驿道定向大赛、微长征等活动或赛事，吸引大批游客前来观光游玩，带动当地民宿、酒坊发展，红色文化市场初具雏形，石塘镇、城口镇等地逐渐成为周边县市区及珠三角游客首选的红色旅游目的地。

二、加快推进城口红色特色小镇项目建设

仁化县按照中共广东省委、中共韶关市委"高标准建设好红军长征粤北纪念馆，打造城口红色小镇"的部署要求，坚持"政府引导、市场运作、企业主体"原则，以广东省内唯一一个以长征为主题的红军长征粤北纪念馆建设为契机，结合城口当地丰富的红色文化资源，依托城口红色文化丰富、毗邻湖南的区位优势，以红色革命遗址群为基础，以丹霞丰源温泉度假村项目为产业支撑，以红军长征粤北纪念馆建设为重点，辅以恩村古村和上寨古村的生态宜居美丽乡村建设，点燃"红色+温泉+古村"三引擎，计划用10年时间精心打造红色小镇，将城口镇打造成为全省党性教育基地、社会主义核心价值观教育基地、全国爱国主义教育示范基地和红色旅游经典景点、宜居宜业宜游的红色小镇。

2018年，仁化县对城口镇红色革命遗址周边环境进行了整治，将毛泽东旧居等19处红色革命遗址进行升级改造。深入挖掘整理县域红色资源，积极修缮胜一理发店、铜鼓岭红军烈士纪念园、红军纪念广场、谭甫仁将军故居、红军街、古秦城、老城口温泉、水东桥、战壕碉堡遗址等红色遗迹，打造"一馆九址"红色旅游项目，稳步实施城口红色小镇建设，认真谋划红色旅游公路建设，着力将仁化打造成为红色革命胜地。

以城口红色小镇建设和董塘安岗村"红色村"党建示范工程

为契机，探索推进红色党建引领八项工程，将红色精神的丰富内涵转化为对农村基层党组织和党员开展专题教育、引领脱贫攻坚、推进基层治理的动力源泉。深入挖掘凡口铅锌矿、七四五矿等仁化辖区内工矿企业历史，收集工矿企业工人在仁化艰苦奋斗、攻坚克难的光荣事迹，总结仁化工矿企业在零基础上取得从无到有、从有到强、走向先进的辉煌成就，进一步丰富韶关工矿精神内涵。将工矿文化和移民文化结合，积极打造南湖红旗移民文化博物馆，2017年已完成可行性研究报告。

三、抓实红色党建，提升红色文化影响力

中共十八大后，仁化县围绕"保护第一、合理利用、打造特色"的整体思路，按照"先保护、后开发"原则，切实加强对红色革命遗址的挖掘、保护和利用，整合红色资源，加强红色文化保护利用，唱响红色主旋律。以城口镇建设红色特色小镇、董塘镇安岗村"红色村"党建示范工程为契机，探索推进红色党建引领八项工程，制订红色党建引领八项工程具体的实施方案。同时，实施董塘镇安岗村"红色村"党建示范工程，充分挖掘保护利用董塘镇安岗村红色资源，以阵地建设为保障，升级改造村级组织办公场所，新建党组织宣传设施，完善场所规划布局和标识，推动形成红色文化宣教区，将红色精神的丰富内涵转化为农村基层党组织和党员开展专题教育、引领脱贫攻坚、推进基层治理的动力源泉。

多形式提升红色文化影响力。仁化县充分利用丰富的红色文化资源，立足实际，开展了丰富多彩的红色文化宣传活动，积极提升红色文化的影响力。组织策划一系列"传承红色基因"活动。组织开展红色文化主题宣传，邀请省、市主流媒体深入长江镇、城口镇、石塘镇、董塘镇开展仁化县红色文化主题采访活动，

举办"弘扬苏区精神,促进改革发展——纪念仁化暴动87周年暨红军长征过境粤北80周年学术研讨会",组织开展"红军粤北历史图片进校园巡回展览"、"重走长征路"爱国主义教育主题活动、"南粤微长征·红色古驿道——2018年仁化县首届红色印象徒步活动"、"不忘初心使命·传承红色文化"歌曲征集活动、"弘扬长征精神,共叙鱼水情深"文艺汇演活动等,集中开展红色文化宣讲活动,在石塘镇双峰寨开展"绘红色画卷,书丰功伟绩——广东著名画家赴仁化红色革命主题创作活动",著名画家用画笔还原发生在仁化大地上可歌可泣的革命往事;为了配合城口镇红色特色小镇建设,谭甫仁将军之子谭一兵将军无偿把谭甫仁将军故居捐献给仁化县人民政府,并举行了隆重捐赠仪式。

第六节 持续推进党的建设

中共十八大后,仁化县坚决贯彻落实新时代党的建设总要求,坚持"党要管党、从严治党",强化全县各级党委(党组)全面从严治党的主体责任,全面推进党的政治建设、思想建设、组织建设、作风建设、纪律建设,把制度建设贯穿其中,深入推进反腐败斗争,努力把各级党组织锻造成更加坚强有力,为加快县域发展提供坚强的政治和组织保证。

一、旗帜鲜明讲政治

中共十八大后,仁化县坚守政治忠诚,始终把维护习近平总书记核心地位、维护党中央权威和集中统一领导作为最高政治原则和根本政治要求,任何时候任何情况下都忠诚核心、拥戴核心、维护核心、捍卫核心,始终在政治立场、政治方向、政治原则、政治道路上同以习近平同志为核心的党中央保持高度一致。强化政治学习,坚持思想建党、理论强党,强化党员干部理想信念教育,推进"两学一做"学习教育常态化、制度化,重点围绕党的十九大文献、《习近平谈治国理政》、《习近平新时代中国特色社会主义思想三十讲》、习近平总书记在参加第十三届全国人民代表大会第一次会议广东代表团审议时的重要讲话精神和习近平总书记视察广东重要讲话精神,精心组织学习培训,引导广大党员干部持之以恒用习近平新时代中国特色社会主义思想武装头脑、指导实践、推动工作。严格落实习近平总书记提出的"三严三实"和"四有"要求,推动领导干部修身律己,认真抓好中央巡视反馈意见整改落实,坚决全面彻底肃清李嘉、万庆良恶劣影响,切实统一思想、提高认识,始终保持对党的绝对忠诚,做到"五个必须",牢固树立"四个意识"特别是核心意识,坚定维护习近平总书记核心地位、坚决维护以习近平同志为核心的党中央权威和集中统一领导,始终在思想上政治上行动上与党中央保持高度一致。

二、狠抓思想宣传意识形态建设

仁化县不断压实意识形态工作责任制,坚持一把手亲自抓,把意识形态工作要求融入到行政管理、行业管理、社会管理,把责任落实情况全面纳入县委巡察,构建党委统一领导、党政齐抓共管、宣传部门组织协调、有关部门分工负责的工作格局。加强意识形态阵地建设管理,坚持党管宣传、党管意识形态、党管媒体,把党的声音和主张传播好。严格落实主管主办和属地管理原则,定期排查各类意识形态阵地风险隐患,筑牢意识形态安全"护城河""防火墙"。互联网是意识形态工作的主战场、最前沿,坚持正能量是总要求、管得住是硬道理,加强互联网建设管理运用,严厉打击网上政治谣言,封堵清除有害信息,营造清朗的网络空间。

以建设全国县级文明城市为抓手,积极弘扬社会主义核心价值观。充分利用仁化县丰富的红色资源,创新组建红色宣讲团、文艺宣讲团、百姓宣讲团等,并建立讲习员库,强化宣讲力量。截至2018年年底,成立新时代讲习所136个,新时代文明传习所(中心、站)47个,红色文化讲习所7个。深入基层开展大宣传大宣讲活动,县四套领导班子领导、县直各单位负责人深入到所在党支部、分管部门和挂点联系的镇（街）村（居）等开展学习宣讲活动，将中国共产党的最新理论与仁化红色历史相结合，深入宣传习近平新时代中国特色社会主义思想、中共十九大精神和习近平总书记重要讲话精神。确保中共十九大精神深入基层末梢，确保传达学习工作不漏一户、不漏一人，实现全覆盖。深入学习贯彻习近平总书记关于意识形态工作"一个总论、七个分论"的重要讲话精神，认真落实党委（党组）意识形态工作责任制，并加强有关督导检查与考核工作。在全国两会、博鳌亚洲论坛、建党节、建军节等重要时间节点严密防范，有效维护了全县意识形态领域安全。

三、大力加强干部队伍建设

仁化县坚决贯彻新时代党的组织路线，重点做好干部培育、选拔、管理、使用工作，建设忠诚干净担当的高素质干部队伍。建立以德为先、任人唯贤、人事相宜的选拔任用体系，坚持好干部标准，坚持政治标准第一，将其贯穿干部"选育用管储"各环节，努力打造一支政治过硬、本领高强、堪当重任的优秀执政骨干队伍。

坚持好干部标准，把政治标准放在首位，注重选拔政治坚定、锐意进取、奋发有为的干部。用好用活科级领导干部"干事档案"、实绩档案、考验性管理制度，截至2018年年底，有63名干部纳入实绩档案人选库，2名干部纳入干部考验性管理。加强对辞去公职人员和"退二线"干部的管理，进一步规范干部在社团、企业兼职（任职）以及领导干部配偶、子女经商办企业等行为。健全完善干部出国境证照管理工作制度，并将村"两委"干部纳入各镇（街）出国境管理。重视"三类"干部的培养，选拔了197名（其中正职类47人，副职类150人）优秀后备干部，选派干部到东莞虎门、中金岭南公司、丹霞山管理委员会挂职（跟班）学习，从县直单位、各镇（街）选派优秀年轻后备干部进行双向挂职。加强党管人才工作，深入实施"双百"人才工程，2018年评选出15名仁化县首期享受县人民政府特殊津贴人才。

强化作风建设，严格遵守中央八项规定精神，坚决反对"四风"，大力整治"为官不为"问题。深入开展"六讲六比"作风建设活动，针对基层党建、精准扶贫、乡村振兴、创文、九大任务推进情况以及中共仁化县委、县人民政府确定的其他重点工作、重大工程以及民生实事项目、各单位年度目标责任清单等，按照"一次提醒、二次问责、三次免职"三步工作法进行督查督办，持之以恒纠正"四风"，大力整治"为官不为"问题。强化明察暗访。加强对各单位干部执行工作纪律、会风会纪、"八小时"以外活动纪律的明察暗访力度，重点对群众关注度高的环境保护、工程建设、政务服务等领域开展明察暗访。充分发挥巡察利剑作用，发现问题及时处置。

四、扎实推进基层组织建设

仁化县坚持落实新时代党的组织路线，以组织体系建设为重点，加强基层党组织政治建设、组织建设、思想建设、能力建设，推动基层党组织阵地标准化、规范化和制度化建设。深入落实《广东省加强党的基层组织建设三年行动计划（2018—2020年）》，压实县、镇、村三级书记抓基层党建责任，加强企业、农村、机关、事业单位、社区等各领域党建工作，把各领域基层党组织锻造得更加坚强有力。

坚决深化镇（街）领导干部驻点普遍联系权重制度，投入800万元奖补乡镇交流楼建设，妥善解决乡镇交流干部的住宿问题，确保乡镇干部安心基层工作。积极实施村党组织"头雁"

工程和"青苗"培养工作,并对不称职、不合格的村党组织书记进行撤换。由县管党费、县财政投入资金,将33个省定贫困村打造为基层党建示范点,并对全县村级党建阵地进行全面提升,分三年对危旧狭小的村级办公场所进行新建或改扩建。建立了村班子和村干部绩效考核实施意见,在保障村干部基本补贴的基础上,由县财政投入资金按考核等次发放绩效补助。结合扫黑除恶专项斗争和村"两委"换届回头看,大力抓好软弱涣散村党组织整顿转化工作,同时聚焦机关单位党组织软弱涣散问题,将推动精准扶贫、乡村振兴等工作不力的,列入软弱涣散对象进行整顿。

创新开展系列党建品牌建设活动,切实增强基层党建工作活力和服务群众能力,得到广东组织工作、南方网等省级媒体的关注和报道。推行"固定党日+"制度,截至2018年10月,各级党员领导干部讲党课3200多场,走访群众2万多人次,开展志愿服务7000多人次,帮助群众解决实际问题2300多个。依托韶关市委双"113"工作机制,持续开展"一线双联"活动,建立"三包"工作机制,推动县镇工作重心向基层下移,县四套班子领导共到村指导工作180多次,为基层协调解决问题200多件,镇(街)干部每人普遍走访联系户4次以上,为群众解决民生实事3000多件,得到广东组织工作、南方网等省级媒体的关注和报道。深化拓展"民忧档案"活动,全县各级干部带着"民忧卡"走访入户3.73万户,收集群众意见1132条、民忧问题2295件,为群众解决民忧问题2199件。先后被中央电视台、《中国纪检监察报》等有关媒体专题报道。

五、坚定不移正风肃纪反腐

全面从严治党永远在路上。仁化县深入贯彻落实中共中央和中共广东省委、中共韶关市委关于推进全面从严治党的各项决策部署，认真履行县委党风廉政建设主体责任。严格执行省委对各级党组织一把手监督的六项规定，健全上级党委书记、纪委书记约谈提醒下一级一把手机制和镇党委、机关单位一把手在县纪委全会述责述廉述德机制。强化"一岗双责"，建立县委领导班子、县委书记、县党政领导班子成员主体责任清单，基层党（工）委书记与县委签订党风廉政建设责任书，各镇（街）、各单位班子成员及管辖党组织负责人与本单位党组织签订责任书。广泛开展提醒谈话活动，各级党组织在民主生活会、民主评议、组织生活会等党内政治生活中，将党风廉政建设责任制执行情况列为会议的重要内容。进一步完善领导干部向县纪委全会述责述廉述德制度，突出政治巡察，规范巡察方式和巡察内容，紧盯重点人、重点事、重点领域，着力构建执纪监督、检查监督、派驻监督、巡察监督四个全覆盖全力监督格局。

为充分发挥党内监督专责作用，设置了6个综合派驻纪检组，实现对58个县直所有单位、部门的全覆盖。建立了容错免责机制和完善绩效考评、干部管理、督查问责等制度。筑牢思想防线，将廉政教育作为党校培训、党员干部学习和干部选拔任用的必学课程，实行新提任科级领导干部任前廉政教育制度。开展家庭助廉和廉政提醒活动，向干部和家庭发放家庭助廉倡议书，编发廉洁短信。开展廉政书画征集活动和廉政小品小戏曲艺创作大赛，积极推动社会风气向善向上。健全风险防控制度，强化了公权力公开透明运行的监督，对中共仁化县委、县人民政府确立的重点建设项目实施廉政风险点预警制度。立足教育挽救，综合运用"四种形态"，落实"两个尊重""三个区分"，在监督执纪问责工作中坚持尊重历史、尊重实情。

深入贯彻落实中共中央和中共广东省委、中共韶关市委关于推进全面从严治党的各项决策部署，认真履行县委党风廉政建设主体责任。加强党性党风党纪教育，加强廉政文化建设，严格控制"三公经费"支出，积极推进惩治和预防腐败体系建设。旗帜鲜明支持惩治腐败，优化执纪执法环境，支持执纪执法机关依纪依法办案。严格遵守中央八项规定精神，制定并实施《仁化县贯彻落实中央八项规定精神实施意见》，坚决反对"四风"，强化扶贫领域监督执纪问责，持续保持反腐高压态势，充分发挥巡察利剑作用，对全县敬老院和省定贫困村开展进行巡察。全力推进监察体制改革试点工作，2018年1月，仁化县监察委员会正式挂牌成立，各项工作顺利推进开展。

仁化县全面落实新时代党的建设总要求和组织路线，旗帜鲜明讲政治，推动广大党员干部牢固树立"四个意识"、坚定"四个自信"，把"两个维护"作为最高政治原则和根本政治规矩来执行，始终在思想上政治上行动上同以习近平同志为核心的党中央保持高度一致。牢牢掌握意识形态工作领导权、管理权、主动权，构建党委统一领导、党政齐抓共管、宣传部门组织协调、有关部门分工负责的工作格局，全方位加强意识形态阵地管理。大力强化正确的选人用人导向，着力打造忠诚干净担当的高素质专业化干部队伍。全面加强基层党组织建设，深入贯彻落实《广东省加强党的基层组织建设三年行动计划(2018—2020年)》和《仁化县贯彻落实中央八项规定精神实施意见》，不断把基层党组织锻造得更加坚强有力。大力实施"头雁"工程，持续开展党员"戴党徽、亮身份、树形象"活动，以"固定党日＋"活动为载体开展党性教育。依托韶关市委双"113"工作机制，深化拓展"一线双联"活动和重新擦亮"民忧档案"活动，推动人往基层走、钱往基层投、政策向基层倾斜。坚定不移正风肃纪反腐，认真贯彻落实中央八项规定和实施细则精神,保持定力、寸步不让,严查各种隐形变异"四风"问题,运用"四种形态"强化监督执纪问责,建立健全县委巡察工作机制,始终保持反腐败高压态势。

附　录

附录一 遗址遗迹

一、遗址遗迹现状

在各个革命历史时期,中国共产党领导仁化人民开展的革命斗争从未间断,留下了大量的革命遗址、文物,其中,革命遗址 200 多处。这些遗址、文物遍布各镇(街),是一笔宝贵的革命历史文化遗产,是体现"不忘初心,牢记使命"理想信念的厚实载体。根据中共仁化县委办公室《关于公布仁化县红色革命遗址及其他遗址名录的通知》,公布名录有"双峰寨保卫战旧址"等 79 处红色革命遗址、"仁化抗日阵亡将士纪念碑"等 3 处其他遗址,具体名称如下:

(一)红色革命遗址

1. 丹霞街道

仁化暴动纪念碑

仁化老县城——仁化暴动旧址

亚婆岩茶亭——南昌起义军朱德部队途经丹霞山旧址

南较场——陈毅发表演讲地遗址

腊口炮楼——红五军临时指挥部旧址

城隍庙——第一区(城口)农民协会成立遗址

蝴蝶城岭——广东省立韶州师范学校遗址

朝阳岩——仁化抗战补给点及疗伤处旧址

2. 董塘镇

思诒堂——中共仁化县委旧址

董劝书院——第五区苏维埃政府和仁化县革命委员会旧址

华阳寨——华阳寨保卫战旧址

禾坪岗——朱德镇压土豪劣绅遗址

泰丰店——朱德召开会议及住宿旧址

澌溪山游击根据地旧址

澌溪庙——中国工农红军第四独立团驻地旧址

阮啸仙居住地

蔡卓文旧居

董塘大革命烈士纪念碑

惠潮嘉会馆——第五区农民协会及北江地区第一所农民军事学校旧址

谢文韬、谢锡星旧居

河富村——河富抗日保卫战发生地

燕岩——河富抗日自卫队指挥部旧址

3. 石塘镇

双峰寨保卫战旧址

石塘娘娘庙——红七军宿营地旧址

农民协会办公旧址

石塘大革命烈士纪念碑

李载基旧居

黄梅林旧居

4. 长江镇

云影庵——中共五岭地委诞生地遗址

广州会馆——红三军团临时指挥部与红军被服加工厂旧址

中山公园——红七军临时指挥部旧址

长江革命烈士纪念碑

犁壁岭——红一军团宿营地旧址

红军长征宣传标语"中国共产党十大政纲"旧址

长江日头河红军桥

陈欧温泉——红军沐浴温泉

凌溪革命烈士纪念碑

泥湖村——中共崇仁汝工作委员会成立地

5. 扶溪镇

扶溪打铁铺——中共秘密交通站旧址

扶溪樟树头——彭德怀发表演讲地旧址

紫岭谭氏二房宗厅——第三区农民协会成立地旧址

下逕社红军烈士墓

6. 闻韶镇

华林寺——中共秘密交通站旧址

下徐营盘——红五军临时指挥部旧址

路头石围——红五军驻扎地旧址

白竹刘氏宗祠——中山大学党支部活动旧址，宣传抗日烽火旧址

吴少周旧居

7. 城口镇

红军长征突破第二道封锁线城口袭击战旧址

铜鼓岭红军烈士纪念碑

胜一理发店——中共城口特别支部秘密交通联络站旧址

水东桥——红军长征奇袭城口突破口遗址

五里山碉堡战壕——红军突破第二道封锁线遗址

红军长征铜鼓岭战斗遗址

古秦城——红军宿营地旧址

萝卜坝——彭德怀发表演说、红军镇压敌特分子旧址

三角坪——红五军惩治恶霸地

老盐街——红五军物资采购地

正龙街——红军宿营地旧址

广州会馆——红军长征宿营地遗址

锦城温泉——红军沐浴、疗伤地

石峰祖祠——中共城口特别支部旧址

红军宣传标语"红五月"旧址

大皇楼——第二区农民协会诞生地旧址

广兴栈——毛泽东旧居

谭甫仁将军旧居

谭甫仁将军夫妇墓

恩村红军烈士墓

8. 红山镇

红山红军长征纪念碑

红山红军桥

李氏宗祠——红军长征主力临时指挥部旧址

前洞三宝殿——红军长征临时指挥部

新山小典红军墓

青迳仁坪红军墓

9. 周田镇

鸡龙村——南昌起义军朱德部队宿营地

古围楼——南昌起义军朱德部队临时指挥部旧址

平甫渡口——南昌起义军朱德部队横渡浈江旧址

10. 大桥镇

老街万年桥——南昌起义军朱德部队途经大桥镇古桥

11. 黄坑镇

古竹村——北山游击队攻打联防大队发生地

乌泥坑围楼——北山游击队指挥部旧址

（二）其他遗址名录

仁化抗日阵亡将士纪念碑（仁化老县城）

文波学校遗址（仁化老县城）

江西牛旧居——第五儿童教养院旧址（董塘镇江头村）

上述革命遗址属于国家文物保护单位的有 1 个、县级文物保护单位 14 个。仍有一部分革命遗址被闲置，未起到红色文化资源的作用，未能产生应有的效应。

二、开发利用前景

仁化革命史从土地革命战争、抗日战争到解放战争，具有完整性，体现了各个时期的历史风貌和斗争精神。尤以土地革命战争的影响最为深远，仁化红军长征路是经过广东省境内路线最长、时间最长的红色之路。八一南昌起义部队、百色起义部队、井冈山红军部队，在仁化境内开展各项工作留下的历史足迹，毛泽东、朱德、邓小平、彭德怀、陈毅、罗荣桓、聂荣臻、阮啸仙等旧址旧居革命文物、领袖将帅风范，都是十分宝贵的精神财富，也是开展爱国主义和革命传统教育的珍贵历史教材。特别是开发城口红军长征红色旅游线路，让更多的人重走红军路，寻访革命先辈的足迹，体验革命先辈的生活，感悟革命先辈的精神，实现中华民族伟大复兴的中国梦，都具有非常深远的历史意义和价值。因此，未来仁化可打造以下几条红色经典旅游路线：

1. 环丹霞山景区红色元素旅游线路。主要是朱德、陈毅率八一南昌起义军部队转战仁化的红色旅游线路：大桥镇老街村（有古驿道遗迹、明清商铺民居和古石拱桥）—周田镇周田村（风度门楼、宗祠、匾额、楹联、传统古民居等张九岭文化遗存，鲶鱼转遗址）—丹霞山内山门（习仲勋题写"丹霞山"）—仁化县城（仁化暴动旧址）—韶石古道（古道有庙宇 4 处、碑刻 10 多处、山寨门 4 座）—水江渡口（古代传统民居、宗祠、古渡口）—夏富村（古代传统民居、宗祠、三角街等）—石母铺茶亭—河富燕岩。

2. 重走长征路参观旅游路线。长江—城口—丹霞街道—红山重走长征路，徒步体验游线路，打磨红军行军路线，结合县道 335 线和县道 336 线，联通长江、城口、丹霞街道和红山 4 个镇（街）内各个长征遗址点。县道 336 线向东延伸连接县道 374 线和县道 376 线，联通长江通往赣州的红色文化脉络。

3. 红色特色小镇参观旅游路线。仁化县城—铜鼓岭—城口参观路线，衔接广东仁化至湖南汝城跨省文化轴线，依托国道 106 线联通仁化县城、铜鼓岭革命遗址点和城口红色特色小镇，打造红色文化参观线路。充分利用武深高速、赣韶高速串联仁化与湖南省郴州市汝城县、江西省赣州市的交通便利优势，结合湖南省、江西省丰富的红色文化资源，打造仁化县内的跨省文化轴线。

4. "仁化暴动"参观旅游路线。石塘—董塘—仁化县城—扶溪—闻韶—黄坑红色文化轴线，联通南雄、始兴、乐昌、韶关，打造跨县区文化线路,挖掘"仁化暴动"红色历史脉络,依托省道345线、246线和县道342线,结合石塘、董塘、仁化县城、扶溪、闻韶及黄坑等六地的红色革命资源,打造仁化县中东西部红色文化轴线。

5."战略骑兵"红五军游击仁化线路。白石岭距离仁化县城10多千米,境内群山起伏,云海翻腾,古道蜿蜒,有万亩竹林、梯田等自然景观,彭德怀率领的红五军素有"战略骑兵"之称,穿越白石岭古道,留存有大量的革命旧址。以"红色+体育"为引擎,充分利用白石岭的山地生态资源,开展多种山地运动,以运动路线连接红色资源景点。浓缩和见证红军的艰辛不易,时刻提醒人们不忘初心、继续前进,促进仁化全域旅游发展。以体育运动的方式体验红军长征,如户外定向越野、山地马拉松等体育赛事。

纪念设施

一、纪念碑塔

石塘大革命烈士纪念碑

石塘大革命烈士纪念碑位于石塘镇双峰寨左前方。

中华人民共和国成立后,为了纪念1928年大革命时期石塘双峰寨保卫战牺牲的农军及群众而建此碑,在原石塘供销社附近曾建有一座纪念碑,1964年春之间拆迁新地重建。

纪念碑是青砖构筑,水泥抹墙,高16米,由碑台、碑座、碑身三部分组成。方形碑台四周筑围墙,高1.5米,占地面积743.56平方米,碑座等边3.8米,高1.4米。碑身四面隶书玄塑"大革命烈士纪念碑",正面增塑"仁化县石塘区一九二七、八年"(即1927年、1928年),下塑"一九六四年四月重建"。该纪念碑保存完好。

石塘大革命烈士纪念碑于1989年6月被仁化县人民政府公布为仁化县文物保护单位。

董塘大革命烈士纪念碑

董塘大革命烈士纪念碑位于董塘镇莲子塘。

1959年春,仁化县人民政府为纪念在大革命时期在董塘、安岗、京地英勇就义的烈士们,特建此纪念碑。

纪念碑青砖砌筑,水泥抹墙,由碑台、碑座、碑身三部分组成,高 13 米。圆形碑台周长 12.8 米,高 80 厘米;方形碑座高 1.3 米,等边 3.63 米。方形碑身由下至上直线收缩,四面隶书玄塑"大革命烈士纪念碑",正面加塑"仁化县董塘区、安岗、京地""公元一九二七年""一九五九年春立",碑下东南面有五座青砖单室烈士墓。

现纪念碑保存完好,碑体坚固,碑砖完好。2008 年修缮加固碑座,地面铺设水泥,四周建有围墙。

董塘大革命烈士纪念碑于 1989 年 6 月被仁化县人民政府公布为仁化县文物保护单位。

仁化暴动纪念碑

仁化暴动纪念碑位于城南 1 千米矮岭头村东面山岗上。

为纪念第一次国内革命战争牺牲的工农革命军和革命群众,于 1988 年 4 月,由中共仁化县委、县人民政府动工兴建仁化暴动纪念碑。

仁化暴动纪念碑为方形,砖石构筑,水泥抹墙并铺盖石米,高 11.9 米,由檐台、碑台、碑座、碑铭座、碑身五部分组成。檐台东西宽 23.4 米,北长 29.5 米,面积 690.3 平方米。碑台东西宽 17.7 米,南北长 29.5 米,面积 522.5 平方米,总占地面积 1212.5 平方米,周围有 1.2 米高圬石米栏杆。花岗岩石料铺面的碑座,高 1.2 米,等边 5.4 米;碑铭座高 1.52 米,等边 3.5 米。正面嵌青灰色花岗岩大理石碑,隶书直阴刻填金碑文,背面大理石碑刻先烈名字。方形碑身上下大小相等,正面大理石碑行书直阴刻碑铭"仁化暴动纪念碑",背面刻"革命烈士永垂不朽",方形碑顶,平铺横砖出檐,顶置避雷设施。

仁化暴动坚持长达 10 个月,被中共广东省委评价为广东农民暴动史中最伟大的战斗。双峰寨保卫战是仁化暴动的一个重要部分,震撼了粤赣湘。策应了湘南暴动,呼应了井冈山革命根据地的斗争,先后建立了区、乡苏维埃和仁化县革命委员会,为建设基层革命政权作出了可贵的探索,仁化暴动是党在农村发动群众、建立革命根据地的一次尝试。

红山红军长征革命烈士纪念碑

红山红军长征革命烈士纪念碑位于红山镇新白村民委员会的白石洞村小组。

1934年11月5—9日,红军红一军团、红九军团、中央红星纵队及红三、红五、红八军团一部,陆续从城口镇经围坑进入红山镇的新田宿营。红军撤离之后,反动武装用尽残忍手段追杀红军伤病员,有36名红军伤病员遭残杀,当地农民群众自发将红军烈士遗体掩埋。

红军长征革命烈士纪念碑建于1968年,1991年仁化县人民政府拨款重修。青砖结构,由碑座、碑身两部分组成,平面呈四方形,高9.5米,总占地面积144平方米。纪念碑碑座等边1.75米,碑身正面塑有碑文,镌刻"红军长征革命烈士纪念碑"11个大字。碑底下筑墓,安葬有36位红军先烈忠骨。现该纪念碑整体保存完好。

红山红军长征革命烈士纪念碑于1989年6月被仁化县人民政府公布为仁化县文物保护单位。

铜鼓岭红军烈士纪念碑

铜鼓岭红军烈士纪念碑位于仁化县城口镇大水坝国道106线旁铜鼓岭战斗遗址处。

仁化城口铜鼓岭阻击战,是红军长征入粤后的一次惨烈战斗,红军以牺牲100多名指战员的代价,突破敌人精心设置在城口一带的第二道封锁线,为红军西进创造了条件。中华人民共和国成立后,为纪念这次战斗,缅怀牺牲的红军烈士,仁化县人民政府曾修建纪念碑,供后人瞻仰,后被损毁。该纪念碑从2007年12

月起规划与建设,至 2008 年 8 月竣工。纪念碑占地面积 3300 多平方米,高 11.99 米。2017 年修缮。

铜鼓岭红军烈士纪念碑于 2011 年 4 月被仁化县人民政府公布为仁化县文物保护单位。

长江革命烈士纪念碑

长江革命烈士纪念碑位于长江镇中山公园。

据纪念碑《碑记》记载,此碑建于 1967 年,建在高岗庙山岗上,是长江镇人民政府为了纪念解放战争期间在长江地区牺牲的解放军指战员和游击队员、革命群众而兴建的。

该纪念碑坐东向西,青砖筑成,水泥批荡,通高 7.5 米,总占地面积 100 平方米,旁边建有革命烈士圆堆墓。

长江革命烈士纪念碑于 1989 年 6 月被仁化县人民政府公布为仁化县文物保护单位。

凌溪革命烈士纪念碑

1948 年 8 月,国民党"隆昌"部队进攻凌溪,粤赣湘边纵队奋起抵抗。1997 年,凌溪村民委员会为了纪念在解放战争时期牺牲的 8 名烈士而修建了此纪念碑一座。

仁化抗日阵亡将士纪念碑

仁化抗日阵亡将士纪念碑位于仁化县炮楼山(即今锦城公园)东南坡。

1938 年秋,日寇的铁蹄无情地践踏广东,广州沦陷,韶关成为战时省会。仁化自然地成为抗战的后方,也是当时国民革命军第六十二军的后方基地。1944 年冬,日军大举进攻粤北地区。第六十二军受命抗战,在粤北战役中牺牲了一批将士。为缅怀抗日阵亡将士英勇抗战的民族气概,仁化县人民政府在炮楼山东南坡建立了"抗日阵亡将士纪念碑",是仁化县唯一一座纪念国民党军队抗战将士的纪念碑。

该纪念碑为混凝土砖混方形结构，通高约5米，占地面积约40平方米。全碑由碑身、基座、护基组成，碑身南面阳刻楷体尺方大字"抗日阵亡将士纪念碑"。纪念碑因长期没有进行修葺，现整体状况残损较严重。

二、纪念场馆

仁化县博物馆

仁化县博物馆成立于1985年，属综合性博物馆。1993年，仁化县委、县政府投资55万多元，兴建一栋三层楼，建筑面积为987平方米的综合性博物馆。馆内一楼设流动展览厅，二楼设民俗文物展览厅、红军标语展览厅、革命斗争史展览厅。其中革命斗争史展览厅共包括五个方面的内容：仁化农民暴动、红军在仁化、抗日救亡运动、建立五岭根据地、胜利解放仁化。三楼设历史文物展览厅，馆藏文物共有1069件，其中三级文物113件。2001年扩建了博物馆附属楼，建筑面积565平方米。免费为群众开放。

双峰寨保卫战旧址

双峰寨位于县城西19千米的石塘镇石塘村边，始建于清光绪己亥年（1899），竣工于清宣统庚戌年（1910）。寨坐北朝南，用石灰石、青砖灰沙砌筑，南北长73米，东西宽70米，略呈长方形，有1个主楼和4个炮楼，其间有围墙相连。围墙高9米，厚1.3米，最厚处为1.7米；四个炮楼均为4层，高13米；主楼5层，高15.3米。围墙四面均建有瓦面盖顶的走廊，宽1.2米，下层称为半层，宽3.15米，走廊及5个炮楼共有炮眼55个。寨堡另设一正门，共两重。第一重大门用大樟木特制而成，大门拱形，门板厚5寸（1寸≈0.333米），表面镶铁板，门楣上方书有"双峰保障"4个大字。第二重大门的结构与第一重大门相似，门上方刻"保安门"3字。寨外四周均设护城濠，濠宽13.7米，水深约2米。原用吊桥连接进寨。双峰寨建筑面积4664平方米，占地总面积1.13万平方米（包括护城濠）。大革命时期，石塘乡在此办公。1928年3月15日至11月11日，在中国工农革命军营长李载基等人的指挥下，700多军民在寨内与敌人展开了历时9个月的双峰寨保卫战。保卫战旧址于1978年9月被广东省革命委员会公布为省级重点文物保护单位，2000年4月被广东省列为爱国主义教育基地，2006年5月被国务院公布为国家级文物保护单位，2012年12月被中共广东省委党史研究室公布为中共党史教育基地。

红军长征粤北纪念馆

红军长征粤北纪念馆位于仁化县城口镇，规划用地面积1.27公顷，建筑面积约5500平方米，包括门厅、展厅、藏品库、报告厅、教研室、活动中心、多媒体研究中心、游客接待、商品部、后勤工作用房及纪念广场等附属工程设施。项目总投资7949.11万元（主体工程、装修布展工程、园林绿化工程），项目于2017年7月奠基。

设计以圆型作为建筑主体构图，因应地势，与山水相像相融，与小镇遗址咫尺呼应，建筑整体基底步步递进，屋面层层升起，形成"向前向前向前，向上向上向上"的积极进取的趋势，寓意红军长征披荆斩棘、百折不挠的核心精神品质。

粤北是红军长征突破第二道封锁线的主战场，设计上用突出、突置的建筑语言向外界灌输和传播这一概念。在城口的重要历史意义在于"穿山西进，突破封锁"，所以在建筑设计中，运用"穿越封锁"作为主馆的形象符号，做成纪念碑式（高21米，象征红军在粤北征战的21天），有利于人们对此产生强烈视觉冲击力和历史时空感。

珍贵遗存

一、历史文献①

乡农民协会成立（节录）

……水罗、马斯坳、老董塘、坡头……乡农民协会成立……

（原载《犁头旬报》第一期，民国十五年一月二十五日出版）

广东省农民协会全体执行委员及各属办事处代表、各农民运动特派员扩大会议决议案（节录）

……

二、经济方面：

（一）仁化有借钱还谷之重利制度，应请政府严行禁止。

……

（原载《犁头周报》第四期，一九二六年三月五日）

---

① 为保留历史资料的原貌，对某些资料中污蔑共产党和革命群众之语，我们不作删改，请读者审察并识别。

广东第二次全省农民代表大会之经过[①]（节录）
（一九二六年六月）

……

此次大会代表的成分如表一：

……

（七）北江

县别	区协会数	乡协会数	会员人数
曲江	七	一四一	一一三二〇
仁化		一〇	四五三
南雄		一六	一三四六
乐昌	三	三三	一六九八
英德		一一	五八五
总计	一〇	二一一	一五四〇二

……

（原载《广东农民运动资料选编》）

广东第二次全省农民代表大会之经过及结果[②]（节录）
（一九二六年七月）

此次大会由五月一日开幕，至十五日闭幕，总共开了十五天的会。到会代表共二百一十四人，代表广州市郊、番禺、南海、

---

① 这是1926年罗绮园在中共广东区委会议上作的报告。
② 罗绮园：《广东第二次全省农民代表大会之经过及结果》（原载《犁头周报》第七期，一九二六年七月）。

中山、顺德、东莞、清远、花县（今花都）、增城、新会……仁化……陆丰四十九个县。还有十七个县因路远或交通发生困阻，没有派代表来，代表有组织的可统计的农民协会会员共有六十二万六千四百五十七人。除了正式代表之外，各县的农民自备谷来省参加者亦有百余人。更有广西、福建、湖北、浙江、江苏、河南、山东、山西、江西、贵州等十一省的代表参加，他（它）已经不光是广东农民的代表大会，而已略具全国大会雏形了。

……

（原载《犁头周报》第七期，一九二六年七月）

北江农军学校学员花名册（节录）

……

仁化县：

董塘凡口：	邓文光	一期	
新 岭 背：	温坐新（兆云）	一期	20岁
	曾万霖	一期	
	邓祝三	一期	
	陈建传（俊云）	一期	24岁
	李明富	一期	26岁
坡 头 乡：	张有城（胡广）	一期	19岁
董 市：	周汉亭（海波）	一期	20岁
	江河清（赤魁）	一期	20岁
石塘中垱：	谭兆源	一期	
	冼汝南	一期	
城 口：	谭甫仁	一期	
安 岗：	谭连连	一期	

董　　市：	曾△△	一期	
石　　塘：	曾昭秀	一期	
	李△△	一期	
	黄△△	一期	
董塘江头：	黎万民	一期	
董　　市：	李素霖	一期	
董塘廊田：	陈耀发（筱泉）	一期	19岁
赤　　地：	徐△△		20岁

……

谭广泉　　二期
谭宗联　　二期

……

（原件残损，现存韶关市博物馆）

广明龙乡农民协会的通告

（一九二六年十二月十二日）

为通告事，现准仁化第五区农会来函，被土豪等烧去我们最敬爱之农旗，以至发生冲突，顷本县会来函派定本区二十名。兹议贵乡，派精勇自卫军一名，配齐武装准明早来区会集合出发，勿误为要。此布。

广明龙乡农民协会
十二月十二日

（原件存原中共曲江县委党史研究室）

中共北江特委给省委的报告（节录）
——朱德部队和各县情况

（一九二八年一月二十一日）①

省委：

余陶带回省委来信，今早收到。吴齐、鸿江、锦堂等也同时到此，现将日来情形报告于次：

一、朱德部队的事

……

A. 派一军事同志去乐昌打探，如果是实了，更前行报告他们一切计划，叫他们拼命解决许部，再到仁化帮助农民解决范军（三百人），然后直下翁源，转达东乡。

……

二、现在且述各方情形

……

仁化：

只有七个同志。一、二、三、四、五等区皆有农民组织。五区（董塘，附近曲江）为农民大本营。反动武装（军队除外）七百以上，农民枪枝（支）约一百多。朱德过境时杀过二十余人，朱德走后没收地主谷子二千担。后来范石生派了一团人去，农民（四十人）遂退守山上，何举成竟想收编，我们到后才制止，现敌未向我们进攻，农民也不敢在乡村住宿，二千人与农军一起住在山上，昨日派了一个军官（朱德部来的）、一个纠察队工人同志前往工作，啸仙迟两天可以去（昨日他主张等报告，今天无人引路），吴齐（即吴济）也去宣传，特委自然不会忽视这一斗争，

---

① 年代是根据文件内容判定的。

并要使这一斗争要蔓延到全县,或者影响到北区各县。几日来指示他们的大要是:群众和农民回乡村活动——没收土地,杀人,召集各乡农民大会,组织苏维埃,进攻或骚扰敌人,派人到各区活动,勇敢农民及现有农军无条件容许入党。但他们所说好像乡村不尽是他们的,故不敢回去,又怕敌军来攻。啸仙等去,我们想总可以维持,并渐渐的扩大。

……

北江特委

(原载《广东革命历史文件汇集》第二十四集)

浩给北江特委省委信①
——仁化县农民暴动情况

(一九二八年二月一日)

鸣兄转特委并转省委:

冯同志(农民)二十八早回来,你们给我们的指示,已于本晚县委全会完全接收了。兹将近来几天进行情形报告于下:

一、党务

(一)县常委天天都能够开会,每会都有党务及农运报告及讨论,精神颇紧张,常委除啸仙比较多的时间在家里计划及颁发命令、接见群众外,余的都跑到各乡去做工作,早出晚归。

(二)县委全体会议每三天一次都能执行,各委员工作与县常委无异,都各有其专门委员会的责任。

(三)安岗乡已发展同志四十五人,完全是贫农,而且是武装党员能冲锋陷阵的尖兵——乡农民完全武装动员,枪不够用,

---

① 浩似是阮啸仙代号。

但轮流训练守卫及放哨，男女老少都取一致行动。昨日正式成立支部，分五小组，军事编制——四分队及特务队。由啸仙训练了三点多钟，题目：一、什么是共产主义；二、什么是C.P.党员①；三、什么是C.P.党员；四、怎样做C.P.党员；五、C.P.的组织，C.P.之历史及其目前的任务与策略。昨夜支部第一次干事会并决定主要工作，组织安岗赤卫队为洋枪队、粉枪队、大炮（土的）队、镰刮锄头队、工兵队（无武装的）、慰问队（妇女）、少年先锋队（孩童）等。并准备以安岗为模范扩充到各区乡，如此做去形成全县群众武装大暴动。

老董塘吸收同志二十八人，杨屋十余人，仍未成立支部，因党务人才缺乏，我一个病夫分身不开，所以发展得很迟。

二、农暴

（一）二十六晚，是日各乡委职会后，各乡都曾做过热烈的全体大会，可是因时间关系，不能完全去参加，因此只有他们自己承认是乡苏维埃，并未有改选。

（二）二十七午开全区武装大会情形：

1. 地点在董塘市外大广场——离县城三十里、地主集中地夏富二十里、豪绅集中地岩头十多里，开会时他们可看得见，听得到。

2. 乡数二十三个，人数二千余人，子弹枪、粉枪、镰刮千余，中有农妇贰百多人，有四五个担土枪大炮的。我跑去问他们：是否可烧，她们很坚决答，已杀死土劣地主好多个人了。

3. 大会要事项是：C.P.代表省农会常务训话（这是农民自己写的）；海丰苏维埃代表训话；追悼死难烈士（为清党而死十六人）；举行群众阅兵及提案呼口号等。阅兵时举枪头、锄头、

---

① 原文如此。"C.P."是共产党Communist Party的英文全称缩写。

杆头、拳头、红旗招展于空中，欢呼如雷动。

4. 提案：

（1）没收一切地主土地，归原耕农民，限七日内掘去田基，限七日后起册，领土地使用证。

（2）即刻拆毁董塘市反动商店，示威。

（3）即刻锄田基，群众巡行大示威。

（4）追悼邓祝三诸烈（士）并建立一烈士纪念碑。

（5）邓烈士（C.P.，有土地值三万余）所有土地归原耕农民，另由区政府划出若干亩为纪念田抚恤烈士家属。

（6）刘建中同志（C.P.，有田百亩）放弃土地权归原耕农民，另由区政府给回若干亩归刘同志自耕。

（7）蔡卓文同志（同上办法）。

（8）豪绅地主自耕农耕土地由区政府收回，发给失业农工、烈士遗族、兵士家属耕种。

（9）没收或征发豪绅地主谷石、银两、财物、枪械。（甲）谷石十分之五归农民，十分之三归区，十分之二归乡。（乙）银两财物一律充公归区政府经济委员会及军事机关管理。（丙）银两财物不满十元者由农民自己取用。

5. 口号：

（1）我们要以至诚接受吴、阮诸同志的指导。

（2）照海陆丰的样子去做！——以上是农民自己提出的。

（3）拿下白色恐怖的青天白日旗！

（4）高举我们工农兵的红旗！

（5）我们即刻大暴动起来！

（6）打倒屠杀工农兵的国民党！

（7）杀尽豪绅地主！

（8）锄平田基焚尽田契！

（9）没收一切地主土地归农民！

（10）组织我们的工农政府！

（11）拥护代表工农利益的中国共产党！

（12）工农革命成功万岁！

6. 是日之前夜，由附近农民带农军围捕龙王宫拿获男女老少共二十余人，中有清党委员会张伟成一名，由大会通过枪决。群情愤激，人心大快。余的由大会选出五人组织审判委员会审判决之。

（三）安岗乡二十八日开会成立苏维埃，准备以此为首倡，以后各乡次第成立苏维埃，俟有半数即行召集区代表会成立区苏维埃。

（四）组织慰问队，工农革命军由安岗乡发起联合各乡，各备可食可用礼物在大会慰劳后，并分途到各乡慰问，因为各乡放哨，兵士不能齐到大会。

（五）组织招待处招待各区乡派来农民，亲到五区革命乡村参观。

（六）散发驻北江各军革命委员会致兵士书（另附）①。

（七）散发第五区农会敬告被压迫农友书。

（八）二十八日拿获夏富民团一人连枪，缴其枪械，毙其人，此事在后考查做得不很好。因该民团不愿意当地主守卫而私逃的。不过农军愤恨极了，却不问而枪毙之，现在农军也明白了，以后要借此招来。

（九）锄田基，担豪绅地主的谷石，缴其枪械。执豪劣地主反动派或枪毙或征发粮食出军饷，（如附从反动）则罚苦工，如锄田基焚烧及拆毁豪绅地主屋宇，有些则扣留其子派其父母到敌

---

① 原文虽有"另附"字样，却并没有附件。

人（驻）地散发传单及侦探等（由一、二区农民同志）。诸如此类之事无日无时无之。总之，要使农民每日都听到胜利的消息之事件，做出可以兴奋农民进攻的事情，计三日内没收谷石二百余担，缴枪十枝（支），银贰百余元，是有数可数的。

（十）石塘问题，因被压迫之周围各小乡村仍害怕而未有起来，拟派宣传队加紧宣传，使他们起来。然后照特委指示办法，以多量群众围攻方法取得之，目前该乡利害的跑了，又未有枪枝（支），留下弱的地主已和该乡农协分子讲和了。暂时未有问题，它是革命乡村包围的。

（十一）广东工农革命军北路第八独立团拟二月四月正式成立，编为三营，余外还有各乡赤卫队，统属于参谋团为工农革命常备军周围之武装群众，团营长则由滕、范、孙、杨军事同志充任，军中的军事同志很好，而且颇足用以！

农军每晚都出发围捕，每次都有农民同志跟在后面（群众在后头），在（再）跑往前面。

（十二）自二十七日开大会，宣布耕者有其田后，不但本区群众动起来，即第一、三、五区都动起来了，每日都有农民代表来接头。如观形势是非常好的（起）来。可是组织和宣传人才的确缺乏。

我一个人当然高兴极了，但苦死了，病得不得开交。真不派人来的话，气死了。同志们起来干罢！！！

三、反动方面

（一）仁化城驻的军队非常恐慌与摇动，前晚因放哨答口号不符自相打起来，打死一人，伤十余人。对于回乡的人检查之严，但我们仍然可以探消息及发传单。夏富乡反动武装自己竟与邻乡民团打起来，因为该民团堵截农民到龙王宫担谷，误认以为我们打他，所以自己打起来。

（二）历林豪绅地主派人来讲和，愿交田契、掘田基、缴枪、缴款，只求不杀他，不焚烧房屋。我们昨晚特别召集农民去烧了几（间）小房以示威，要他马上缴枪、谷、契、钱来。

（三）夏富与炭（岩）头查集中仍有贰百余（支）枪，他们有很巩固的广大的石岩炮台，很充足的粮食，很戒严的守备，硬攻是不容易。我们的办法：一是设法在附近疑阵，放空炮，骚扰反他，乱其心。二是（发）传单分裂其群众，摇动其武装。三是（以）远交近攻的方法，先和弱小绅士以打破其结。

四、其他

（一）范石生与许克祥冲突很利害，而且戒（备）甚严，将以仁化为缓冲。

（二）朱德部队达宜章，拟由郴州下城口再来仁化，因湘军攻退，大部郴州，故计划不行，现在大部完全离宜章，退回乳源之梅花。此是一位杨同志在郴州与宜章之间与敌军作战，因众寡不敌，败散回到此地说的。此间用特委名义，主张以前的办法，带信给朱德去了，查朱已正式成立第一师，枪枝（支）由七百增至一千四百枝（支），子弹仍甚充足云。

（三）我们现在正派人去仁城调查防军动摇情状如何，拟进攻仁城，缴械、筹款、大杀大烧，然后放弃仁城，取夏富、岩头与董塘、安岗成倚（掎）角之势，造成第二海陆（丰），是否可行，仍在考虑中。

五、请求事项

（一）请省委派宣传、组织人才来，仁化农民领袖应懂广州话，一般人懂客（家）话可以，中坚分子可以懂普通（话），所以诸色人等可以派来。总之，聋、跛、盲同志，只要他咀（嘴）可以咸（喊）出杀冲锋的可以来，万不能迟！！！

（二）C. Y.①同志马上要来，童子团少年先锋等待他们很久了。

（三）女同志说普通话、客（家）话的能吃苦的也要来，此地农妇时常要求参加暴动，要求派人训练她们，入了农（会）必缴会费贰先（仙），因为缴了钱就表示实际加入，恐怕人们空口应承白衍她。

（四）省委如派人来或恬波来（的）话，带以下东西给我。

1. 哮喘药水、药饼、伤风药饼多带来。
2. 照相机并多买照片。
3. 广东全省邮务地图（多买一份，因为特委也要②）。
4. 有望远镜带个来。

注意：省委要钱应派一个财政人员来拿，因为此地的钱取（之）不禁（尽），用之不竭，但货弃于地，如不派人来，庶（恕）不奉送。消息也要时常通知。

浩

北江特委转录明韶

（原件存中央档案馆）

立三致秋白信（节录）
（一九二八年三月十八）

秋白同志：

写完省委的报告，还有一点余下的时间，所以简单些（写）几句话给你。同时也是急于要说的。

---

① 原件如此，此人是谁已不可考。
② 这句话是由特委加上去的。

一、广东的形势

的确敌人在竭全力向我们进攻，如海、陆丰，仁化，琼崖都是一样。不过广东的革命潮流，决不会因此低落。"全省都能创造暴动的局面"这句话是千真万确的，最近各地回来报告，都证实这一句话……

……

立三

（原载《政治通讯》第二十六期，一九二八年）

沈宝同关于广东党组织情况的报告①（节录）

（一九二八年四月四日）

……

二、党的组织状况：

……

北江：无特别好的，英德较好，清远党极弱，花县尚未恢复，仁化方图恢复，南雄方发展。

……

（原件存中央档案馆）

广东全省党组织统计（节录）

（一九二八年八月七日）

……

---

① 原题为《组织报告（宝同4/Ⅳ28）》。经鉴别原稿是周恩来字迹，可能是他听取宝同等汇报时的记录。

各县、市党员发展比较表

……

28、英德—300

33、仁化—200

45、曲江—90

55、清远—25

……

(原载《广东革命历史文件汇集》第十二集)

回师井冈山恢复湘赣边区（节录）

……

攻克两城除救出在狱同志外，缴获物资不多，故又决定袭占广东境内之城口。城口是广东省向湘东南出口之小商埠，有三四百户，在城口缴获步枪数十支，子弹三万余发，筹款约三万元。打听到南雄无正规守军，又决定夺取南雄。占领五天。在城口与南雄买了大批药品及盐布，特别是奎宁（治疟疾特效）和阿德林，在南雄筹款及收集物资与城口大致相等，缴获的枪支子弹少于城口……

(原载《彭德怀自述》)

关于朱毛军的历史及其状况的报告（节录）

（一九二九年九月一日）

……

彭德怀部在退出井冈山于四月底与朱毛会合于于都，受了使命回边界恢复群众割据游击区域，经过北江赣南湘南一带，最近在赣北湘东游击，在城口得商团械两百余，在南雄商团械三百左右，在遂川得赣军六十八团一营械，在安福击溃赣军一次，该部实力已增加四倍左右。

……

陈毅

（原载《中国革命根据地史料选编》中册）

中国工农红军第五军的报告（节录）

（一九二九年十月）

红军五军自1928年7月22日于平江暴动，已经有一年（之）久的历史。

……

五军在桂东、桂阳组织秘密工会农会10余个，但因胡凤璋、门炳岳两贼的压迫，故工作未得深入。乃到粤边之城口，找得物质的补充和子弹数万发。至仁化、南雄亦得了些枪弹，并将中央六次大会决议案翻印分发给各地的党（仁化、南雄未接决议以前仍是盲动）……今年5月间，五军游击桂阳、桂东时，所见民众对革命皆有抱悲观的现状，但因生活的痛苦，豪绅的压迫，土匪的（胡凤璋）横征暴敛……他们对这些事，不但不满意接受，并且有怨言与反抗的表示，倘有人去领导，还有易于恢复组织的可能。粤北之仁化、南雄皆有小块的组织，但与上级的关系不密切。

……

因此有下列建议：

（2）湘委应迅速派人恢复湖（湘）南工作，与韶关仁化取得联络，因这区域是（在）湘、鄂、赣、闽革命前途上占非常重要的地位，亦是保障所拟先期夺取粤闽胜利的塞口。

......

（5）五军拟留一个纵队和赤卫队集中在湘鄂赣边作盘旋式的游击，其余各纵队至湖南之桂东、桂阳、资兴、永兴与赣南之上犹、崇义、大余一带发展组织，并与广东之仁化、南雄、韶关取联络，进一步与四军相呼应。

红军第五军军委

（原稿存中央档案馆）

七军工作报告（节录）

（一九三一年四月二十九日）

......

（十一）由乐昌分散到退出崇义

乐昌分散后我们一团（五十五团）即经仁化边界到江西大余属之内良，当时因不知大余情况，更不知何处是赤区，故不敢冒险去，乃向崇义前进，估量如崇义一带找不到，再深入到遂川一带总可以找到。

......

邓小平

（原载《广西革命根据地史料》）

警队彭团陆续开抵粤北

警卫旅第三团长彭智芳，奉命率部开往仁化、乐昌一带，堵击共匪。彭氏即于日前令所部第一营先行开拔来省，转乘粤路车北上，前赴仁化各处布防，其第二营亦于日前由彭氏亲自率领由琼乘海瑞运船抵省。彭氏抵省后，即于一日晋谒陈总司令请示一切，至昨二日上午九时许，彭氏即率该营全部及团部人员等，开赴韶关转往指定地点驻防。

(原载《广州民国日报》，民国二十三年十一月三日)

李汉魂谈赣南粤北已无匪踪（节录）

……记者特于昨日访谒李（汉魂）师长于私邸，作如左之谈话。（记者问）江西共匪此次突围赣南，我军追剿之经过及现在情形如何？（李师长答）共匪此次突围，系出于万不得已之退走计划，故人数颇多，物质亦不弱，惟精神则极萎糜（靡）散漫，尽被我军围困日久，一出匪区，束缚既去，自无斗志也，经我军先后迎头痛击后，现在退却者退却，西窜者西窜，我军现在积极追剿搜索中，赣南各地及粤之南雄等处，平安如常。匪党此次损失甚大，第一军斩获尤多，我虽有损伤，但极少数。（问）闻共匪大部已窜抵湘东之桂东、汝城，前日曾一部犯我北江仁化县之城口墟（圩）及长江，然否？（答）共匪主力伪一、三、五、八、九军团，确已退走赣西湘东，入湘时曾为湘军截击。伪一军团林彪部数千人，曾来犯仁化长江，我军警卫旅及某某等部驻防是地，将匪迎头痛击，匪即行溃退，我北江各军刻下奉命集中，最短期内则可向某处推进，将匪痛剿，无论如何，匪党断不能为粤患。

(原载《广州民国日报》，民国二十三年十一月五日)

红一军团直属队长征经过粤北的地点一览表

（一九三四年）

行军日期	出发地点	经过地点	宿营地点	里程
十月二十五日	石材墟（圩）	—	老界址墟（圩）	
二十六日	老界址墟（圩）	乌迳	三江口	九〇
二十七日	三江口	小溪	南村	九〇
二十八日	南村	平头坳	义安墟（圩）	六〇
三十一日	义安墟（圩）	牛皮坑	聂都	九〇
十一月一日	聂都	九牛塘	犁壁岭	九〇
二日	犁壁岭	雷（垒）岭	陈奢	九〇
三日	陈奢	八丘田	三江口	八〇
四日	三江口	羊牯坳	城口	五〇
五日	城口		新田	二〇
六日	新田	三（山）载（寨）岐	麻坑	六〇
七日	麻坑	瑶山	上西坑	八〇
九日	上西坑	大王山	桃竹坑	九〇
十日	桃竹坑	官（简）家桥	鼓（樟）古岭	七〇
十一日	鼓（樟）古岭	狮子八奇	三界墟（圩）	七〇
十二日	三界墟（圩）	唐（塘）村	平田	六〇
十三日	平田	花树下	白石渡	七〇
十五日	白石渡	宜章	梅田	五〇

（原载《中国工农红军第一方面军长征记》）

仁化县志·卷四·兵防（节录）

范石生军抵县，部下王楷发出宣传队，又假托农会名义，聚集逃匪。十一月十九日,范军由湘回董塘,已在厚坑掳获叚(甲)①长彭挺生。二十日拂晓,协农匪,分路焚劫,掳麻塘、雁(岩)头、石塘、历林、马鞍(安)岗(冈)、莲塘坝各村二十余人,并枪毙于董市禾场冈(岗)②。先是十月间,县长黄济明托故诣省不返,仁化遂陷无政府地位,致农匪愈弄愈凶,踞董塘、设苏维埃政府,每日搬运各村谷石银物牛猪等项。十二月十二日,再陷县城,劫掠商店。十七年正月十七日,焚平(坪)冈(岗)雁(岩)头房屋数百间。二十二日,三陷县城,焚公署及店屋数十间。迨新县长郜重魁于二月初抵任,调集全属团警,协同官军进剿。匪乃分踞马安(鞍)冈(岗)、石塘两寨,死守抗拒。三月十二日,用地雷攻破安冈(岗)寨;而石塘寨,则连攻半年不能下。至九月三十日,派航空队炸破寨垣。共党虽告扑灭,而枭雄匪首不知何时暗逃矣。吁总计是役毙人命千余,损财物不计其数,诚浩劫也。

民国十八年四月十二日,共首彭德怀率党千余至城口,缴枪数十支,勒饷数千。十五日至长江,十九日至扶溪,二十日本欲赴县,至蜡口,忽绕道闻韶、百顺至南雄。

民国十九年十二月十九日,共首李明瑞率党由乐昌至董塘,经厚坑、恩村,二十日至长江,二十一日退江西。

民国二十一年四月二十一日,被共匪李明瑞、彭德怀率众约五千余人侵扰第四区长江市。该地驻军仅有两连,因众寡悬殊,退守扶溪。翌日,又进迫第三区扶溪市。我军即缩防至白石岭。该匪于二十四晚分扰第二区城口市。三区地方相继失陷,影响所及,人心惶惶。尔时,独立第二旅杜凤飞团已达县城,因匪势浩

---

① "( )"内的字为笔者更正,下同。
② "董市禾场冈",即董塘禾场坪。

大，未便轻进。该匪在该三区地方掳人勒赎，奸淫焚掠，无所不为，复按户索饷千数百元不等。此次三区同遭损失约计不下六十万元。此外，并掳去居民八十余人，沿途非刑殴打，惨酷莫名，幸赖西北区绥靖委员李汉魂亲率独立第二旅及警卫旅两部大军兼程来援，分途兜剿。至五月三日，匪知不敌，纷纷退窜汝城桂东方面而去，地方始得转危为安。此当日电话灵通，援兵迅速之明效也。

（原载《仁化历代方志集成》，民国版）

城口灾区赈济委员分会第一次会议纪要（节录）
（一九三四年十二月一日）

……

附：各乡长报告损失

乡别	焚烧商店及民房	伤亡人数	财产损失	备考
田心乡	无	无	约九千余元	—
恩村乡	无	被掳二人	约四万元	—
上寨乡	无	无	约伍仟余元	—
罗洞乡	无	无	约贰仟余元	—
白石洞	被烧民房两间	被掳三人	约壹万元	—
厚坑乡	无	被杀一人，被掳一人	约伍仟余元	—
东坑乡	无	被掳一人	约四千元	—

（续表）

乡别	焚烧商店及民房	伤亡人数	财产损失	备考
城口乡	焚烧商店七十七间，民房五间，炸毁六间	被掳杀十人，被炸死十人伤一人	约二十六万元	—
合计	九十间	约三十一人	约三十三万伍仟余元	—

（原件存仁化县档案馆）

红军标语

中国共产党十大政纲：

（1）推翻帝国主义在中国的统治！

（2）没收外国资本家开设的工厂（商店、船只、矿山）和银行！

（3）统一中国承认满、蒙、回、藏、苗、瑶（各民族自决权）！

（4）推翻军阀国民党的政（府）！

（5）建立工农兵代表会议政（府）！

（6）工人实行八小时工作制，增加工资，失业救济，社会（保障等）！

（7）没收一切地主阶级的田地，分给无田地及少田地的农民！

（8）改善士兵生活发给兵士的田地和工作！

（9）取消（一切）政府军阀地方的（捐税）实行统一的累进税！

(10) 联合各国的无产阶级和苏联!

中国工农红军第一方面军第三军团政治部印
三师训练队（宣）
（现存锦江刘家祠）

广东省立韶州师范学校报告书（节录）

……

（乙）疏散经过及损失情形

本校依照校历于（民国）三十三年度第一学期期考完毕后，……举行紧急疏散……于一月二十三日，由校派员率领迁往仁化县属之白石村……当时留白石村全校员生员眷（男女生200余人，教职员50余人，员眷约80余人），以敌人业已迫近，其搜索部队且以机枪向本村扫射，即于一月三十一日下午，再迁离白石村，辗转迁至南雄县属之欧村（距闻韶20里）①……

敌人进占仁化城后，有由扶溪经百顺而攻南雄，有从水南村（本校所在地）取道周田，沿南韶路而夹南雄者，所有水南村及本校一带，均遭敌人进驻，劫掠殆尽（校长私人住宅亦损失甚钜）……

广东省立韶州师范学校校长　黄焕福
中华民国三十四年三月
（原件存仁化县档案馆）

---

① 现属仁化。

尹林平致中央转粤北王杨电
——东纵问题获协议

（一九四六年四月三日）

中央转粤北王杨：

1. 我与承志冬日（2日）从渝经穗至港，明早与金兄等再往穗进行谈判，东纵问题，已获停战协议，并决（定）在江南集中赴山东。

2. 我抵穗后，即派停战小组到粤北下列各地找寻仁化北部之长江、百顺、丰顺县之潭头坑、始兴属之未它地……，并希依时与我联络。

林平

卯江（4月3日）

（原载《广东革命历史文件汇集》）第五十六集

广东人民抗日游击队东江纵队简史（节录）

（一九四六年）

……

第二部分　本队现况

……

我队活动地区，截至日寇投降时，统计有：

……

粤北方面——英德、翁源、清远、佛冈、曲江、乳源、南雄、乐昌、仁化、和平、连平、始兴、新丰等十三个县份及湘南、赣南边境，共二十七个县份。

……

活动地区：北江支队活动于英德、佛冈、从化，其他各支队活动于湘粤边之九连山，包括曲江、翁源、仁化、始兴、乐昌、南雄、乳源、连平、和平、新丰等县及湘南边境。

……

第五部分

……

一、日本宣布投降后至双十协定前，国民党军队对本队进攻的情形。

……

十月初，一六〇师先后攻占我仁化县属之扶溪墟（圩）及苦竹墟（圩）……

二、双十协定后至停战命令生效前，国民党军队对我队进攻的情形。

……

（二）在这期间，除江南外，在粤北即一六〇师又先后进攻我长江墟（圩）（仁化县属）及白云墟（圩）（南雄县属）等地；……

三、停战军事冲突命令生效后，国民党军队进攻本队的情形。

……

（二）……二十三团则进攻仁化北部之长江、百顺等地，一月十四日攻占我长江镇。……

（原载《广东革命历史文件汇集》第五十一集）

仁化县长电报沈专员
——刘冠英部攻打长江情形
（一九四六年四月十七日）

专员沈①钧鉴：

匪刘冠英二百余人，轻机三挺，驳壳步枪百余枝（支），筱（17日）丑由木溪头、石史（圳）坑、邪（斜）周、峰（枫）树坪（坳）分四路进袭长江，团队抵抗一小时，寅匪入长江，邓副乡长及纸行代表店屋被封，邓春被掳三人，向商店勒抽纸税每担六百元。团队伤亡及地方损失正调查中。

仁化县长　胡于定
筱申（17日）叩

（原件存韶关档案馆）

一九四七年，是五岭地区胜利发展的一年（节录）

一九四七年三月间，香港分局派张华同志（到）南雄组织五岭地委。张华任书记，黄业、刘建华任副书记，金阳、陈中夫为委员。地委第一次会议在仁化县灵溪召开。张华同志传达了香港分局的重要指示，明确了五岭地区游击队从小到大搞的方针步骤，根据地的开辟"坐南朝北"的方向多支多点、星罗棋布地建立和发展游击根据地的要求……

（原载《南雄人民革命史料》，一九九零年十一月）

---

① 沈专员即沈秉强。

广东各县三十七年度中央粮所占部分之粮食分配表（节录）

（一九四八年十二月二十三日）

县别	划还平价基金粮（石数）	计归借入商粮（石数）	划还售购军粮桌粮（石）	划还借配售粮及粮（前包后石）	划还承购军粮全桌粮（前包后石）	核配三十七年度军粮（大包数）	核配三十七年度军粮（小包数）	合计（市石数）
仁化	—	—	—	—	—	1300	3514	8109

三十七年度各县应拨军粮及各桌粮食货应注意事项：

……

⑤经令先行设法筹拨军粮所计：东莞及曲江各二千大包，乳源、仁化、英德、乐昌各一千大包……

一九四八年十二月二十三日

（原件存广东省档案馆）

香港分局致林平并报中央电（节录）
——余、薛向我清剿计划及我对策

（一九四九年二月十九日）

林平、魏、小林、冯、周、梁并报中央：

一、据连日消息：余、薛积极备战，该敌联合执行所谓"肃清粤境匪患"计划，限令其部队自丑删日（2月15日）起在两个月向各县边地区进攻。主力为一五四师6千人及三十九军3千人。先划定区域，包括惠、东、宝、博、河、紫、龙、和、仁、南、乐、英、清及潮汕各县，并决定成立"湘粤边区清剿指挥部"，管辖连、阳、连、乳、乐昌及湘省临武、宜章、蓝山等县。

……

（香）港分局

丑皓（2月19日）

（原载《中共中央香港分局文件汇集》）

一九五七年评划老革命区域自然村（节录）

……

红色根据地：

现有自然村11个：安岗、石塘、湖椒冲、田庄刘屋、老董塘、京地、大湾扶、马斯坳、高宅。

红色游击区：澌溪庙（李姓）、打石坑（罗姓）另有八个自然村被敌人烧到人绝屋坪：

村名	莲塘冲	榄树下	牛皮坳	白泥弯（湾）	下杉树下	崩坎头	陂头厂	长坝岭	合计
户数	7	11	6	2	1	7	1	8	43
人数	25	40	30	5	3	25	13	30	171
房子	16	32	20	6	9	35	13	—	131

（原载：一九五七年十一月仁化县人民委员会编印的《广东省仁化县革命老根据地资料》（一九二八年），原件存仁化县档案馆）

一九二八年国民党军围攻石塘寨的情况

孙翼民

大革命失败后,第二年的春天,我县石塘村的革命农民,为着避免反动团队的搜山捕杀,乃从山区遄回家乡,集合五六百人用保安寨作堡垒(后改称双峰寨),坚持长期斗争,等待后援。首先把地主的粮食二千余石,搬入寨内,并在碉楼上高竖红旗。雉△内,满布哨兵,一般地主恶霸见而生畏,无不远走高飞,逃之夭夭。

反动县长邰重魁(云南人),满以为农民无知,容易欺骗,勾结一班豪绅亲至寨下,甘言诱降,声言放下武器,即可保障安全为钓饵,其如可得到的仅为寨墙高处,贴出"以寨同寿"四个臂巢大字的回答。其诱降诡计就此宣告破产。

当这革命事业处在低潮的时候,伪北区善后委员王应榆,也以为这一隅之地,数百农民孤立无援,大可灭之朝食,即派出伪军千余于同年农历二月初八日,将寨围困,可是寨墙高固易守难攻,而革命农民则居高临下,一见伪军蠢动,即鸣枪射击,无不命中,旬日之间,死者多人,伪军胆小如鼠,日间龟缩民家,日常生活也显得困难,惟(唯)有请示告急一个办法。

他们的伪上级,如北区善后委员独三师师长也觉得这星星之火,不能及时扑灭,不独为他们的后患,而且对于他们的颜面威信也一落千丈,并可能受到谴责,于是决定在董塘召集军事会议,商讨围攻的办法,到会的有善后委员呀,副师长呀,参谋长和军务处长呀,暨本地的地主豪绅济济一堂,警卫森严,来头确实不小,就中有伪军官提议,整个寨系用石灰石砌筑,用火攻办法,寨墙必然熔化坍塌,这是用力小而成功大的上策。在座的一班行尸走肉、酒囊饭袋无不鼓掌赞成。于是白天则逼迫四乡农民上山割取茅草数千余担，夜间则由伪军搜罗村中的木材用具，投弃寨旁，举火燃烧，火势熊熊，半日恰熄，而寨墙仍然固若金汤，这是小学生也知其不能实现的常识，而他们竟认为（是）火烧赤壁的妙策，真是令人发笑。

经过这场的失败，他们固然不肯甘心，何况责任所在，也不能就此罢手，因此第二次的军事会议，又在董塘举行，出席的人也无非这一群狐群狗党，他们又异想天开，选择了一座挨近寨墙约百余米的房屋，决定实土其中，用屋顶作炮台，向寨内炮轰，定能奏效，当即命令伪县长向全县各乡征集麻包和民夫千数百人，糜（麋）集村前文昌阁一带，并由新寺筑板障半里，以避寨内的耳目，然后驱使民夫用麻包载着泥沙，肩抬背负，昼夜不停，运送到那座房屋内，谁知还没有垒到屋顶，因压力过大，四周墙壁大部坍塌，他们迫得胡乱用迫击炮向寨内轰击，结果因距离太近，炮弹皆落在对方的墙外。他们这计出万全的策划，又已成为泡影，综计这次所损耗的人力物力委实难以数计。

两次计划的失败，使反动派老（恼）羞成怒，接连又开了一次军事会议，结果从广州调来一门七生半的大炮，安置在村西的福音堂内，穿墙露出炮口，向距该寨仅50米的西北方的楼阁，并预先制备竹梯数十张，准备炮轰之后调动伪军一连架梯冲锋，计自辰时发炮至午后申时，共260余响，果尔在该楼（寨）底层击穿一方园（圆）一米余的洞穴，伪军的指挥人员就以为得手，即鸣号冲锋，谁知炮声一停，我革命农民即用砖石堵塞所穿的洞穴，而竹梯的高度仅及寨墙之半，致使冲锋的伪军不能攻俯不能退，被寨内的枪弹扫射，死亡七八十人。

这个巍然屹立的保安寨，由于革命农民凭险坚守，粉碎了敌人的灭此朝食的迷梦，犁头的红旗仍然在碉楼上随风飘荡。但因生活条件太差（油盐全无）和缺乏药物及井水污染，在这悠久的时日，死亡人数达百分之八十，所余的仅得老少病残百数十人，而反动派又调来飞机轰炸，终于在同年的农历十月初一日才告失守。就烈士们坚守一隅，誓不投降，用陈旧的武器，消灭了一批一批的敌人，真是可歌可泣，令人起敬。

一九八三年四月二十八日

阮啸仙在党的"六大"介绍仁化县农民运动斗争情况

饶卫华

中共广东区委在一九二五至二六年，先后举办过几期新党员培训班，每期学习时间为半个月，有四五十人参加。到训练班讲课的人有苏联同志马马耶夫和区委组织部长穆青等同志。穆青讲怎样做一个共产党员，李富春讲政治经济学，聂荣臻讲军事问题，邓中夏讲工人运动，澎湃、罗绮园、阮啸仙等讲农民运动。我记得我的广东大学同班同学张维、卓庆坚，就曾参加过这个训练班，学习结业后，一九二六年夏秋间，区党委就派张维到梅县，卓庆坚到仁化，负责建党工作。

一九二八年六七月间，中国共产党的第六次全国代表大会，在苏联莫斯科市郊的一所原地主庄园旧址举行。出席"六大"的广东代表团是各省代表团中最大的一个代表团，共有二十多位代表，团长是李立三，团员有邓中夏、阮啸仙、杨殷、苏兆征、甘作棠、江惠芳、李成、何务光、曹俊兴、邝碧青、周秀珠、蔡畅、李富春等。

阮啸仙原是广东区党委的农委书记，又是广东省农民协会的主要负责人。一九二七年广州"四一五"反革命政变大屠杀后，他曾以省农民协会领导人身份，先后到北江指导各县农民运动。一九二八年春，他在仁化县领导农民武装起义，建立广东工农革命军第八独立团，攻打仁化县城，推翻国民党反动政权。同时创建苏维埃政府和革命委员会，把仁化县的农民运动搞得如火如荼。这是广东农民最先武装起来反抗国民党反动派的斗争之一。但是，由于当时全国全省都在一片白色恐怖之中，政治形势和斗争环境非常艰险复杂，加之经验缺少，斗争的方针政策和发动群众的方式方法都在探索之中，于是在强下的敌人武装反攻下，不久就失败了。

阮啸仙领导仁化武装起义失败后，不久，到了香港，向党的广东省委作了汇报。随后被选为"六大"代表，赴莫斯科参加"六大"。他在大会期间，作了"仁化县农民斗争的经验教训"的发言，讲得具体生动，受到大会代表们的重视，因为"四一五"事变后，仁化县农民的武装起义，是全国各地许多农民起义，武装夺取政权，实行土地革命战争的开始，也是伟大的斗争序幕。在党的大会上，总结这次斗争经验与教训，就可以用来指导以后其他地区的武装斗争，以取得更大的胜利。阮啸仙的发言中，阐述到"四一五"后，中国革命的形势，认为国民党叛变革命，蒋介石代表中国的大资产阶级利益，出卖革命人民和盟友，转身和地主豪绅、帝国主义相勾结，虽然暂时取得胜利，但是，他们对中国民主革命存在的问题，一个也没有解决，中国大地仍是布满了干柴，革命的星星之火，今后必将燎原，全国人民反帝反封建的斗争，必将迅猛发展下去，越来越强大。最后人民革命斗（的）洪流，一定能够把国民党反动政权完全冲垮！在仁化农民中点燃起来的革命烈火的伟大意义，就在于此。

阮啸仙对一九二七年和二八年春，仁化县农民武装起义斗争，所作的详细正确分析和结论，不但得到大会的重视，而且引起了前来参加大会的苏联同志的关注，因此，他们要求阮啸仙在大会闭幕后，抽出一段时间，把仁化农民武装斗争的前后经过，写成一个专题报告，作为大会材料，存入苏共的档案馆保存，以供研究使用。

阮啸仙在大会闭幕后，即利用回国前的时间，找我做他的助手，帮助他记录整理和抄缮工作，当时我是广东党派送到莫斯科东方大学学习的学生，"六大"开幕前夕，党中央指定把我从学校抽调出来，到大会秘书处工作，并列席参加大会，对阮啸仙的要求，我取得大会秘书处的同意后，便全力帮助他完成这一工作。首先由他拟好提纲，然后详细讲述，我则专心为他记录整理，随后，又由他自己修改补充，译成俄文，先交给参加大会的苏联同志（东方大学教授，共产国际东方部的干部）库之逞错夫，请他提了意见，再作修改补充，最后才完成这一工作，将文稿交给大会秘书处转送苏联有关同志。

现在，这件事已过去将近六十年了，我回想起来，只能记忆这份报告的大体内容，如当年仁化党的县委领导，党员人数公布，以及县委以下党支部的组织情况；全县农民协会会员人数，各区分布情况；农民自卫军武装情况，领导人姓名，以及工会、妇女会、青年团等组织；各区乡先后的斗争具体行动，提出的斗争口号；仁化县有名的地主豪绅姓名，地主武装同国民党的县政府的武装组织，军警武装力量分布；各阶层群众的政治态度等，都作了调查分析。斗争经过时间、地点以及胜利和失败的经过及其原因，失败后受到的残杀牺牲等都有详细的叙述。

由于历史的发生年代远，而我年事又高，现在对这一报告的具体细节内容，我已无法再回忆得出来了，手上亦无任何参考材料，只能说明当年有过这回事及其起草的经过，以供参考。

一九八三年三月十六日

林伟①日记

十一月四日　阴天浓雾

今天行军又折向广东境内（应为江西境内）前进。这里是西华山脉的西段，敌情又紧张起来。这一带是敌人在南线第二道封锁线，我军要在粤北的仁化与湖南的汝城之间通过。此段有敌人两个师堵击，必须经过严酷的战斗，才能进入湘东南地区。

……越过了这座高山，黄昏时才能到达岩铺……

电悉：我一军团前锋于二日经过战斗已占领敌人第二道封锁线上重镇城口，突破了敌人的封锁线。

十一月六日　晴

……

这里临湖南边界，市镇很大，约六七百户，商业也很发达，一般的轻工业品这里都有。街外有一条河叫浈水（即西河）街道很长，都是木头房子。这里有通往韶关的大路，是敌人南线上的中心据点。我军占领城口，就意味着彻底地粉碎了这一封锁线。据日前军委通报说，我前锋部队在小梅关到这里的一路上，有大小十余战。敌机近日来也极为活跃，每日都前来轰炸。此地距衡阳、曲江（即韶关）两地机场很近，街上有十余家商店被炸。军团部下令二十二师在后面，三师及军团直属队今日就在城口战备休息。军团部住在城口东端的伪镇公所漂亮宽大的房子里。我们在街上买到两双胶底鞋子，还买了一些办公文具，黄参谋买了许多糯米和红糖，正在做江西元宵，科里的人都围绕火盆烤火吃东西，郭辉勉同志会按琴，他奏起了《梅花三弄》的曲子，我还是

---

① 1934年红军长征进发时，林伟是红九军团部文书。

两年前在广昌战役时听过他的琴声。晚上平静无事,军团就在这个重要的地方以战备的姿态过了一晚。晚上,大风呼呼,天气异常寒冷。

十一月七日　晴

拂晓前五时就出发,天色朦朦,大军就在镇子西头的大草坪集合了,三师九团为前卫,当七团刚走出镇不及一半,约莫五点多钟,突然看到街中心区着火了,片刻之间火焰迅速曼(蔓)延开来,商民们都从梦中惊起,有的在奔逃,有的在救火,但火势甚大,加上尽是木头房子,又刮大风,人不能接近。郭参谋长、黄主任立即下命令八团一个营占领北面高地警戒,两个营前往救火。瞬间,一千多有组织的人群奋力扑救,直到拂晓时分,火才渐渐熄灭。此时,我八团二营在警戒上捉到了三名蒋匪侦探和放火者,经临时审问,他们是驻韶关的敌人派来的,除刺探红军情报外,专门放火烧街,企图以此来破坏红军的政治影响。群众知道放火的真情后,无不愤慨,纷纷要求红军严惩他们。政治部留下宣传队,八团留下了一个营在那里开群众大会,枪决这两名放火的匪探,并在城口张贴了红军布告,我们仍按原令前进,一路急行军。下午六时赶到壬田市。晚上电悉,红一、三军团已向粤汉沿线多路并进……

(原载:林伟《"战略骑兵"的足迹》)

长　征
——突破敌人第一、二道封锁线(节录)
聂荣臻

突破敌人第一道封锁线时,一军团由二师担任前卫。这时,粤敌的第一师主力在安西，第二师在信丰，第四师在赣州、南康，独二旅在安远，我们突围第一仗首先在江西安远和信丰间的版石墟（圩）一线碉堡群间打响。十月二十一日，我一师由一团袭占新田，二师六团袭占金鸡，旗开得胜。这一线守敌是国民党广东部队的一个旅。敌人发觉我们突围的红军大部队以后，边打边撒（撤）。十月二十二日我军进攻版石墟（圩），守敌是第一师的第三团和教导团，敌凭堡垒进行了顽抗，经两个半小时激战，才将敌人击溃。敌人向安西逃跑，我们在追击途中，又与敌激战数小时，共歼敌约一个团，除打死打伤的以外，俘敌三百多人，缴获了部份（分）军用物资。粤敌第一师经这一打击，退到古陂，三军团早从右翼插到了古陂随后也追歼逃敌到安西。敌退守安西后不敢再出，我一、三军团派出一部兵力，监视信丰、安远这三点敌人，掩护后续部队从这三点间安全通过以后，我们才先后撤出战斗。敌人吹嘘的第一道"钢铁封锁线"，就这样被我们冲垮了。

夜以继日，我们赶到了第二道封锁线。第二道封锁线设在湖南桂东、汝城至广东城口一线山上。碉堡和碉堡之间，沟壕相通，火力相连。这一线的守军，保安队居多，有的还没有见过正式红军，有的也没有想到红军来得这样快。国民党正规军则深处内线。我二师六团在团长朱水秋、代政委王集成同志率领下以奔袭、奇袭方式夺取了城口。

城口临河，河边有一道木桥，公路从上边通过。敌人在桥上设有岗哨。负责主攻的六团一营，非要从木桥上经过不可。十一月二日晚，一营到达距桥头数百米处，敌人就发觉了。敌喝令一营停止前进，一营佯称是"自己人"，一面上前夺哨兵的枪，一面派部队涉河包抄。这时，二营也迂回过去了，歼灭了城口这股敌人，生俘了一百多人。军团部移驻城口。与此同时，三军团因湘敌六十二师先我占领汝城，所以对汝城采取派一部监视，其余部队绕道通过的办法突了过去。第二道封锁线就这样又被我们突破了。

敌人的第三道封锁线设在粤汉铁路沿湘粤边湖南境内良田到宜章之间。

……

(原载《聂荣臻回忆录》)

河富人民抗日斗争概况

朱光佑 朱光荣等

民国三十三年冬,河富抗日自卫队(后称第六中队)成立。属下有大富、大井、河塘(含江下村)三个小队,共200多人,是由各家各户青壮年人组成的,各人配带家中的鸟枪等做武器,分驻在三江口庙、河塘庙、江下庙,进行了训练。至民国三十四年初,日军侵占韶关,进犯市郊各县,攻打花坪,继而打马斯坳村时,在石灰坳与中央军对阵,中央军损失一个连。接着日军又向江头山、江下吊炮,开机枪扫,放火烧江下村,抢劫财物和耕牛、生猪等大批,奸污妇女,致使村民四逃上山躲藏,土地丢荒,生活困苦,我们对日军的暴行十分气愤,誓与日军拼到底,我们先统一思想后,着力加强装备,向中央六十二军军长黄涛借武器,派自卫队员三四十人去城口药谱六十二军武器库运回高鼻机枪两挺、七九枪几十支、手榴弹、子弹一批,加强了力量,鼓舞了士气。我们实行游击战,先摸清日军据点及其活动情况,再派出小分队袭击日军:在花坪拱桥头等处伏击日军小火车,曾二三次炸毁日军小火车车头和铁路,迫使日军弃车逃跑(在乌石冲摸日军营地,搞丢其哨兵,掷进去三个手榴弹,可惜不响,只好撤回来(在鸭子埂上伏击时,把带日军看山头的汉奸廖△△(曲江人)

击毙（在马牯坳伏击，击毙日军两人……致使日军胆战心惊。至同年农历七月十二日上午九时左右，日军一排武装企图进攻大富，被我们自卫队在黄坭埂上巡逻的哨兵发现，鸣枪三响。在驻地，在田间劳动的自卫队员听见信号，立即持枪出发，分三路推进，占领有利地势，形成东、西、北三路围剿日军的格局。朱光佑一马当先，冲上岭埂，架起机枪，连扫跌三个日军，日军还来不及还火，三路自卫齐队向日军开火，把日军压下崩江。我们的火力猛，日军不得不退下奇坑底，转头退到黄坭塘口，进入车底夫，三面高岭围绕，走投无路。我们自卫队居高临下，两挺机枪和成百支步枪及手榴弹齐向敌人开火，打得很过稳（瘾），其中卢功烈班长一人连续击毙日军七人，朱光荣连续击毙日军五人，一共打死日军三十多人，俘日军三人，缴获机枪一挺，长枪三十多支，放在大富中厅两旁，排得满满的。日军不甘心失败，于同日中午又指派一营日军，携带六〇炮、机枪、掷弹筒等武器来反扑，我们自卫队毫不松气，潜伏高岗、要隘、预防日军来犯。我们连续的打退日军多次冲锋，战斗激烈。战至黄昏，曲江一自卫队从该县内藤开过来，正是日军后侧，日军见背侧受攻，十分恐慌，乘夜撤走。

第二天，我们自卫队主动出击，进攻驻花坪日军（第三天，又进攻驻茶山军，日军不战而退，退至韶关。被俘获的日军和缴获的武器都给中央军带走了。抗战胜利后，我们把借来的武器还给中央六十二军军部。

（根据采访朱光荣、朱光佑、卢功碰、韩启贤、卢盛图等发言综合，邵雨强整理）

初上凌溪

黄 业

1946年的6月间,东江纵队主力北撤山东,我和刘建华、陈中夫等带了二百多人留下在粤赣边的梅岭坚持斗争。我是在1947年春节前带领机关人员从梅岭帽子峰转移到凌溪洋洞的。我当时为了隐蔽斗争,还隐姓埋名,同志们都称我大哥。初到这偏僻的山村,群众对我们并不陌生,也许慢慢感到我是个领导,有的干脆叫我作"团长",有的老太太也许在她的一生中只见到过"排长",也有称我作"排长"的。我很快就结识了曾洞村的温日香、温和英和凌溪村的黄桂华兄弟等人,黄桂华有四十多岁,矮胖个子,是村里小学教师,写得一手好字,是乡中秀才,他给我讲了一些这山庄过去的革命事迹。我从他的述说里和乡亲谈话中得知,在土地革命战争时期,江西苏区红军长征时留下的红军游击队到过这边来活动。其中有一位叫作刘高佬的,圆脸浓眉,讲的外省口音,跟村里的人很谈的来,给人们留下深刻的印象,人们推测这个刘高佬像是陈毅。

怪不得我们到了这里来以后,乡亲们就习惯地亲热地称我们作同志哥、同志嫂。

我们部队来到凌溪以后,很快就和这老区结下历史亲缘,也就在初到湖洋洞村不久,1947年的春节期间的2月7日,叶昌和麦雅贞在这里喜结良缘。麦雅贞是部队的医生,是从香港来参加东江纵队的,曾在香港上过医士学校,是部队一位很好的女医生,这次坚持斗争,是特意征得她本人的同意留下来的。这晚我主持了他俩的婚礼,杀了一头猪加菜助兴,乡亲送来糯米酒、花生,以示祝贺。还开了一个联欢晚会,搞得这山村喜气洋洋。也是在这一年冬,麦雅贞在凌溪生下一个女孩,那是一个小圆脸,十指纤长的小麦雅贞，名字就叫作小雅。

由于战争的流动的环境，在当时婴孩随队是不可想象的，麦雅贞和叶昌俩口子商量，将女孩寄养在高坪村杨道德的家，杨道德的妻子刚生下男孩不幸夭折，可以给小雅喂奶，这样也就放心了。

随着革命斗争形势的发展，五岭地区的革命大事也一件件的在这凌溪发生，特别是1947年的春暖花开的时节，也就是三五月初间，中共五岭地委在凌溪山上翠竹丛中、宽敞明亮的云影庵成立，并开了第一次地委全体会议。刚从香港回来的地委书记张华，主持了这次会议。

根据广东区党委成立五岭地委的决定，五岭地委除张华任书记外，我和刘建华任副书记，建华原是中共赣南特派员，他曾跟随项英、陈毅和陈丕显等在这粤赣边区坚持艰苦卓绝的三年游击战争，情况熟悉，富于边区斗争的领导经验。陈中夫、金阳为地委委员。

就在这次会议上，我汇报了前一段留下坚持斗争情况。在这将近半年的时间里，我们以群众斗争的形式出现，重新控制了东纵北撤前的活动地区。张华高兴的说我的汇报如数家珍。张华传达了广东区党委对五岭工作的指示，会议根据上级的指示，决定成立粤赣边区人民解放总队，研究决定了从小搞到大搞，坐南朝北，以粤北为中心基地向湘南、赣南发展的方针，以反三征（指国民党当局发动内战，征兵、征粮、征苛捐杂税）为发动群众的斗争口号等重大问题。

五岭斗争的红旗在凌溪举起。

凌溪是五岭地区三年艰苦而又光荣的战斗征程的起点。

1948年初，国民党广东省主席兼保安司令宋子文向我五岭地区发动重点进攻，疯狂"清剿"的时候，南雄人民称为北山虎的百顺区长兼联防主任，反动透顶的邬锡金，竟亲自进到高坪村，屠杀我们农会骨干，说要斩草除根，将寄养在高坪村的可爱的小雅活埋了，乡亲们目睹这惨绝人寰的反革命暴行，无不掩面流涕，咒骂邬锡金灭绝人性。为了表示对反动派反抗，群众在高坪侧的山坡上为小雅修了个小小的坟墓。

这婴孩墓地，是国民党派反共反人民的残暴罪证。

反动派杀了我们游击队的一个小婴孩，说对共产党斩草除根。这恰恰和他们残酷的妄想相反，我们革命的根，却正好是牢牢地扎在这凌溪的红色土地上。

凌溪，是土地革命战争时期的老革命地区，老区人民正在发扬革命光荣传统，艰苦创业精神，建设老区，繁荣老区，革命的凌溪在前进！

1993 年 8 月 1 日

二、英杰小传

廖汉忠　祖籍惠阳县，董塘镇老董塘人。1926 年初，组织老董塘农民协会，7 月任第五区农民协会执行委员会常务委员，同年冬加入中国共产党。1928 年 1 月至 9 月，任中国共产党仁化县委员会书记。

蔡卓文（1895—1947 年）　原名蔡朝裕，字赞周，董塘安岗人。1925 年 8 月 24 日，安岗村农民协会（仁化县第一个农民协会）成立，蔡卓文任农会主席。1926 年 6 月 11 日，第五区农民协会筹备委员会在禾坪岗开大会成立，推举黄梅林、蔡卓文、廖汉忠、刘振平等任筹备委员。1926 年冬，蔡卓文加入中国共产党。1928 年 1 月 28 日，安岗乡苏维埃政府成立，选出苏维埃委员 13 人，主席阮啸仙，副主席蔡卓文。1928 年 2 月 10 日，成立第五区苏维埃政府，主席阮啸仙，副主席蔡卓文；成立仁化县革命委员会，第一、二、三、四、五区都有代表参加，主席蔡卓文。县革委会下设参谋团，协助县委、县革委会指挥全县武装（同时改组第八独立团，团长刘三凤，下辖四个营。1928年10月上旬，蔡卓文任中共仁化县委书记。1947年11月在乐昌被害。

谭甫仁（1910—1970年）　仁化城口人。中共第九届中央委员，第三届全国人大代表，中共中央军委委员，中国人民解放军昆明军区政治委员。1927年参加南昌起义，后历任红十二军连指导员、六八七团政治委员、红一军团第一师政治部组织科科长、红十五军团第七十五师、七十八师政治部主任，参加长征。抗战期间，历任八路军一一五师三四四旅六八七团政治处主任、三四四旅政治部副主任、八路军野战政治部组织部部长、一一五师三四三旅政治委员、八路军第二纵队新编第三旅政治委员、冀鲁豫军区副司令员。解放战争时期，先后任东北民主联军第二三旅政治委员、东满军区政治部主任、东北野战军第七纵队副政治委员、第十五兵团军政治委员。中华人民共和国成立后，先后任四十四军政治委员、广西军区副政治委员兼政治部主任、广西军区第三政治委员、武汉军区副政治委员、武汉军区第二政治委员、最高人民法院军事审判庭庭长、工程兵政治委员。1955年授中将衔。1968年5月，任昆明军区政治委员兼云南省革命委员会主任。1970年12月17日在昆明殉职。

李载基（1897—1947年）　仁化石塘人。1926年春当选为石塘乡农民协会常务执行委员。1928年加入中国共产党。1928年3月中旬，华阳寨保卫战失败，进入石塘寨后，李载基主持寨内工作，进行了著名的石塘寨保卫战。1947年被俘遇害。

黄梅林（1876—1928年）　又名黄德安，仁化石塘黄伍村人，中共党员，是仁化农民运动的组织者和领导者，仁化暴动的先驱。1926年5月，被推选为仁化出席广东省第二次农民代表大会代表。1928年在石塘寨保卫战突围中牺牲。

邓祝三（1902—1927年） 仁化董塘新大门村人，是仁化县早期的共产党员。1927年任第五区农民自卫军大队第一中队中队长。1927年6月，不幸被国民党仁化当局逮捕，杀害于仁化南较场。

谭广泉（1907—1932年） 仁化董塘安岗村人，中共党员。1928年1月初，朱德率领南昌起义军到仁化。6日，朱德在董塘把第五区农民自卫军编成工农革命军独立第四团。2月4日，县委将工农革命军独立第四团改编为广东工农革命军北路第八独立团后，谭广泉任第一营营长。后参加过攻打仁化县城、华阳寨保卫战、双峰寨保卫战、渐溪山游击战等战役。1932年3月，遭国民党特务逮捕。同年3月17日，谭广泉在韶关旧飞机场（今中山公园）惨遭杀害。

叶盛喧（1924—1945年） 又名叶萌，共产党员，仁化老县城人。抗日战争爆发后，叶盛喧积极参加抗日。1945年初，叶盛喧任广东西北人民抗日义勇军东江纵队西北支队群虎大队第五中队指导员，1945年7月在战斗中牺牲。

张建华 广东惠东人。东江纵队北撤后，加入叶昌领导的雄狮队，隐蔽在粤赣湘山区，参加了大大小小许多战斗。1946年，在雄狮队攻打长江的战斗中，张建华中弹牺牲。

张保英 东江纵队北撤后，加入叶昌领导的雄狮队，任中共雄狮队支部委员会委员、中队长，隐蔽在粤赣湘山区，参加了大大小小许多战斗。1946年，在雄狮队攻打长江的战斗中，张保英光荣牺牲。

温安胜（1906—1947年） 仁化长江镇曾洞村人。1946年加入叶昌领导的游击队，负责联络员工作，积极为崇仁汝人民反征救命团、粤赣湘边区人民解放总队部属队伍输送情报、粮食等物资。1947年冬，温安胜在南雄县城被杀害。

刘兴传（1897—1948年） 又名刘声全、刘新权，仁化长江凌溪刘屋村人。1946年冬，加入崇仁汝人民反征救命团凌溪常备队。1947年被选为凌溪农民协会会长。1948年，被南雄百顺区保安团当众就地枪杀。

叶小雅 粤赣湘边区人民解放总队第一支队队长叶昌的女儿，1948年8月在长江凌溪被南雄百顺区保安团活埋，时年仅八个月。

黄历传（1917—1949年） 仁化长江园坵村人。1947年5月编入郑彦文大队，1949年2月跟随叶昌部队攻打长江时，中弹牺牲。

谢鸣皋（1867—1929年） 仁化红山西水村人。1926年当选西水农民协会会长。1928年初积极参加阮啸仙领导的仁化农民武装暴动，10月，协助时任县委书记的蔡卓文，负责经济工作。1929年，谢鸣皋光荣牺牲。

苏满基（1940—1960年） 出生于仁化长江墟（圩）。1960年2月26日，广东省英德县马口造纸厂失火，在马口硫铁矿当民警的苏满基参加救火，光荣牺牲。

钟香（1929—1965年） 广东大埔人。1948年2月参加革命，10月加入中国共产党，先后在中国人民解放军某部任战士、班长、政治指导员、上尉助理员等职。1965年3月任仁化县供销社副主任。1965年5月25日，仁化境内山洪暴发，钟香为抢救国家财产，光荣牺牲。

三、红色歌谣

再会吧,朋友

词:李森 曲:胡均①

丹霞山好锦江清,不尽依依惜别情。
念人生聚少离多,况复连天烽火。
让我们骊歌唱吧唱战歌,踏上征途报祖国。
让我们骊歌唱吧唱战歌,踏上征途报祖国。
再会吧,朋友,珍重前程,
再会吧,朋友,珍重前程!

解放战争的歌谣

志在坚持到底,胜利即将来临,
莫道今天山中苦,且看明朝英雄匾。②
日头出来照门楼,莫说红军住山头;
明日打倒蒋介石,解放全国住洋楼。③

---

① 抗日战争时期,李森、胡均任广东省立韶州师范学校教员(其时校址在仁化县)。
② 解放战争时期,该歌谣流行于长江、城口等一带,收藏于长江学堂坳。
③ 解放战争时期,该歌谣流行于长江、城口等一带,收藏于长江塘洞。

六两米口盅饭进行曲
劳　火①

爬过好多山，涉过好多水。
我们在艰苦中行进。
东升的太阳，象征我们的前途。
青山竹林，成了我们的家乡。
小鸟歌唱，唱出了我们的希望。
六两米口盅饭，帽破烂衣不出奇，
为了人民死也心甘。
同志们前进吧！
胜利的曙光，映在眼前。
全国人民的心，向着我们。
看吧！我们身上将放射出万丈光芒！

雄狮队歌
劳　火

雄狮！雄狮！下山岗，
威威风风、一声叫喊，
振奋人心，吓破敌胆。
缴敌人嘅枪，夺敌人嘅炮！
反动嘅军队，要全部消灭光。
穷人得翻身，天下得解放！

---

①　劳火（1926—1949年），原名劳道明，广东顺德人，是粤赣湘边纵队北江第二支队第一主力团第一营教导员。

凌溪革命民谣[①]

（一）

蒋光头来会遭殃，宋贼如今没好样。

孔鬼崩溃在今日，陈贼统统死战场。[②]

（二）

去当红军亦蛮浮，遇到锡金癞痢头[③]。

带来白军打败仗，弯山弯岭游山头。

（三）

怎样打来话匡知，敌人如今好多兵。

敌人兵多枪又好，消息灵通熟地理。

怎样打来话你知，敌人兵多抽来的。

我们秘密打出去，一个突击打绝佢。

（四）

蒋介石来厚脸皮，利用国家做生意。

骗国家，欺百姓，买来枪支打自己。

丢榴弹，瞄准枪，打得敌人喊爹娘。

军爱民，民拥军，军民并肩打蒋帮。

同志们要训练好，流汗多来流血少。

---

① 周礼生，男，凌溪管理区刘屋村老游击队员，在家务农。歌曲是他20世纪90年代忆唱的，由刘森华、徐献记录整理。

② 骂蒋介石统治时期的蒋、宋、孔、陈四大家族。

③ 锡金即邬锡金，国民党南雄县参议员。

摸爬滚，细心瞄，机枪一响敌嚎叫。

（五）

怎么搞，怎么搞？政府征兵苛粮草；
抽了征兵家无靠，外战打完内战起，
农民百姓无命了。
有办法，有办法，大家团结有办法；
你拿刀，我拿枪，反对征兵又征粮；
反对老蒋把国卖，反对美国坏心肠。
蒋该死，蒋该死，死到临头都唔知；
全国人民拿起枪，团结对敌你就死。

（六）十字歌

一支驳壳好漂亮，要跟老蒋打一仗。
两个榴弹轰隆响，蒋匪尸横遍山岗。
三粒子弹大有功，打得敌人乱哄哄。
四月大军过长江，蒋家王朝丧了胆。
五个战士好英勇，打得敌人唔敢动。
六条机枪呱呱叫，打得蒋军到处跑。
七月秋季大反攻，百万雄师齐冲锋。
八路大军攻蒋家，蒋家王朝彻底垮。
九九重阳登高望，五星红旗照九州。
十月一日新建国，全国人民笑哈哈！

（七）

丈夫去当兵，老婆叫一声，
你在外边打好仗，我在家里把田耕；

我们应该为国事，前人修路后人行。
亚哥带了花，亚妹咬紧牙；
孩子快长大，拿枪把敌杀。

大事记（1924年—1949年）

1924年

1924年1月20—30日 在孙中山主持下，中国国民党在广州举行第一次全国代表大会。大会通过了有共产党人参加起草的、以反帝反封建为主要内容的宣言，确定了"联俄、联共、扶助农工"的三大政策，从而把旧三民主义发展为新三民主义。秋，国民党中央组织部派遣部分共产党员、青年团员到北江各县参加建立、改组国民党县党部的工作。国民党中央农民部派出一批农民运动特派员和北江籍的广州农讲所学员到北江开展各县的农民运动。冬，老董塘乡农民廖汉忠去东江探亲，返仁化后，宣传蓬勃发展的东江农民运动。广大农民深受鼓舞，要求组织起来。

1925年

7月 中国共产党党员、中国国民党中央农民部特派员（简称"中央农民部特派员"）谭昆等先后到董塘一带宣传农民运动，组织农民协会。

8月24日 安岗乡农民协会成立。

秋 广州农讲所第三届主任、广东省农民协会常务委员阮啸仙到仁化指导农民运动。

1926年

1月上旬　水罗、马斯坳、老董塘、坡头乡农民协会成立。

2月下旬　广东省农民协会全体执行委员、各属办事处代表、农民特派员扩大会议在广州召开。会上指出："仁化有借钱还谷之重剥制度，请县政府严加禁止。"

4月中旬　遵照广东省农民协会关于《各县农民协会报告大纲》要求，上报全县已成立乡农民协会10个，会员453人。

5月1—15日　广东省第二次农民代表大会在广州召开，到会代表214人，其中曲江、仁化、乐昌、英德等47县农民代表参加了会议，仁化代表△△△（已不可考）报告了仁化农民运动情况。

6月11日　第五区农民协会筹备委员会在禾坪岗开大会成立，推举黄梅林、蔡卓文、廖汉忠、刘振平等任筹备委员。黄梅林为筹备委员主任。会后，300多名农会会员列队到董塘、安岗、江头等地示威游行。土豪劣绅黄学云、谢梅生、卜福隆等闻讯后，指使民团武装压制农民游行，受到农会会员一致反对，未发生流血事件。

7月4日　第五区农民协会执行委员会成立。在禾坪岗召开成立大会。选出执行委员7人、候补执行委员3人；推举黄梅林、蔡卓文、廖汉忠为常务委员。广东省农民协会办事处蔡如平、刘占愚、周其鉴等到会祝贺，授印、授旗，讲了话。会址设在董劝书院。会后示威游行。连续三晚开文艺晚会，以及舞狮、舞龙，热闹非常。

是月　卓庆坚受中共广东区委派遣，到仁化负责党的建设工作。

10—11月　第五区农民自卫军模范队训练班在江头惠潮嘉会

馆开办,每期10天,学员10人,连续办了3期。由中央农民部特派员宋华和李晃主持训练,学政治,学军事,练操步、持枪、射击等,造就基层军事骨干。训练期满之后各回原乡训练乡农民自卫军。

11月上旬 第五区农民协会迁往江头惠潮嘉会馆后,恰逢江头打醮。土豪劣绅黄月兰、庄镜棠等人煽动群众,挑动宗派斗争,烧毁农会农旗,强迫区农会迁址,受到农会斗争。

11月16日 中央农民部特派员林子光、宋华,曲江县农民协会执行委员会常务委员欧日章率曲江县精勇农民自卫军50名到仁化,会同南韶连警备司令驻仁化谍报员周忠汉、仁化县国民党部常务委员李学龄、县长刘汲之,第五区警察署长李冠俦在区警察署处理江头醮会事件。结果土豪劣绅黄月兰、庄镜棠在大会检讨认罪,赔款千元、赔制农会会旗,烧炮仗赔礼。

12月9日 广东省农民协会北江办事处在韶关建国路60号创办北江农军学校,第一期开学。仁化由思想进步、工作积极、文化素质较好的青年谭广居(谭甫仁)、邓祝三(谭广居、邓祝三在该校加入中国共产党)、张义成等10多人参加学习,学时3个月。结业后,回仁化协助区、乡开展农民运动和加强农民自卫军建设。

冬 中共仁化支部(另称支部干事会)成立。支部成员、书记、党员人数(待查)。

1927年

1月 国民革命军教导师师长陈嘉佑在韶关创办"南韶连政治讲习所",培训北江各县农会基层政治干部。招收学员200多名,其中有一批仁化学员参加受训。

2月3日 第二区(城口)农民协会执行委员会成立。推举谭广居、赖宗源、罗源广为常务委员。会址设在大皇楼。是日在萝卜坝召开庆祝大会，会后举行示威游行。

是月 北江农军学校第二期继续在韶州举办，招生160多名，其中仁化县谭广泉、曾万林等10多名农军骨干参加学习。广州"四一五"政变后，于4月24日迁往南雄。不久，赴郴州，编入北江工农自卫军，北上武汉，后来参加八一南昌起义。

4月23日 厚岭乡农民协会收缴土豪劣绅谭鸿波枪支，其子谭友德（又名谭学古）持刀杀伤乡农会常务委员谭世森，引起农民义愤。石塘、黄伍等地农民自卫军赶到，包围谭鸿波住宅，在乱枪中击毙谭友德。

5月1日 宋华、邓祝三奉北江农民办事处命令，率第五区农民自卫军140多人开往乐昌，会合北江工农自卫军北上武汉。

6月23日 "南返农军总指挥部"在汝城获悉仁化县国民党反动派捕杀、关押、迫害农会骨干和群众的消息，日夜兼程南返至澌溪山。是日拂晓，在中共仁化支部的领导下，在第五区农民自卫军的配合下，攻占仁化县城，击毙民团2人，破监救出农会骨干、群众300多人，缴获物资一批，然后分两路向澌溪山转移。至下午5时，其中一路进至贵地附近时，遭谢梅生率警队20多名伏击，激战2小时后向澌溪山集结，这次战斗钟利群等3人牺牲。

11月 八一南昌起义军在潮汕失败后，朱德率余部经千里跋涉，到"赣南三整"后，派出第十二支队10人先期到董塘，与五区农民协会执行委员会委员邹耀胜接头后，深入农村，发动农民继续闹革命。

11月26—28日，阮啸仙代表仁化党组织出席朱德、陈毅召开的策划湘南起义的"汝城会议"。

12月9日 朱德在上堡时，与国民党国民革命军第十六军军长范石生（简称"范部"）谈判，在建制不变、独立自主的原则下，达成协议，对外使用国民革命军第十六军一四〇团番号，以王楷（朱德）任团长。是日，朱德率部800多人，由汝城开进城口，住在广州会馆一带。

12月10日　朱德率八一南昌起义军余部由城口，经厚坑、赤石迳到董塘。晚上，在泰丰店开第五区农民协会、农民自卫军骨干会议，决定乘夜出击，逮捕土豪劣绅33人。经公开审判，对其中24名罪大恶极者执行枪决，立即执行。

1928年

1月3日　朱德遵照中共中央关于"为避免消灭的危险，你们只有坚决的脱离范石生"的指示，并得到范石生同意，领了关饷、子弹20余万发后，率领八一南昌起义军余部脱离范部。

1月4日　朱德率领南昌起义军余部经曲江县鸡笼进至董塘。晚上，召开第五区农民协会、农民自卫军领导人会议，研究、组织攻打仁化县城。

1月5日　朱德率领八一南昌起义军一部、偕农民自卫军、群众共500多人占领仁化城，破监救出农友四五十人，缴获枪支、弹药、款、物资各一批。

1月6日　朱德主持将第五区农民自卫军组建为工农革命军独立第四团，团长刘三凤。同时宣布滕铁生、杨开平、石生根、蒋国杰、孙德隆、刘海、何大修、刘光明等8名武装人员留下，协助仁化开展革命斗争。

1月18日　中共广东省委指出：4月15日后，仁化经过大屠杀，党部极弱，仅有党员7人。但是，仁化有革命基础。决定以仁化为中心，"在曲江、仁化、南雄三县极力发展暴动，造成北江第二割据局面。"

1月20日　中共北江特委指出：仁化有7个党员同志；一、

二、三、四、五区皆有农民组织；第五区是农民大本营，有枪100多支。是日派了朱德部队的一个军官滕代顺到仁化工作。

1月23日　中共广东省委委员阮啸仙和海丰苏维埃代表吴齐（即吴济）抵安岗。阮啸仙在安岗主持中共仁化县委员会成立，县委委员、常委委员（待查）书记阮啸仙。

1月26日　第五区各乡农民协会召开执委会议，宣传土地革命，筹备成立乡苏维埃。

1月28日　在安岗思诒堂举行安岗乡苏维埃政府成立大会。选出苏维埃委员13人，主席阮啸仙，副主席蔡卓文。参加大会的有工农革命军独立第四团第一、二营指战成员和群众600多人。阮啸仙在会上讲了苏维埃政府政策；决定以安岗为首倡，以后各乡次第成立苏维埃，俟有半数，即行召开区代表会议，成立区苏维埃。

2月4日　县委在安岗改组工农革命军独立第四团为广东工农革命军北路第八独立团，下设3个营。滕代顺任团长。

2月10日　县委召集第五区全区大会和各方代表会议。成立第五区苏维埃政府，主席阮啸仙、副主席蔡卓文；成立仁化县革命委员会，第一、二、三、四、五区都有代表参加，主席蔡卓文。县革委会下设参谋团，协助县委、县革委会指挥全县武装；同时改组第八独立团，团长刘三凤，下辖4个营。

2月21日　第八独立团大部退守安岗乡华阳寨，受范部重兵围攻。阮啸仙、蔡卓文等县委、县革委会领导人在寨内指挥战斗。

2月29日　阮啸仙受县委、县革委会委托，前往韶州，向北江特委汇报仁化暴动情形，请援解仁化之危。3月1日到达韶州。

3月4日　中共广东省委向中央报告仁化暴动情形。

3月中旬　范部在仁化的两个团赴湘；同时国民党第八路军第七军第七师师长吕焕炎部第十七团两个营和第七军游击司令叶

大森部一个营共称一个团开到董塘，包围石塘寨，指挥部设在历林。

3月下旬 中共北江特委解体，致使仁化县委、县革委会中断了与上级的联系。

5月23日 仁化"共匪要犯"廖汉臣（疑是廖汉忠），惠州人，30余岁，在韶关英勇就义时，"面不改色，态度自若"。

6月18日至7月11日 中国共产党第六次全国代表大会在莫斯科举行。阮啸仙出席了大会，在大会上作了仁化暴动的经验和教训的发言。

6月中旬 中共广东省委委员欧日章率广东工农革命军北路第六独立团100余人到澌溪山开展游击活动。

8月7日 仁化有共产党员200人。

8月间 在澌溪山游击的第八独立团一部指战员游击汝城，痛歼汝城县南乡民团，缴获团长朱百万金银值2000多元，解决了部分军饷。

10月上旬 县委向中共北江特委报告仁化情形：欧日章前往澌溪山主持县委改选，成立新的中共仁化县委员会，书记蔡卓文；主持县革委会改选，成立新的仁化县革命委员会，主席蔡卓文；主持第八独立团改编为广东工农革命军北路赤卫队，大队长伍牛仔。

11月12日 石塘寨保卫战失败。清早，吕部攻至石塘寨正门边小屋；中午攻破寨大门。寨内200多名男女被捕，除60多名被族老领回外，余下100多名在文昌阁惨遭杀害。

石塘寨保卫战历时9个多月，毙敌100多人，其中步、炮兵连长各1人；寨内军民牺牲400多人。

11月中旬 根据红四军前委指示，广东工农革命军北路赤卫大队改编为中国工农红军第四独立团。

11月25日 中共广东省委第二次扩大会议指出:"仁化农民暴动失败以后,坚守石塘寨(含华阳寨)10个月,抵抗反动军队进攻,这亦是农民暴动中最伟大的战斗。"

1929年

3月22日 中共广东省委指出:"仁化、南雄目前工作表现最好,群众与党的组织均有相当的发展,但党不能运用正确的策略进行工作是很大的缺点。"

5月21—22日 红五军在城口萝卜坝召开群众大会,彭德怀讲话,宣传中共六大精神、散发六大决议传单,动员群众起来革命,斗争土豪劣绅。镇压恶霸3人;缴商团步枪数10支、子弹3万余发;筹款约3万元,购买了一批盐、布和奎宁药品。

5月28日 彭德怀、滕代远率领红五军撤离扶溪,经白石岭、胡坑到腊口,获悉国民党军占领仁化后,便绕道入闻韶,经百顺向雄州镇开进。

冬 蔡卓文率赤卫队员10余人去南雄,会合该县曾昭秀领导的游击队,坚持游击战。

冬至1930年 中共两广省委委员李烙端在乐昌县杨溪主持建立党组织,有党员廖子泽等20多人,以木匠、泥匠、理发、做和尚为业,建立地下联络交通线:先由崇义的文英,经长江、东坑、城口入乐昌的洋古田,出龙胫门岐;后因敌封锁严,改由南雄的梅岭至修云,到始兴的沙马子坳,出新庄水,过仁化的扶溪、东坑、城口到乐昌的泗公坑、罗家渡,沟通地方与中央联系。

1930年

5月8日 晚上,张义成率赤卫队员11人游击至乐昌县交界的野猪坪,被张洪乐率领的县警队伏击。张义成壮烈牺牲;张德胜被捕,被押行至董塘青石桥边,乘敌不备,跳湖壮烈牺牲。余部谭亚招、谭招元等转移到乐昌县东乡藤洞一带游击。

12月 中共中央南方局宣传部部长、广东省委常委林道文和省委巡视员黎凤翔巡视北江时,在曲江县白沙牛栏埂召开中共北江特委扩大会议,总结前段各县农民武装暴动的经验和教训;建全各级党组织,继续发动农民武装暴动。△△△代表仁化县参加了会议。

1931年

2月6日 晚上,中国工农红军第七军总指挥李明瑞和邓斌(邓小平)率领第五十五团和五十八团大部由乐昌县廊田进入石塘。

2月7日 李明瑞和邓斌率领红七军经董塘、赤石迳、厚坑、恩村、沙溪到长江圩,住在高岗庙一带,经过恩村时,击退何炯璋率县警队的阻击;到长江时,长江民团闻讯潜逃。

1932年

4月25日 彭德怀、李明瑞、滕代远率红三军团部直属队和第五军第二师、独立三师共5000余人,由崇义县聂都出发,经竹洞进入塘洞,前锋于12时与镇守长江圩的国民党粤军独立第二旅杜凤飞团第一营第一、第二连和增援的第二营第七连交战,战斗激烈,战至下午6时,占领长江圩。红三军团直属队住在广州会馆。是役,歼敌100余人,缴枪200多支。

5月24日 粤北的党组织逐步得到恢复。仁化有中共城口特别支部、书记(待查),隶属中共曲江(中心)县委。党员14人,多是湘南疏散来的。均以烧炭、理发、打铁等为职业掩护开展党的工作。

1933 年

5月27日　李官林率北山游击队潜入长江圩，缴获敌军短枪5支。

1934 年

10月25日　中华苏维埃共和国中央革命军事委员会决定，中央工农红军第一方面军向汝城、城口方面前进。

10月31日　红一方面军红一军团二师前锋部队由赣省崇义县的聂都经五洞进入长江区冷饭坑、犁壁岭、佛坳，以及木溪、河田一带，对长江圩进行严密侦察和警戒。与此同时，国民党粤军独立第三师李汉魂部用军车百辆（次）运载警卫旅官兵、武器、弹药往仁化防守；警卫旅第一团莫福如部日夜兼程，赶到长江，严密布防。

11月2日　红一军团二师一部由陈奢向湘省汝城县东岭出发，到达三江口，从北面控制城口敌情；红一军团二师六团由欧奢向樟洞、黄土坑、腊树下进发，进入城口区坳背、老屋、半山、塘湾、半奢水，直到东水桥，侦察、控制城口敌情。傍晚红军两个营奇袭城口，并占领敌第二道碉堡封锁线南段重镇城口，生俘粤军100多人，缴获军用煤油几千箱及大批弹药。

11月3日　红一军团部直属队由陈奢出发，经湘省东岭、八丘田，到三江口宿营。

同日　红一军团二师一部在厚坑一带侦察、警戒，扼防仁化方向来敌中，在铜鼓岭山地与国民党粤军警卫旅第三团彭智芳部遭遇，于拂晓交战，战斗激烈。

11月4日　中革军委通电：红一军团前锋于2日经过战斗，占领城口镇，突破了国民党军第二道碉堡封锁线。

同日　红一军团二师一部在铜鼓岭山地，继续阻击国民党粤军警卫旅第三团彭智芳部的追击，掩护部队西进。深夜，撤出阵地西进：一部经瑶和塘折向带头、官奢、左坑，进入白莲塘、五渡一带；一部撤经瑶和塘、马岭折向马奢、双树坑，进入内洞、新洞一带。国民党粤军警卫旅第三团彭智芳部只图自保，不敢妄动。这次战斗，红军伤亡100多人，敌伤亡80多人。

11月4—7日　红一军团十五师由长江进入城口向青迳一带进军；红八军团、红五军团、红三军团各一部由长江进入城口向湘省蕉坑、延寿一带进军。

11月5日　红一军团部直属队由城口出发经乌龟地、维坑，进到新田村宿营。

同日　红一军团二师一部经五渡小典、向中洞（原属乐昌县）开进，进入麻坑一带；一部分别由新田、新洞出发，经暗迳、石洞雪、大水、老屋，越过山寨岐向乐昌县麻坑一带集结。

11月6日　红一军团部直属队由新田出发，经暗迳、石洞雪、大小、老屋，越过山寨岐，到乐昌县麻坑宿营。

同日　罗炳辉等率领红九军团急行军前进，在10时到达城口镇。军团部直属队和三师在城口以战备姿态休整；二十二师在后，负责警戒，阻击衔尾的追敌。军团部直属队住在广州会馆。

11月7日　红九军团于拂晓前5时整队，从城口出发：三师九团为前卫，二十二师为后卫。经五里山、二江口，向湘省蕉坑、延寿进军。

11月9日　红一军团的后卫离开青迳、中山一带，进入乐昌县麻坑一带。

11月中旬至12月　掉队、散失的红军伤病员近百人，先后分别在长江、城口一带惨遭国民党仁化当局反动派杀害。

1938 年

10 月下旬　日军侵占广州后,广东省立韶州师范学校从曲江县马坝乡下火村迁到水南村洋楼办学。

1939 年

1 月　广东青年抗日先锋队东江队队员、中共党员陈孝真老师率领东江队少年、共产党员陈志良,以及抗先队队员陈松茂、周育贤、杨惠珍到韶师读书。

8 月　中共曲江中心县委在韶师驻韶州办事处举办党员学习班。学习中,成立中共韶师学生支部,书记吴群卓、组织委员李康益,宣传委员陈志良。还有党员吴广卓、刘铿。

12 月　中共曲江中心县委宣传部部长黄焕秋到韶师开展党的工作,在韶师驻韶关办事处建立党的交通站。

1940 年

秋　仁化县新生活运动促进妇女工作委员会(简称"新运妇委会")成立,总干事黄文笙(女,中共党员)。黄文笙先后在仁化、董塘、石塘、扶溪、城口、长江等地发动、组织妇女参加夜校学习;组织妇女战时工作队;组织妇女参加生产,发展战时经济;参加抢救战地受难妇女儿童;参加募捐劳军活动等,取得一定成绩。当时受到省政府视察团和省新运妇委会的嘉奖。此举至 1944 年 3 月,黄被调离开仁化。

10 月　至此韶师的共产党员增至 26 人。为保存组织,利于隐蔽,便于活动,中共韶师学生支部分为男、女生两个支部:男生支部书记吴群卓,由虞泽甫负责联系;女生支部书记郭巾英,由李仲才负责联系。

1941 年

7—8月 虞泽甫、胡秉均等率领韶师假期宣传抗日工作队，数十人，分别到扶溪、长江、闻韶、城口、恩村等地进行宣传抗日救国活动。

9月 原在国民党第四战区北江挺进纵队的中共特别支部组织委员林名勋遵照党组织指示，考入韶师高中部读书。

1942 年

2月 唐北雁（中共党员）任韶师学生自治会主席。

5月27日 国民党军一营武装包围韶师（韶州五里亭）农场。中共粤北省委书记李大林等被捕。这是粤北省委事件的开始。早上7时，在（仁化）韶师的黄焕秋得悉后，立即与韶师党组织商定应变措施，从速部署，稳妥隐蔽，并派吴广卓速往韶关国民党第七战区编委会，通知朱瑶安、陈祥等转移隐蔽。

7—8月 林名勋、唐北雁率领韶师假期宣传抗日工作队员80多人，组成2个队，分别到闻韶、扶溪、长江和城口、恩村进行宣传抗日救国活动，历时一个多月。

1943 年

8月 原在国民党第七战区编委会的中共党支部书记李曼辉进入韶师工作，以训育主任身份掩护韶师中共党员和进步学生的革命活动。

1944 年

6月 时局紧张，韶师提前举行应届毕业生考试。考试后，林名勋遵照中共后北江特委的指示，率领共产党员郭秉秀、许华、杨东桥、陈松茂以及进步学生叶盛喧、潘贻珊、曾少挺等30多人，开赴到英德县，以挺二战时工作队开展抗日宣传工作。不久，分配到英德东乡、始兴、翁源、佛冈以及东江纵队北江支队开展革命活动。

1945年

6月16日　中共中央发布《中央关于华南战略方针和广东区党委工作的指示》。

7月15日　中央军委发出《关于创造湘粤赣桂边根据地给广东区党委的指示》："今后发展的主要方向是粤北、赣南、湘南的五岭地区，建立湘赣粤桂边（以五岭为中心）根据地，迎接八路军南下部队，合力创造华南新阵地，配合华北、华中我军，进行对日反攻作战，并于日寇消灭后，能够对付国民党必然发动的内战。"（见《中共中央文件选集15集》1945年）

是日　中共广东省临委根据中央关于发展华南抗日武装斗争的指示，决定由林锵云（珠江纵队司令员）、王作尧（东江纵队副司令员）、杨康华（东江纵队政治部主任）组成粤北指挥部，和党政军委员会率领一部武装挺进粤北，迎接由王震率领的八路军三五九旅4000余人，共建华南抗日根据地。

8月28日　王震在1944年11月率南下部队从延安出发南下，至是日到达南雄县百顺一带，次日电报中央。至9月4日，中央复电，形势变化，同意回师北上。于是由百顺经闻韶、扶溪、长江、城口出汝城，迅速兼程北返。

9月中旬　中共广东区党委根据南下部队北返后的新情况，电令在南雄北山一带的东纵、珠纵部队和当地抗日游击队在粤赣湘边坚持斗争，建立根据地。至月底，东纵一部在始兴遭国民党军一六〇师一部袭击后，向闻韶、扶溪、白云、内良、河洞以及长江转移。

12 月 上旬，珠江纵队梅易辰部到达赣省大余县河洞乡天井洞与东江纵队第五支队会师，随后，转移到仁化县廖地休整。

是年 韶师在仁化期间，先后有中共党员 49 人，其中教师 9 人、学生 40 人。

1946 年

4 月 17 日 粤北支队（1945 年 12 月中旬，粤北指挥部根据形势发展需要，把从各地挺进粤北的部队——东江纵队、珠江纵队等合编而成）一部 200 余人，在支队长刘培、政治委员黄业、副支队长郑少康率领下（简称"刘培部"），于是日晚上 2 时，分由木溪、石圳坑、里周、枫树坳四路袭占长江圩。

5 月 21 日 中共华南武装人员代表廖承志、方方、曾生、尹林平等与国民党广东当局在广州谈判，经过一个多月的努力，于是日达成了广东中共武装人员北撤山东的 10 条具体协议。此后，粤北支队大部分指战员奉命集结南回，通过海路北撤山东烟台。

11 月 16 日 叶昌部游击至附城乡和扶溪乡之间的白石岭，伏击资本家，收缴布匹等值 1 万余元，然后向闻韶、苦竹转移。

12 月 22 日 叶昌部攻打长江。叶昌任总指挥，率一小分队在外围警戒；张保英率 10 余人直攻警察所；刘裕安率 10 余人直攻乡公所；李生贵率 10 余人攻打护路队。战至黎明，撤出长江。这次战斗，砸掉了长江乡公所、护路队，俘敌乡长、护路队员 20 余人，缴获长短枪 20 余支和弹药一批；叶昌部牺牲 3 人。

1947 年

3 月 中共香港分局派张华到凌溪地区，中共五岭地区委员会在云影庵成立，书记张华，黄业、刘建华为副书记。粤赣湘边区人民解放总队在禾镰洞成立，黄业任总队长，张华任政治委员；下设四个支队和一个独立大队。

8月12日　原仁化暴动领导人之一李载基在仁化县监狱被毒害。

11月4日　粤赣湘边区人民解放总队北上先遣队队长郭名善率部150多人，从洛洞出发，袭击长江，歼联防队200多人。

12月11日　第一支队叶昌部300多人，夜袭长江，歼联防队24人。战斗中，联防队放火烧去长江邹屋角房子40余间。

12月　仁化县原县委书记、县革委会主任蔡卓文，在乐昌县罗家渡惨遭国民党杀害。

1948年

3月　国民党军在强大的中国人民解放军的打击下，节节败退。为了"绥靖"广东，建立撤退后的基点，成立了粤赣湘剿匪联防指挥部，叶肇任总指挥，调了第六十九师九十六旅和九十二旅进驻粤北，重点围攻五岭地区。国民党军采取"占据平原，围困山区"的战术，从军事、政治、经济方面全面封锁，切断供应线，使五岭武装斗争进入了困境。

7月　叶昌率第一支队200余人，乘"隆昌"部队一个营撤离长江之机，从凌溪高坪出发，分三路攻打长江守敌：一路由刘裕安率队攻打纸行队；一路由卢志光率队攻打警察所；一路由△△△（已不可考）率队攻打乡自卫中队。枪战2小时，击毙乡长曾仁厚，俘敌10多人，活捉反动资本家刘继开，缴长短枪10多支和一批物资。第一支队黎明前撤出战斗，胜利返回高坪。翌日国民党韶关当局派出飞机一架，飞到长江上空侦察，在里周投下两枚炸弹。

8月20日　粤赣湘边剿总副司令员周文山属下的长江常备自

卫中队正、副班长邓绍田、邓绍仁率部共7人，携带轻机枪2挺、步枪6支，弹药一批，举旗起义。当晚，邓绍田、邓绍仁率部甩掉自卫中队和保安团一个连的追击，开到陈欧。手枪班班长陈少华把他们带到支队部，张华、黄业、叶昌接见了起义部队。后来，邓绍田、邓绍仁部编入陈少华部，命名为仁汝武工队，内设党小组，组长陈少华，有中共党员4人，属第一支队机关支部。

8月　凌溪五岭地委驻地惨遭南雄县参议员、百顺区区长邬锡金率保安团300余人的围攻。是时，第一支队只有小部分武装在凌溪活动，没有力量坚持阻击。

邬锡金闯入凌溪后，扑了空，就大肆进行烧杀抢掠、奸淫妇女，强迫解散农会，杀害农会会长刘新权。活埋未满周岁的女孩叶小雅（叶昌的长女），强奸妇女多名，烧毁民房30多间，抢走耕牛40多头及衣物一大批，强迫群众迁村，把禾镰洞、曾洞的群众赶到高坪、刘屋，不准回去，致使农田荒芜，群众失去生计，十分困难。

是月　仁汝反征义勇大队大队长刘老成经不起艰苦生活的考验和汝城县长何康民的收买封官许愿，向叶昌提出去汝城任反共清剿自卫大队长，以便壮大自己队伍的想法。刘老成同意接受叶昌的四个条件后，接受了何康民的收编。以后，刘老成的队伍发展到100余人，并常向叶昌部提供情报。

10月，中共崇（义）仁（化）汝（城）工作委员会在长江塘洞泥湖村成立。

1949年

1月　为迎接和配合中国人民解放军南下，中共五岭地委决定：以第一支队为基础，抽调各支队主力整编为主力团。团长叶昌，政治部主任陈子扬，后来调吴伯仲任政委；第一营营长刘裕安、副营长邹裕光,教导员劳火;第二营营长周来,教导员张密(戴苏);第三营营长邱才,教导员梁超。

2月1日 叶昌、陈子扬率主力团一部等400多人,从泥湖村出发,分三路攻打长江圩。圩内有反动武装300多人,并早有警戒。战斗打响后,叶昌、陈子扬部只有一路打进圩内,展开激烈巷战;其他两路受到敌人阻击,只在外围交战。战至翌日拂晓前撤出。这次战斗,敌伤亡10余人,缴获武器物资一批;主力团牺牲黄历权、李忠明两人。

7月 为配合中国人民解放军击溃国民党军,迎接解放广东,接受仁化地方政权,作好部署,配合作战。陈少华奉北二支副司令员兼主力一团团长叶昌指示,在长江石崀村将原领导的仁汝武工队改建为仁汝独立大队,大队长陈少华、第一中队长邓绍田、指导员方生、第二中队长赖苟,有队员20多人。

是月 成立中共仁汝独立大队支部,支部书记陈少华,委员有赖苟、方生、邓绍田、(后)宋有才、邓绍仁,隶属北二支主力一团团党委。

10月 仁汝独立大队改编为仁化县人民武装大队。

10月6日 人民解放军开进县城,仁化宣告解放。

11日 成立中共仁化县工作委员会,陆一清任书记。

16日 成立仁化县人民政府,陆一清任仁化县县长。

后记

《仁化县革命老区发展史》在省市《革命老区县发展史丛书》编纂指导小组的指导下，在中共仁化县委、仁化县人民政府的直接领导下，付梓出版，这是仁化县24万多老区人民的一件大事。

在一年多的时间里，编辑部全体成员以老区一员的主人翁精神，细心研读了《仁化党史研究资料选编》《仁化暴动和苏区研究——纪念仁化暴动87周年暨红军长征过境粤北80周年文集》《革命老区仁化》《红军与仁化》《仁化县志》《仁化年鉴》，仁化县历次党代表大会、人民代表大会公报等文献资料，按照省市《革命老区县发展史丛书》编纂指导小组的编写大纲，结合仁化实际，紧扣"发展"主线，实事求是地组织编写了本书。

该书的出版，将成为仁化县革命老区的又一部"红宝书"，成为仁化县进一步向社会各界宣传与展示的新"名片"，对全县党员干部、青少年进行爱国主义教育将起到积极作用。该书的出版，得到了市县县情及史志专家、县直相关部门、各镇（街道）、部分村民委员会的鼎力支持，在此一并致谢！

因受编纂水平、时间、资料所限，书中缺点和错漏在所难免，敬请读者批评指正。

《仁化县革命老区发展史》编辑部

2019年6月